#LANGUAGE HACKING

UM CURSO DE CONVERSAÇÃO
PARA INICIANTES ALEMÃO

#LANGUAGE HACKING
UM CURSO DE CONVERSAÇÃO
PARA INICIANTES

Aprenda a falar alemão conversando desde o início com pessoas reais!

BENNY LEWIS
O POLIGLOTA IRLANDÊS

ALTA BOOKS
EDITORA
Rio de Janeiro, 2022

Language Hacking Alemão

Copyright © 2022 da Starlin Alta Editora e Consultoria Eireli.
ISBN: 978-85-5080-722-5

Translated from original Language Hacking German. Copyright © Brendan Lewis 2016. ISBN 978-1-4736-3315-5. This translation is published and sold by permission of John Murray Learning, an imprint of Clays, Ltd, the owner of all rights to publish and sell the same. PORTUGUESE language edition published by Starlin Alta Editora e Consultoria Eireli, Copyright © 2022 by Starlin Alta Editora e Consultoria Eireli.

Impresso no Brasil – 1ª Edição, 2022 – Edição revisada conforme o Acordo Ortográfico da Língua Portuguesa de 2009.

Todos os direitos estão reservados e protegidos por Lei. Nenhuma parte deste livro, sem autorização prévia por escrito da editora, poderá ser reproduzida ou transmitida. A violação dos Direitos Autorais é crime estabelecido na Lei nº 9.610/98 e com punição de acordo com o artigo 184 do Código Penal.

A editora não se responsabiliza pelo conteúdo da obra, formulada exclusivamente pelo(s) autor(es).

Marcas Registradas: Todos os termos mencionados e reconhecidos como Marca Registrada e/ou Comercial são de responsabilidade de seus proprietários. A editora informa não estar associada a nenhum produto e/ou fornecedor apresentado no livro.

Erratas e arquivos de apoio: No site da editora relatamos, com a devida correção, qualquer erro encontrado em nossos livros, bem como disponibilizamos arquivos de apoio se aplicáveis à obra em questão.

Acesse o site www.altabooks.com.br e procure pelo título do livro desejado para ter acesso às erratas, aos arquivos de apoio e/ou a outros conteúdos aplicáveis à obra.

Suporte Técnico: A obra é comercializada na forma em que está, sem direito a suporte técnico ou orientação pessoal/exclusiva ao leitor.

A editora não se responsabiliza pela manutenção, atualização e idioma dos sites referidos pelos autores nesta obra.

Dados Internacionais de Catalogação na Publicação (CIP) de acordo com ISBD

L673l Lewis, Benny
Language Hacking Alemão: um curso de conversação para iniciantes / Benny Lewis ; traduzido por Edite Siegert. – Rio de Janeiro : Alta Books, 2021.
272 p. : il. ; 17cm x 24cm. – (Language Hacking)

Tradução de: Language Hacking German
ISBN: 978-85-5080-722-5

1. Línguas. 2. Idioma. 3. Alemão. I. Siegert, Edite. II. Título. III. Série.

2022-821
CDD 430
CDU 811.112.2

Elaborado por Odilio Hilario Moreira Junior - CRB-8/9949

Índice para catálogo sistemático:
1. Língua alemã 430
2. Língua alemã 811.112.2

Produção Editorial
Editora Alta Books

Diretor Editorial
Anderson Vieira
anderson.vieira@altabooks.com.br

Editor
José Ruggeri
j.ruggeri@altabooks.com.br

Gerência Comercial
Claudio Lima
claudio@altabooks.com.br

Gerência Marketing
Andrea Guatiello
marketing@altabooks.com.br

Coordenação Comercial
Thiago Biaggi

Coordenação de Eventos
Viviane Paiva
comercial@altabooks.com.br

Coordenação ADM/Finc.
Solange Souza

Direitos Autorais
Raquel Porto
rights@altabooks.com.br

Assistente Editorial
Gabriela Paiva

Produtores Editoriais
Illysabelle Trajano
Larissa Lima
Maria de Lourdes Borges
Paulo Gomes
Thales Silva
Thiê Alves

Equipe Comercial
Adriana Baricelli
Daiana Costa
Fillipe Amorim
Heber Garcia
Kaique Luiz
Maira Conceição
Victor Hugo Morais

Equipe Editorial
Beatriz de Assis
Brenda Rodrigues
Caroline David
Henrique Waldez
Marcelli Ferreira
Mariana Portugal

Marketing Editorial
Jessica Nogueira
Livia Carvalho
Marcelo Santos
Pedro Guimarães
Thiago Brito

Atuaram na edição desta obra:

Tradução
Edite Siegert

Copidesque
Carolina Palha

Revisão Gramatical
Samantha Batista
Gabriella Araújo

Narração
Daniel Augusto

Diagramação
Lucia Quaresma

Editora afiliada à: ASSOCIADO

Rua Viúva Cláudio, 291 – Bairro Industrial do Jacaré
CEP: 20.970-031 – Rio de Janeiro (RJ)
Tels.: (21) 3278-8069 / 3278-8419
www.altabooks.com.br – altabooks@altabooks.com.br
Ouvidoria: ouvidoria@altabooks.com.br

SUAS MISSÕES

INTRODUÇÃO

- Um recado do Benny — viii
- Como usar este curso — ix
- O que você encontrará no livro — ix
- O que você encontrará online — xii
- Contrato do Hacker da linguagem — xiii
- Guia de Pronúncia — xiv

UNIDADE 1: FALE SOBRE VOCÊ

CONVERSA 1: As primeiras palavras de qualquer conversa — 2

Você aprenderá a dizer ... *Hallo* para cumprimentar, *Ich bin ..., Und du?* para se apresentar

CONVERSA 2: Descreva seus interesses — 6

Você aprenderá a dizer ... *Ich ... (nicht) gern ... Mein Lieblings- ist ...* para dizer do que você gosta (ou não gosta)

#languagehack: Aproveite as palavras que já conhece — 10

CONVERSA 3: Por que você está aprendendo alemão? — 14

Você aprenderá a dizer ... *Warum? Weil ... na ja ...* para dizer "por quê"

Sua Missão: dizer o nome, de onde vem, onde mora, por que está aprendendo alemão

UNIDADE 2: PUXE CONVERSA

CONVERSA 1: Palavras essenciais para fazer perguntas — 24

Você vai aprender... *Wie findest du ...? Sprichst du ...? Noch nicht.* para fazer e responder a perguntas.

#languagehack: Aprender vocabulário com associações é muito mais rápido — 29

CONVERSA 2: Há quanto tempo você estuda alemão? — 30

Você vai aprender... *Seit wann ...?* para perguntar "desde quando", *Seit ...* para dizer desde.../há...

CONVERSA 3: Compartilhe opiniões — 37

Você vai aprender... *Ich finde das ..., Ich ... lieber ..., Ich denke, ...* para expressar sua opinião.

Sua missão: diga a quanto tempo você mora em... e que idiomas você fala ou quer aprender

UNIDADE 3: RESOLVA OS PROBLEMAS DE COMUNICAÇÃO

CONVERSA 1: Bate-papo online — 46

Você vai aprender... *Vielen Dank, dass du mir hilfst* para falar sobre algo novo.

CONVERSA 2: Não entendi... — 51

Você vai aprender... *Es tut mir leid. Ich verstehe nicht ...* para explicar melhor.

CONVERSA 3: Você consegue me ouvir? — 57

Você vai aprender... *Hörst du jetzt besser? Ich muss ... neu starten.* para conversar online.

#languagehack: Use o truque das terminações para turbinar a memorização dos gêneros das palavras — 61

Sua missão: use o "alemão Tarzan" para descrever uma pessoa, lugar ou objeto

UNIDADE 4: DESCREVA SEUS PLANOS PARA O FUTURO

CONVERSA 1: Desculpe, você fala alemão?   **70**

Você vai aprender… *Stört es, wenn …? Können wir uns duzen?* para começar um diálogo.

CONVERSA 2: Aonde você vai?   **77**

Você vai aprender… *Reist du viel? Du solltest ... besuchen* para fazer planos de viagem.

CONVERSA 3: O que você vai fazer no fim de semana?   **82**

Você vai aprender… *Ich werde + verb and zuerst … dann … danach …* para descrever o que fará.

#languagehack: Turbine seu alemão com esses cinco verbos auxiliares   **88**

Sua missão: diga aonde planeja ir, como chegar e passar seu tempo

UNIDADE 5: FALE SOBRE SUA FAMÍLIA E SEUS AMIGOS

CONVERSA 1: Quais são seus planos?   **94**

Você vai aprender… *Ich unternehme etwas mit …, Ich kenne sie von …, Sie kommt aus…* para dizer com quem passa seu tempo.

CONVERSA 2: Quem você conhece?   **102**

Você vai aprender… *Ich kenne …, seit …, Wir sind schon lange zusammen* para falar das pessoas que conhece.

CONVERSA 3: Como se diz... em alemão?   **108**

Você vai aprender… *Wir haben … Ihre Namen …, Sie sind oft ...* para descrever sua família.

#languagehack: use as dicas e o contexto para entender muito mais do que pensa   **112**

Sua missão: Descreva seu relacionamento com…, diga onde ele vive e trabalha, e o que gosta de fazer.

UNIDADE 6: COMA, BEBA E CONVERSE

CONVERSA 1: Vou querer...   **118**

Você vai aprender… *Ich nehme ..., Für mich ...* para pedir em restaurantes.

CONVERSA 2: Na minha opinião...   **124**

Você vai aprender… *Meiner Meinung nach …, Das stimmt nicht.* para explicar seu ponto de vista.

CONVERSA 3: O que você recomenda?   **131**

Você vai aprender… *Sag mal, ..., Was kannst du mir empfehlen?* para pedir recomendações.

#languagehack: deixe sua conversa mais fluente usando conectivos   **134**

Sua Missão: dê suas opiniões, diga por que discorda; diga de quais comidas/bebidas gosta

UNIDADE 7: FALE SOBRE ONTEM... SEMANA PASSADA... MUITO TEMPO ATRÁS

CONVERSA 1: O que você fez semana passada?   **140**

Você vai aprender… *Was hast du … gemacht? Gestern haben wir …* para dizer o que fez,

CONVERSA 2: Quando você começou a estudar alemão?   **146**

Você vai aprender… *Letzten Sommer habe ich ..., Ich habe vergessen …* para falar sobre o passado.

CONVERSA 3: Você sabia...?   **152**

Você vai aprender… *Ich habe geglaubt, dass meine Aussprache schrecklich war …* para descrever seu progresso em alemão.

#languagehack: Viagem no tempo: use o presente para falar do passado e do futuro   **158**

Sua Missão: Descreva uma história pessoal ou lição de vida que aprendeu com suas experiências passadas.

UNIDADE 8: JÁ FAZ UM TEMPO!

CONVERSA 1: Já faz um tempo!   **164**

Você vai aprender… *Es ist lange her! Erzähl mal, …, Letzes Mal …* para se aproximar de alguém.

CONVERSA 2: Sua rotina   **174**

Você vai aprender… *Morgens …, Mittags …, Ab und zu …, manchmal …* para descrever sua rotina.

CONVERSA 3: Saia à noite   **182**

Você vai aprender… *Ich würde schon gerne … auf jeden Fall …, Was sollte ich mitbringen?* para fazer planos.

#languagehack: a técnica de reformulação para lidar com frases complicadas   **187**

Sua Missão: Descrever sua rotina, o que funciona e o que gostaria que fosse diferente

UNIDADE 9: DESCREVA!

CONVERSA 1: Descreva a cidade   **194**

Você vai aprender… *das Meer, den Strand und die Wälder …, Heute scheint die Sonne …* para descrever seus arredores.

CONVERSA 2: Descreva personalidades   **200**

Você vai aprender… *Meine Schwester ist abenteuerlustig …, … für ihn wäre …* para descrever pessoas que conhece.

CONVERSA 3: Parece com…   **206**

Você vai aprender… *Passt der hier? Der grüne wäre … am besten …* para descrever itens diferentes.

#languagehack: aproveite seus momentos secretos para fazer uma imersão contínua no alemão   **212**

Sua Missão: Descrever diferentes personalidades, os melhores locais e explicar suas características.

UNIDADE 10: SUA PRIMEIRA CONVERSA

#languagehack: faça anotações para ligar o "piloto automático" na sua primeira conversa   **220**

Sua Missão: Converse cara a cara com um nativo.

RESPOSTAS   230

AGRADECIMENTOS   256

UM RECADO DO BENNY

De fato, algumas pessoas passam anos estudando alemão até conseguirem se comunicar usando o idioma.

Mas eu tenho uma ideia melhor. Vamos pular os anos de estudo e começar logo a falar o idioma.

Parece loucura, mas não é. Trata-se do método language hacking.

O *#LanguageHacking* é um método completamente diferente de aprender idiomas.

Não se trata de mágica. Não é uma abordagem para "poucos". Consiste apenas em adotar uma postura inteligente em relação ao *modo* de aprender: focar o que for indispensável, pular o que for desnecessário e usar seus conhecimentos desde o início em conversas reais em alemão.

Como hacker da linguagem, minha missão é descobrir atalhos no aprendizado de idiomas: truques e técnicas para decifrar o código da linguagem e facilitar e agilizar a aquisição de fluência. Ao aprender idiomas, meu objetivo é obter o melhor resultado possível.

Ninguém precisa aprender cada palavra e regra gramatical para começar a usar o idioma. Basta saber quais são as frases *mais versáteis* e *mais comuns* à maioria das situações e como "lidar" com o problema que surge quando não entendemos ou não sabemos dizer algo.

O *#LanguageHacking* não é apenas um curso, mas uma nova forma de pensar o estudo de idiomas. Neste livro, você vai aprender o idioma com base no que ele tem de mais essencial, sem nenhuma informação desnecessária. É possível estudá-lo por conta própria e combinar a leitura com outros livros para agilizar o aprendizado dos idiomas.

Então, mãos à obra. Nos vemos lá dentro.

Benny

Benny Lewis, Hacker da Linguagem

COMO USAR ESTE CURSO

A reclamação mais comum que ouço de estudantes de idiomas é:

"Estudei alemão durante vários anos na escola. Consigo entender algumas palavras que leio e ouço, mas não consigo falar."

O *#LanguageHacking* não é um curso tradicional. Como sua abordagem prioriza a *conversação,* você terá que desenvolver as habilidades necessárias para ter conversas relevantes e práticas em alemão desde o início do aprendizado. No final do curso, você saberá como se apresentar, fazer perguntas e responder a questionamentos típicos em alemão, bem como encontrar e manter contato com falantes do idioma no local em que vive. Além disso, possuirá habilidades e estratégias para diversos tipos de conversas, sempre em alemão, e a confiança necessária para conduzi-las.

O *#LanguageHacking* pode ser estudado como único método ou em combinação com outro curso de idiomas, em formato impresso, online ou presencial.

O QUE VOCÊ ENCONTRARÁ NO LIVRO

Este curso propõe o desafio de *falar o idioma desde o primeiro dia* e 10 missões para desenvolver suas habilidades de conversação em alemão. Com esse intuito, gostaria de convidá-lo para integrar a comunidade language hacking, criada para dar suporte ao curso e oferecer um lugar seguro e divertido para a troca de ideias entre estudantes determinados e com objetivos semelhantes. Você pode realizar as missões por conta própria, mas seu progresso será mais rápido se praticar o idioma com outras pessoas. Por isso, recomendo que você envie suas missões para a comunidade online #LanguageHacking para obter feedback (e minimissões secretas!).

FALE DESDE O 1º DIA

Ninguém aprende a tocar piano sem se sentar e colocar os dedos nas teclas. Ninguém joga tênis até pegar a raquete. E ninguém aprende um idioma sem falar. Ao falar desde o primeiro dia, você vai:

···> Assimilar as expressões e palavras utilizadas por outras pessoas.

···> Identificar as expressões que ainda não conhece e deve aprender.

···> Saber como as outras pessoas se expressam.

···> Ouvir comentários de outras pessoas.

···> Melhorar sua pronúncia e fluência.

···> Superar o medo de se comunicar em um novo idioma.

···> Ganhar motivação ao perceber seu progresso.

DESENVOLVA SUAS HABILIDADES NO IDIOMA

Use conversas típicas para dominar o idioma

Cada unidade traz três *conversas* em alemão que apresentam o idioma em contextos comuns, e cada conversa se baseia na anterior para desenvolver seu vocabulário e prepará-lo para a missão. Leia cada conversa como uma lição e confirme se compreendeu tudo antes de seguir para a próxima.

Exercícios da seção Desvende

Depois que você ler cada conversa e ouvir o áudio correspondente, vou ajudá-lo a *Desvendar*. O objetivo desses exercícios é prepará-lo para entender o alemão sozinho, utilizando o contexto, reconhecendo padrões e aplicando outras estratégias de aprendizagem, sem precisar traduzir o texto. Ao compreender o idioma por conta própria, você vai internalizá-lo melhor e lembrar mais rápido quando necessário.

Exercícios da seção Observe

Depois de cada conversa, há uma *lista de expressões* com as principais frases e expressões, o vocabulário da conversa e as respectivas traduções e pronúncias. O objetivo dos exercícios da seção *Observe* é estimulá-lo a pensar sobre o novo idioma, assimilar seu funcionamento e, assim, compreender o alemão de modo mais intuitivo.

Exercícios da seção Pratique

Os exercícios da seção *Pratique* reforçam seus conhecimentos. Aqui você vai organizar as diferentes informações que aprendeu e criar novas frases em alemão por conta própria.

Junte tudo

Nesta seção você deve *Juntar tudo* o que aprendeu e criar seu próprio repertório de frases em alemão. Irei ajudá-lo a preparar seu "vocabulário pessoal", que você poderá usar em conversas práticas e verdadeiramente relevantes.

SUPORTE, TÉCNICAS E ESTRATÉGIAS

No language hacking, as conversas em alemão não estão limitadas pela quantidade de palavras que sabemos.

#LanguageHacks

Você vai *conhecer atalhos pouco convencionais* que podem ampliar exponencialmente suas habilidades no idioma. São diferentes padrões, regras e ferramentas que irão ajudá-lo a *desvendar o código e agilizar sua fluência*. Os 10 hacks apresentam técnicas que podem ser usadas neste curso e ao longo de todo o seu aprendizado.

> Com o tempo, você aprenderá a criar seus próprios atalhos para facilitar seus estudos. Compartilhe seus resultados comigo e outras pessoas. Use a hashtag #languagehacking.

Táticas de Conversa

Aqui você vai aprender táticas de conversa essenciais, como o uso de *conectivos*, *expletivos* e *frases essenciais* para puxar conversa e manter o diálogo.

Gramática e pronúncia

Vamos abordar os fundamentos da *gramática que você precisa saber*, mas ninguém será sobrecarregado com informações desnecessárias para a comunicação. Irei ajudá-lo com os pontos mais importantes da *pronúncia*, indicando as melhores técnicas para que você acerte todos os sons.

> Você não precisa aprender a gramática inteira. Muitas vezes, basta **aprender o idioma em "blocos"**, como você aprendeu sua língua materna. Aprendemos a dizer "está aí" antes de sabermos o significado de cada palavra, e mesmo assim nos comunicávamos.

Notas secundárias

Ao longo do livro, haverá mais informações, como dicas culturais sobre pessoas e países de língua alemã, orientações sobre como ser criativo com o vocabulário e formar novas frases e mini-hacks para incrementar o aprendizado.

Veja seu progresso

Você vai conferir seu progresso no curso a cada capítulo. Antes de terminar a unidade, irá *confirmar o que aprendeu* com o áudio de treino, que funciona como um "interlocutor virtual". Essa prática possibilita que você organize seus pensamentos e se expresse no seu próprio ritmo.

Mas antes da missão há uma *checklist de autoavaliação* para verificar seus conhecimentos e gerar um registro visual do progresso até esse ponto.

MISSÕES

Ao final de cada unidade, há *três tarefas* que representam sua missão final.

PASSO 1: Crie seu script

Para se preparar e praticar com outras pessoas, você criará scripts "pessoais" com frases que descrevam a sua vida. O objetivo desses scripts é direcionar o aprendizado para frases em alemão que sejam úteis e verdadeiramente relevantes.

O QUE VOCÊ ENCONTRARÁ NO LIVRO

PASSO 2: Fale alemão com outras pessoas... *online*

Na minha experiência, falar desde o primeiro dia é o melhor modo de conquistar rapidamente a fluência. Onde quer que você more, irei ajudá-lo a implementar essa estratégia a partir das missões indicadas na comunidade language hacking.

Para obter feedback dos demais estudantes e trocar ideias, você deve gravar a si mesmo lendo em voz alta os scripts em alemão e enviar essa gravação para a comunidade. Essa é a melhor prática à sua disposição, ficando atrás apenas das conversas pessoais com um falante nativo. Ao falar diante de outras pessoas, você ficará mais confiante para se expressar em alemão no mundo real.

PASSO 3: Aprenda com outros estudantes

Ao compartilhar suas missões com outros estudantes, você se sentirá mais à vontade para se expressar em alemão e, o mais importante, para cometer os erros típicos dos iniciantes na sua jornada até a fluência. Além disso, irá entender como as conversas fluem em alemão e identificar as expressões que não estão nos seus scripts e que devem ser assimiladas para expandir suas habilidades de conversação.

Em outras palavras, você terá tudo de que precisa para começar a conversar de verdade em alemão. Afinal, não é essa a intenção?

Vamos começar.

O QUE VOCÊ ENCONTRARÁ ONLINE

Acesse a comunidade #LanguageHacking em www.italki.com/languagehacking para:

- Enviar suas missões.
- Conferir uma lista atualizada dos melhores recursos gratuitos de aprendizado disponíveis online.
- Descobrir outros materiais de apoio para o seu aprendizado.
- Saber mais sobre o método Language Hacking e Benny Lewis

Acesse o site da Alta Books em www.altabooks.com.br para:
- Baixar o áudio do curso e ler as suas transcrições

CONTRATO DO HACKER DA LINGUAGEM

Neste curso, você vai:

···▶ **Conhecer atalhos (#languagehacks)** para aprender rapidamente uma nova *Sprache*.

···▶ **Aprender as palavras e frases necessárias** para usar imediatamente em conversas de verdade.

···▶ **Ganhar confiança** para começar a falar *Deutsch* logo no primeiro dia.

···▶ **Ter acesso** a um *Gruppe* de estudantes de idiomas com *objetivos iguais aos seus*.

Essa é minha parte do acordo, e vou cumpri-la à risca.

Agora, confira as suas obrigações no contrato. Recomendo que leia diariamente para memorizar e incorporar este texto à sua vida.

Falarei alemão todos os dias, mesmo que seja só um pouco. Vai parecer estranho e desconfortável às vezes, mas tudo bem.

Aceitarei que, para falar com perfeição, é necessário primeiro cometer erros. Para superar meu medo, preciso enfrentá-lo. A única coisa que me impede de falar alemão é... falar alemão.

Aceitarei meu Tarzan interior. Direi frases em alemão do tipo: "Eu Benny. Mim autor. Eu irlandês." Farei isso porque ainda estou aprendendo e não devo me levar muito a sério. Vou me comunicar com eficiência, não com perfeição. Com o tempo, farei avanços expressivos.

Desenvolverei scripts "pessoais", minimonólogos sobre mim mesmo. Memorizarei esses scripts e recorrerei a eles sempre que necessário. Sempre irei me deparar com o fato de que sou capaz de lidar com as situações mais comuns envolvendo um novo idioma. Em pouco tempo, minha confiança aumentará de acordo com meu domínio sobre o novo idioma.

Falarei sempre que puder e serei um membro ativo da comunidade language hacking. Aprenderei oferecendo e recebendo feedback.

Desenvolverei minhas habilidades um pouco a cada dia.

Meu estudo será inteligente. Serei autossuficiente. Aprender alemão fará parte de minha rotina. Serei fluente mais rápido do que poderia imaginar.

Sou um hacker da linguagem.

Assinatura: _____   *Data:* _____

GUIA DE PRONÚNCIA

O alemão é um idioma fonético, o que significa que todas as letras ou combinação de letras seguem sempre a mesma regra.

Muitas letras são pronunciadas como se espera, mas aqui vai uma breve descrição de algumas e regras-chave a serem lembradas. Use as gravações em alemão oferecidas para treinar seu ouvido e língua com os sons!

CONSOANTES

🔊 00.01 Algumas consoantes em alemão têm pronúncia semelhante às do português, mas aqui vão algumas exceções interessantes.

Veja em	Soa como	Exemplos
j	"i"	ja
ch (depois de "a", "o", "u")	Som gutural, como o "ch" em Scottish loch	Buch
ch (outros casos)	Como o "h" em "Habib"	ich
r	Som no fundo da garganta. Parecido com o "ch" gutural	Reise
s (início de palavra)	"z"	sehen
s (fim de palavra)	"s"	Haus
ß	"s"	heiße
z	"ts" (como em "tsunami")	Zeit
v	"f"	Vater
w	"v"	weil

VOGAIS

🔊 00.02 Aqui estão algumas regras importantes e novas letras para lembrar.

Veja em	Explicação	Exemplos
ä	"eh"	nächste
ö	"er"	schön
ü	Franza os lábios como se fosse dizer "uu", e diga "ii"	für
au	Como o som de "au" em "aula"	aus
ei	som igual ao da palavra "cai"	leider
ie	"ie"	Familie

1 FALE SOBRE VOCÊ

Sua missão

Imagine que acabou de chegar à Alemanha e, na sua vez de apresentar o passaporte, ouve algumas perguntas do agente da imigração.

Sua missão é convencer o agente a deixá-lo entrar no país. Respire fundo e diga *hallo* em alemão. Em seguida, bata um papo simples por 30 segundos, todo em alemão. Diga o seu nome, o local de onde vem, o seu país de residência, o motivo da sua visita à Alemanha e, principalmente, por que está aprendendo alemão.

Essa missão serve de preparação para as perguntas inevitáveis que ocorrem em todas as conversas iniciais em alemão.

Treine para a missão

- Aprenda frases básicas para falar sobre você com *ich bin ...*
- Crie uma tática de conversa: vire o jogo peguntando *Und du?*
- Aprenda nomes de países, nacionalidades, profissões e interesses.
- Crie frases simples para falar sobre seus gostos e desejos usando *ich möchte*, *gern*.
- Use os conectivos *und*, *aber*, *weil*, *oder*.

CRIANDO SCRIPTS

Conversas iniciais em novos idiomas costumam ser previsíveis, o que é ótimo para iniciantes. Para ajudá-lo com as frases mais frequentes, vamos começar pela criação do seu primeiro "script". No início, iremos devagar, mas logo vamos aumentar o ritmo.

Quem já estudou alemão vai reconhecer algumas das palavras mencionadas nesta unidade. Mas queremos ir além de decorar as expressões indicadas nas unidades: queremos criar scripts. Quando se domina um script, é possível adaptá-lo às suas necessidades. Dessa forma, aprender e utilizar o idioma desde o início fica bem mais descomplicado.

#LANGUAGEHACK
Aproveite as palavras que já conhece.

CONVERSA 1

As primeiras palavras de qualquer conversa

Vamos acompanhar a história de Ellen, uma estudante de alemão que acaba de chegar a Berlim para passar o verão imersa no idioma local e trabalhar como designer. Portanto, ela se inscreveu em um curso presencial de alemão e hoje deve encontrar Peter, o professor, pela primeira vez.

🔊 **01.01** O diálogo abaixo é uma apresentação típica. Prepare-se para repeti-lo várias vezes. Ouça como Ellen pergunta *und du?*

> **Ellen:** Hallo! Ich bin Ellen. Und du?
>
> **Peter:** Hallo! Ich bin Peter. Also, ich komme aus Deutschland. Ich bin Lehrer und wohne in Berlin. Und du?
>
> **Ellen:** Ich komme aus England. Aber ich wohne hier in Berlin. Und ich bin Designerin.
>
> **Peter:** Wie interessant!

Ao ver ou ouvir palavras em alemão pela primeira vez, a impressão é de que parecem sons aleatórios. Mas basta se condicionar a ver e a ouvir com maior atenção para perceber que o contexto da conversa e a relação das palavras com o português revelam muitas informações. O segredo está em captar a dinâmica do idioma.

Pense sobre a conversa que acabou de ouvir! Observe as diferenças entre as estruturas das frases em alemão e português. Uma análise ativa da forma específica em que se ordenam palavras e frases em alemão irá acelerar o seu aprendizado.

DESVENDE

1 Pelo contexto da conversa, o que significa *ich bin*?

_____

2 Na sua opinião, o que significa a palavra *du*? _____

PRONÚNCIA: *ch*
O som do *ch* não é comum em português. Para pronunciá-lo, emita um "sh" suave.

DICA CULTURAL: *como vai você?*
Habitualmente sinceros, os alemães nem sempre ligam para assuntos banais. Quando um alemão pergunta *Wie geht's?* (como vai você?) é porque realmente está interessado em saber. Então, ao perguntar *Wie geht's*, não se surpreenda quando ouvir os alemães falarem de eventos bons e ruins que ocorreram com eles!

O primeiro passo para o iniciante é criar **um diálogo de apresentação**. *Após o cumprimento inicial, a conversa em geral aborda a sua profissão e onde você mora.*

2 ⋯⟩ 1 FALE SOBRE VOCÊ

3 Encontre as palavras em alemão que respondam as perguntas abaixo e as escreva.

Exemplo: De onde é Peter?   Deutschland

a Qual é a profissão de Ellen? _____

b De onde ela é? _____

c Onde Ellen mora? _____

4 Qual frase Peter e Ellen usam para dizer "eu sou de..."?

a Destaque e escreva a frase aqui. _____
b Tente dizer "Eu sou dos Estados Unidos" (*Amerika*) e "Eu sou do Canadá" (*Kanada*) e escreva as frases na linha abaixo.

_____

5 Qual frase Ellen usa para devolver a pergunta para Peter? Destaque-a e escreva-a aqui. Na sua opinião, o que essa frase significa?

_____

OBSERVE

🔊 **01.02** Ouça o áudio e observe o quadro.

Expressões essenciais da Conversa 1

Alemão	Significado
Hallo! Ich bin ...	Olá, eu sou...
Und du?	E você?
Also, ...	Então, ...
Ich komme aus ...	Eu venho de...
Deutschland	Alemanha
Aber ich wohne hier in ...	Mas eu moro aqui na...
Ich bin Lehrer / Designerin.	Eu sou professor / designer.
Wie interessant!	Que interessante!

1 A frase em alemão para "sou professor" não é uma tradução literal do português. Que palavra é omitida em português, mas aparece em alemão? _____

> Quando não se compreende uma palavra isolada, o seu significado pode ser deduzido pelas palavras ao redor. Pelo **contexto**, é possível descobrir as respostas para todas essas perguntas. Muito legal, né?

> **DICA CULTURAL:** *du* **ou** *Sie*?
> Em alemão, há dois modos de se dirigir a uma pessoa: informal, com *du*, e formal, com *Sie*. Neste livro, vamos utilizar o modo informal na maioria das vezes, pois essa é a forma mais recorrente em papos típicos com pessoas da sua idade.

> **PRONÚNCIA: w**
> A pronúncia da letra **w** em alemão é a mesma do "v" em português. Na língua alemã, há outros sons com grafia diferente, mas é fácil se acostumar a eles. O alemão é um idioma muito fonético, ou seja, perfeito para alunos.

CONVERSA 1 **3**

2 Traduza as frases a seguir para o alemão:

a Eu sou _____

b Eu moro em (cidade). _____

c Eu sou de Berlim. _____

d Eu sou da Alemanha. _____

TÁTICA DE CONVERSA: Und du?

Quando não se sentir à vontade para falar no início, recomendo devolver a pergunta ao interlocutor e ouvi-lo falar. Em alemão, um modo fácil de fazer isso é com um simples *Und du?*

A expressão *und du?* também serve como uma "pergunta universal" que evita a memorização de centenas de perguntas. Quando não souber dizer "Onde você mora?", "O que você faz para viver?" ou "Você gosta dos Beatles?", diga apenas *Und du* para devolver a pergunta.

PRATIQUE

Mesmo que conheça um pouco do idioma, pratique a pronúncia das palavras em voz alta para exercitar a memória muscular e desenvolver um sotaque alemão desde já. Antes de continuar, verifique se entendeu a conversa.

Confira aqui novas palavras que irão ajudá-lo a criar o script do idioma.

🔊 **01.03** Ouça o áudio e observe o quadro.

Países	die USA, Kanada, Italien, Deutschland, Spanien, China, Australien, Russland, Japan, **Irland**
Profissões	Autor, Fotograf, Architekt, Professor, Programmierer, Elektriker, Rezeptionist, Agent, Tänzer, **Blogger**
Interesses	der Sport, die Fotografie, die Musik / das Konzert, das Joggen, das Karate, der Film, das Tennis, das Yoga, das Shopping, **Sprachen (idiomas)**

Caso ainda não tenha, compre um bom dicionário de alemão para desenvolver o seu "vocabulário pessoal". À medida que avançarmos, procure palavras com aplicação prática para tornar o script mais útil. Vamos começar.

FALANDO:

arrisque-se!

Sempre ouço alunos me dizerem: "Benny, estudo o idioma há anos, mas ainda não consigo falar!" Isso ocorre porque estão o tempo todo lendo, ouvindo ou estudando alemão, mas não falam. Faça o que quiser, mas não estude alemão em silêncio. É preciso usar o idioma, mesmo que soe esquisito ou idiota e o sotaque saia horrível no início. Ele só vai melhorar com a prática.

Há diversas maneiras de praticar alemão na sua comunidade e online. Confira algumas sugestões na nossa página de Recursos.

Ao se deparar com uma nova lista de palavras, **não tente memorizar todas**. Concentre-se naquelas que pretende usar em conversas. Quando estiver lendo a lista, fique à vontade para riscar palavras que não vai utilizar no futuro.

4 ⋯✦ 1 FALE SOBRE VOCÊ

EXPLICAÇÃO GRAMATICAL: -in terminação do feminino

Observe que, às vezes, a grafia das palavras muda quando o interlocutor é homem ou mulher. Em alemão, palavras que descrevem mulheres geralmente terminam em *-in*, como ocorre com as palavras "professor" e "professora" em português. Em alemão, isso ocorre em quase todas as profissões. Por exemplo:

> *Student (m)*   *Musiker (m)*   *Lehrer (m)*
>
> *Student**in** (f)*   *Musiker**in** (f)*   *Lehrer**in** (f)*

> Como quando Ellen diz **Ich bin Designerin**, enquanto Peter diz Ich bin Lehrer.

1 De que países são as pessoas que você conhece? Quais são as suas profissões e seus interesses? Procure substantivos que tenham a ver com pessoas próximas ou você e insira três novas palavras em cada categoria. (Quando se referir a mulheres, adicione *-in* às palavras que indicam profissões!)

> Confira bons dicionários online e apps na nossa página Recursos ou utilize um simples dicionário impresso.

2 Use o dicionário para criar quatro frases sobre a sua vida. Para se descrever, comece com *ich bin*.

Exemplo: <u>Ich bin Benny.</u>   <u>Ich bin Vegetarier.</u>   <u>Ich bin Blogger.</u>

3 Utilize a expressão *Und du?* para fazer perguntas.

    a Descubra a profissão de alguém dizendo "Sou professor. E você?"

    b Descubra de onde eles são dizendo "Sou do Canadá. E você?"

    c Descubra onde eles moram dizendo "Moro em Berlim. E você?"

> Cubra as traduções na lista de expressões e tente lembrar o significado das expressões em alemão.

JUNTE TUDO

Agora, vamos continuar criando seu script. Com base na conversa e no seu "vocabulário pessoal", diga em alemão:

> Ao longo deste curso, irei ajudá-lo a construir o script. Prepare-se para utilizá-lo várias vezes nas primeiras conversas em alemão com pessoas reais.

- ┈┈▶ Seu nome
- ┈┈▶ De onde você é
- ┈┈▶ Onde você mora
- ┈┈▶ Qual é sua profissão.

CONVERSA 1

CONVERSA 2

Descreva seus interesses

Graças aos cognatos, boa parte da língua alemã pode parecer familiar. Há diversas palavras parecidas em português e alemão.

Nas primeiras conversas, geralmente há perguntas como: "Então, o que você gosta de fazer?". No diálogo a seguir, Peter e Ellen falam sobre seus interesses.

🔊 **01.04** Procure palavras com sons conhecidos para tentar compreender a essência do que está sendo dito.

Ellen: Was sind deine Hobbys, Peter?

Peter: Ich höre gern Pop oder klassische Musik und ich spiele Gitarre. Und du?

Ellen: Ich höre nicht gern Pop, aber klassische Musik ist okay.

Peter: Gymnastik ist mein Lieblingssport. Ich bin sehr aktiv. Und du?

Ellen: Ich spiele Basketball, aber mein Lieblingssport ist … Schlafen.

Peter: Ach so!

Ellen: Und Pizza ist mein, ähm, Lieblingsessen! Ich singe gern und ich bin Beatles-Fan.

Peter: Super! Das ist meine Lieblingsband!

HACKEANDO:
"blocos" de palavras
Aprenda palavras em bloco em vez de tentar entender cada parte de cada frase. *Was sind deine* …? é um bom exemplo. Aprenda essa frase em bloco para dizer "O que são suas…?"

6 ⋯▶ 1 FALE SOBRE VOCÊ

DESVENDE

1 Com base no contexto e nas palavras que reconhecer, responda as perguntas abaixo:

   a Qual frase Ellen usa para perguntar a Peter do que ele gosta?

   _____

   b Quais são os dois estilos musicais de que Peter gosta?

   _____ _____

   c Escreva (em alemão ou português) três interesses de Peter e Ellen.

   _____ _____ _____

2 Destaque na conversa oito palavras em alemão iguais ou muito parecidas em português.

3 Diga o significado de: a *aber* _____ b *Lieblings-* _____

4 Destaque os equivalentes em alemão das frases abaixo e os escreva.

   a Gosto de ouvir _____

   b Não gosto de ouvir _____

   c Eu toco _____

   d Eu gosto de cantar _____

5 Observe os itens a e b do Exercício 4. Que palavra significa "não"?

   _____

OBSERVE

🔊 **01.05** Ouça o áudio e observe o quadro.

Expressões essenciais da Conversa 2

Alemão	Significado
Was sind deine ...	Quais são seus...
Hobbys	hobbies
Ich höre gern ...	Gosto de ouvir... (Ouço com prazer)
Pop oder klassische Musik	pop ou música clássica
Ich höre nicht gern ...	Não gosto de ouvir... (Não me agrada ouvir)
... ist okay	... está OK
Ich bin sehr aktiv.	Sou muito ativo.
Ich spiele Gitarre.	Toco violão.
Schlafen ist ...	Dormir é...
mein Lieblingssport	meu esporte preferido
mein Lieblingsessen	meu prato preferido
Das ist meine Lieblingsband.	Esta é minha banda preferida.
Ich bin Beatles-Fan.	Sou fã dos Beatles.

DICA CULTURAL:
falando com precisão
Os alemães se expressam com muita precisão. A menos que realmente detestem ou amem algo, não dizem *Ich hasse* (eu detesto) ou *Ich liebe* (eu amo). Em vez disso, adicionam a pequena palavra *gern* a um verbo para expressar o que gostam ou apreciam. (Utilize também o sinônimo *gerne*.) É comum ouvir *ich helfe gern* (Gosto de ajudar) ou *ich gehe gern* (Gosto de ir), mas o verbo *lieben* é reservado para expressões de amor mais profundas: *Ich liebe Anna!* Não se surpreenda se ouvir muitas vezes uma das palavras mais ditas em alemão: *genau*, que significa "precisamente"!

1 Observe como a expressão *Lieblings* aparece no início de três palavras na conversa. Descubra como se diz em alemão:

a livro favorito (livro = *Buch*) _____

b canção favorita (canção = *Song*) _____

2 Pesquise na lista de expressões os equivalentes em alemão para as palavras abaixo em português. Depois escreva-as aqui em alemão.

a é _____ b muito _____

3 Em alemão, geralmente utilizamos a palavra *gern* e uma estrutura sintática diferente do português quando descrevemos coisas de que gostamos e de que não gostamos. Compare as frases e escreva as respectivas traduções literais.

Exemplo: Gosto de música. *Ich höre gern Musik.* "Eu ouvir gosto de música"

a Eu não gosto de pop. *Ich höre nicht gern Pop.* _____

b Eu gosto de basquete. *Ich spiele gern Basketball.* _____

8 ⋯⋯ 1 FALE SOBRE VOCÊ

4 Relacione as frases em alemão abaixo com as respectivas traduções.

a	*Ich höre*	1	Eu gosto de ouvir
b	*Ich höre gern*	2	Eu ouço
c	*Ich höre nicht gern*	3	Eu gosto de tocar
d	*Ich spiele*	4	Eu toco
e	*Ich spiele gern*	5	Eu não gosto de tocar
f	*Ich spiele nicht gern*	6	Eu não gosto de ouvir
g	*Ich singe*	7	Eu não gosto de cantar
h	*Ich singe gern*	8	Eu canto
i	*Ich singe nicht gern*	9	Eu gosto de cantar

5 Traduza as frases abaixo para o alemão.

a Eu gosto de café. (*Kaffee*) (Eu bebo = *ich trinke*)

_____

b Eu gosto de linguiça. (Eu como = *ich esse*)

_____

c Eu não gosto de fotografia. (Eu fotografo = *ich fotografiere*)

_____

d Eu gosto de tênis.

_____

e Eu não gosto de bananas. (bananas = *Bananen*)

_____

f Eu gosto de alemão. (Eu falo = *ich spreche*)

_____

6 Observe a frase usada para dizer "Eu sou fã dos Beatles". Com base nela, traduza as frases abaixo para o alemão.

a Eu sou fã de Tolkien. (*Tolkien*)

_____

b Eu sou fã de jazz. (*Jazz*)

_____

c Eu sou fã de vôlei. (*Volleyball*)

_____

CONVERSA 2

#LANGUAGEHACK:
Aproveite as palavras que já conhece

Há muitos cognatos nesta unidade. Qual é o significado em português desses cognatos (ou quase cognatos) em alemão? *Moment, negativ, Park, Brokkoli, modern, Hotel.* Para quem fala português, você conhece mais palavras em alemão do que imagina!

SUA VEZ : Use o hack

Para melhor assimilar o #languagehack, coloque em prática seus conhecimentos. Aplique essa técnica imediatamente.

PRONÚNCIA:
O alemão é uma língua fonética!
A grafia da língua alemã costuma ter uma pronúncia bastante previsível. Como a língua portuguesa, na maioria das vezes, cada letra em alemão corresponde a um som consistente.

1 🔊 **01.06** Pratique a pronúncia dos cognatos em alemão no quadro. Observe como o som é muito parecido com algumas palavras em inglês! Isso acontece pois ambas as línguas têm a mesma origem.

Cognatos

Sport	perfekt	Garantie	Disziplin	ideal
Bett	Musik	Gott	original	hart
kalt	unter	Gruppe	breit	Sonntag
frisch	waschen	Methode	Fisch	Kirche

1 Procure um cognato em cada lista e confira as respostas no dicionário.

a carta/e-mail/escrever/ler

b colete/joelho/calças/blusa

c computador/quarto/cadeira/escrivaninha

10 ⋯▶ 1 FALE SOBRE VOCÊ

2 Na sua opinião, quais palavras em português são cognatos em alemão? Pense em quatro novos cognatos usando as regras que acabou de aprender. Depois, confira as respostas no dicionário e escreva os novos cognatos no quadro!

Exemplo: allergie → <u>alergia</u>

EXPLICAÇÃO GRAMATICAL: ich + verbo + substantivo

A estrutura sintática empregada nessa conversa consiste em verbo + substantivo. Ou seja, as palavras que indicam ação (verbos) são complementadas por pessoas, lugares ou coisas (substantivos), como ocorre em português. A partir dessa estrutura sintática, será muito mais fácil aprender e utilizar o idioma. Basta optar por um verbo e complementá-lo com o objeto de que trata a conversa. Por exemplo, *Ich spiele Basketball* quer dizer "eu jogo basquete".

Exemplo: *Ich spiele Basketball.*   *Ich höre Musik.*   *Ich spiele Gitarre.*
               verbo + subst   verbo + subst   verbo + subst

> **DICA DE GRAMÁTICA:** *entendendo a terminologia*
>
> Neste livro, evitei usar termos gramaticais muito técnicos, mas existem alguns que vale a pena saber. Por exemplo, substantivos (pessoas, lugares e coisas, como *Journalist, Deutschland, Gitarre*) e verbos (palavras de ação, como *wohne, komme, höre, spiele,* que vêm depois de ich). Esses são os elementos básicos de todas as frases.

PRATIQUE

1 Cubra as traduções na lista de expressões e tente lembrar o significado das expressões em alemão.

2 Você gosta ou detesta algo? Reescreva as frases abaixo com *gern* ou *nicht gern* para expressar suas preferências. (Utilize a ordem correta das palavras!)

a *Ich spiele Tennis.*

_____

b *Ich höre Radio.*

_____

c *Ich esse Pizza.*

_____

d *Ich esse Spaghetti.*

_____

e *Ich trinke Kaffee.*

_____

f *Ich trinke Bier.*

_____

g *Ich tanze Tango.*

_____

h *Ich esse Brokkoli.*

_____

3 Use o vocabulário do quadro e faça três perguntas em alemão para descobrir do que as pessoas mais gostam.

		Interessen (interesses)?
Was sind deine …	Lieblings-	Alben (álbuns)? Autoren (autores)? Filme (filmes)? Songs (canções)?

_____

_____

_____

4 Adapte algumas das frases da conversa usando um novo vocabulário.

a Use *Ich* + (verbo) + *nicht gern … aber … ist okay.*
para dizer algo de que não gosta, e depois algo de que gosta.

Exemplo: Ich höre nicht gern Pop, aber klassische Musik ist okay.

_____

b Use *Ich bin ein …-Fan* para dizer duas coisas de que é fã! (Fale do que quiser: times, marcas, artistas ou pessoas.)

_____

_____

JUNTE TUDO

Agora, utilize as novas formas que aprendeu e fale sobre o que gosta e não gosta!

1 Use o dicionário para pesquisar novas palavras que descrevam informações sobre a sua vida. Lembre-se de:

- ⋯ Combinar verbos com lugares e coisas (substantivos).
- ⋯ Use *gern* ou *nicht gern* para falar sobre coisas de que você gosta e não gosta.
- ⋯ Inclua frases feitas que você aprendeu (*Ich bin ein ...-Fan*).

2 Use a estrutura sintática que aprendeu nesta conversa para criar novas frases em alemão. Pesquise no dicionário "palavras pessoais" e crie frases que expressem realmente as suas preferências.

a Cite um instrumento que goste de tocar, usando *Ich spiele*.

_____

b Cite algo que goste de comer, usando *Ich esse*.

_____

c Cite algo que goste de beber, usando *Ich trinke*.

_____

d Cite duas coisas que não goste usando *nicht gern*.

_____

_____

Leia o script diversas vezes até se sentir à vontade para falar. Tente memorizá-lo também!

CONVERSA 2 · 13

CONVERSA 3

Por que você está aprendendo alemão?

No início, sempre se ouve a seguinte pergunta: "Por que está aprendendo alemão?" Portanto, vamos preparar a sua resposta.

🔊 **01.07** Peter quer saber por que Ellen está aprendendo alemão. Preste atenção ao modo como Ellen formula a sua resposta. Como ela diz "porque"?

> **Peter:** Ich lerne gern Sprachen. Und du? Warum lernst du Deutsch?
>
> **Ellen:** Ich lerne Deutsch, weil .... na ja, ich habe Familie hier in Deutschland und ich möchte hier wohnen. Und ich finde die Sprache faszinierend! Ich möchte Land und Leute kennenlernen und vielleicht einen Job finden.
>
> **Peter:** Dein Plan ist toll! Und dein Deutsch ist sehr gut. Bravo!
>
> **Ellen:** Danke schön!

> Às vezes o alemão é mais simples que o português. Por exemplo, não há diferença entre "eu estudo" e "eu estou estudando". Em alemão, as duas frases correspondem a *ich lerne*.

> **DICA CULTURAL: sendo elogiado!**
> É improvável que os alemães elogiem só por gentileza. Mesmo quando elogiados, são capazes de continuar a conversa sem notar ou dizer "obrigado". Os alemães consideram elogios como declarações de fatos e não polidez. Portanto, quando um alemão diz que gosta de algo, pode ter certeza de que ele está sendo sincero! Nenhum alemão teria qualquer problema para afirmar que não gosta de algo. Então, quando os alemães não dizem que não gostam de algo, suponha que gostam!

DESVENDE

1 Use o contexto para encontrar as seguintes informações na conversa e destaque as frases correspondentes.

   a Dois motivos que Ellen apresenta para aprender alemão.
   b Peter diz o que acha do plano de Ellen.
   c Peter elogia Ellen.

2 Tente deduzir o significado das frases abaixo.

   a *ich habe Familie hier* _____

   b *Dein Plan ist toll!* _____

   c *vielleicht einen Job finden* _____

   d *ich finde die Sprache faszinierend* _____

14 ⋯▸ 1 FALE SOBRE VOCÊ

3 Qual palavra os interlocutores usam para fazer uma pergunta (por quê?) e dar uma resposta (porque)? Destaque-as e as escreva aqui.

_____   _____

4 Descubra pelo menos três cognatos no diálogo e os escreva aqui.

_____   _____   _____

OBSERVE

🔊 **01.08** Ouça o áudio e observe o quadro.

Ich möchte pode ser usado para expressar "eu gostaria" e "eu quero". Por ora, pronuncie o verbo como "moechte". Vamos melhorar a sua pronúncia na Unidade 3!

Expressões essenciais da Conversa 3

Alemão	Significado
Ich lerne gern Sprachen.	Gosto de aprender idiomas.
Warum lernst du Deutsch?	Por que você está estudando alemão? (Por que estuda você alemão?)
Ich lerne Deutsch, weil …	Estou aprendendo alemão porque… (Aprendo alemão porque)
na ja …	bem…
Ich habe Familie hier in Deutschland.	Tenho parentes aqui na Alemanha.
Ich möchte …	Eu quero… (Eu gostaria de)
… hier wohnen	… morar aqui (aqui morar)
… Land und Leute kennenlernen	… de conhecer o país e o povo (terra e povo de conhecer)
… und vielleicht einen Job finden	… e talvez achar um emprego (e talvez um emprego achar)
Ich finde die Sprache faszinierend.	Acho o idioma fascinante.
Dein Deutsch ist sehr gut.	Seu alemão é muito bom.
Dein Plan ist toll!	Seu plano é legal!
Danke schön!	Muito obrigada! (Obrigada maravilhosamente.)

1 Observe a diferença entre a ordem das palavras em alemão e português. Em seguida, traduza as frases a seguir para o alemão.

A palavra **Leute** (pronunciada lói-teh) significa "pessoas" e pode ser confundida com heute (pronunciada rói-teh) que significa hoje.

a Por que você está aprendendo alemão?

_____

b Eu quero conhecer o país e o povo.

_____

c Eu gostaria de morar aqui.

_____

CONVERSA 3 • 15

2 Como se diz "muito obrigado" em alemão? _____

3 Observe novamente a lista de expressões. Quais são os três verbos que complementam a expressão *ich möchte*? Escreva-os aqui em alemão.

    a morar _____   c achar _____

    b conhecer _____

4 Combine os verbos da conversa com os equivalentes em português.

    a *Ich lerne*   1 Eu tenho
    b *Ich habe*   2 Estou aprendendo
    c *Ich möchte*   3 Eu acho
    d *Ich finde*   4 Eu gostaria

TÁTICA DE CONVERSA: Incremente suas frases com conectivos

Mesmo que não soem muito naturais, frases simples e curtas dão conta do recado para os iniciantes em alemão. Contudo, sempre é possível articular frases adicionando conectivos. Palavras como "porque" (*weil* ...) e "bem" (*na ja* ...) ligam pensamentos de forma mais natural.

Use o hack: Empregue *weil ... na ja ...* para reformular uma frase em alemão

Há uma grande diferença entre a ordem das palavras em alemão e português. Por exemplo, explicar algo com *weil* (porque), geralmente implica um uma mudança na sequência das palavras. Não é tão difícil de aprender: é só uma questão de hábito. Por enquanto, utilize um #languagehack para lidar com essas situações!

Para "reformular" uma frase em alemão e utilizar uma estrutura sintática mais simples, faça uma breve pausa e preencha esse espaço com palavras como *na ja,* que Ellen emprega na conversa. (Confira mais palavras que "preenchem espaços" na Unidade 2!) Embora um ouvinte despreparado possa considerar essa pausa como uma hesitação, essa é uma técnica essencial em que usamos duas frases simples em vez de uma complexa!

1 Quais palavras em alemão correspondem aos seguintes conectivos em português?

    a e _____   c ou _____

    b porque, bem... _____   d mas _____

2 Utilize os conectivos do Exercício 1 para ligar frases em alemão. Use cada palavra uma vez.

Exemplo: *Ich trinke gern Kaffee. Ich trinke gern Tee..* →
<u>Ich trinke gern Kaffee und Tee.</u>

a *Ich spliele gern Baskeball. Ich spiele gern Tennis.*
_____

b *Ich schwimme gern. Ich jogge nicht gern.*
_____

c *Ich möchte Salat essen. Ich möchte Bratwurst essen.*
_____

d *Ich lerne English. Ich möchte in Kanada wohnen.*
_____

EXPLICAÇÃO GRAMATICAL: Combinando dois verbos

A Conversa 3 introduziu uma nova estrutura sintática que combina duas formas verbais em alemão: "verbo na primeira pessoa" + "verbo no infinitivo". Utilize essa combinação entre dois verbos e evite frases complicadas em alemão:

Eu gostaria + (de fazer algo) = ***ich möchte*** + verbo (no infinitivo)

Exemplos: *Ich möchte ... lernen*   (Eu gostaria de aprender...)
Ich möchte ... gehen   (Eu gostaria de ir...)

O termo "**infinitivo**" corresponde à forma em que o verbo é encontrado no dicionário (**lernen** significa "aprender"). Em alemão, ele sempre termina em **-en** ou **-n**.

Muito comuns nas conversas em alemão, há infinitas combinações como essas à sua disposição.

Mas há um pequeno detalhe: sempre que usamos mais de um verbo em alemão, o segundo verbo (por exemplo, lernen e gehen) geralmente vem no final da frase. O resultado parece com a fala do Mestre Yoda: Ich möchte Karate lernen. Eu gostaria de caratê aprender (em vez de "Eu gostaria de aprender caratê").

🔊 **01.09** Ouça o áudio e observe o quadro. Preste atenção à pronúncia das palavras e, especialmente, às terminações.

Verbos comuns

Verbo no infinitivo — verbo na 1ª pessoa		
wohnen – ich wohne (Eu moro)	treffen – ich treffe (Eu encontro)	gehen – ich gehe (Eu vou)
finden – ich finde (Eu encontro)	verstehen – ich verstehe (Eu entendo)	reisen – ich reise (Eu viajo)
sprechen – ich spreche (Eu falo)	helfen – ich helfe (Eu ajudo)	sehen – ich sehe (Eu vejo)
lernen – ich lerne (Eu aprendo)	essen – ich esse (Eu como)	singen – ich singe (Eu canto)
spielen – ich spiele (Eu jogo)	trinken – ich trinke (Eu bebo)	studieren – ich studiere (Eu estudo) [na universidade]

1   Pratique o estilo Yoda ao falar alemão! Use a lista de verbos a seguir para completar as frases.

Exemplo: *Ich möchte ... (beber coca)* → **Ich möchte Cola trinken.**

a   *Ich möchte ... (comer pizza)*

_____

c   *Ich möchte ... (ajudar Ellen)*

_____

b   *Ich möchte ... (falar alemão)*

_____

d   *Ich möchte ... (ver Berlim)*

_____

2   Com base na Conversa 3 e na lista de verbos, traduza as frases a seguir para o alemão.

a   Eu quero morar na Alemanha.

_____

e   Eu quero cantar.

_____

b   Eu gosto de aprender línguas!

_____

f   Eu quero ouvir música clássica.

_____

c   Eu gosto de falar alemão.

_____

g   Eu gosto de viajar.

_____

d   Eu quero tomar café.

_____

18 ···✈ 1 FALE SOBRE VOCÊ

3 Pratique a nova estrutura sintática que aprendeu e o seu vocabulário. Use as sugestões indicadas para responder as perguntas abaixo em alemão.

Warum lernst du Deutsch?

a _____ _____ *die Sprache faszinierend.* (Eu acho o idioma fascinante.)

b _____ _____ *in Deutschland* _____*!* (Eu gostaria de morar na Alemanha!)

c _____ _____ _____ *Sprachen!* (Eu gosto de aprender idiomas!)

d _____ _____ *bald nach Deutschland.* (Eu vou visitar a Alemanha em breve.)

Warum bist du in Deutschland?

e _____ _____ *Deutsche* _____. (Eu quero conhecer alemães.)

f _____ _____ _____ *Bratwurst.* (Eu gosto de comer linguiça!)

g _____ _____ *hier* _____. (Eu quero estudar aqui.)

h _____ _____ *die deutsche Kultur* _____.
(Eu quero entender a cultura alemã.)

JUNTE TUDO

1 Agora é a sua vez de praticar essa estrutura! Crie quatro frases em alemão que combinem ich möchte + verbo no infinitivo para expressar as suas preferências. Pesquise novas palavras no dicionário e forme frases úteis para as suas conversas iniciais. Lembre-se de dizer por que está aprendendo alemão.

Exemplo: **Ich möchte Deutsch verstehen**. (Eu quero entender alemão.)

> Ao aprender novas frases em alemão, procure adaptá-las à sua vida. Depois, pesquise "palavras pessoais" para personalizá-las.
>
> Quando visitar um país de língua alemã, **lembre-se de dizer o motivo da visita** e o que gosta no país!

CONVERSA 3

TÁTICA DE APRENDIZADO:
escuta ativa
Preste muita atenção aos áudios dos exercícios. Um erro comum consiste em ouvir uma gravação em segundo plano esperando que ela de alguma forma entre na cabeça. Na verdade, há uma grande diferença entre ouvir e escutar um idioma. É preciso estar 100% concentrado no áudio durante a reprodução!

FINALIZANDO A UNIDADE 1

Confira o que aprendeu

🔊 01.10 Releia as conversas e, quando se sentir confiante:

···⟩ Ouça o áudio de treino com perguntas em alemão.

···⟩ Pause ou repita o áudio sempre que precisar para entender as perguntas.

···⟩ Repita as frases do áudio até a pronúncia soar natural.

···⟩ Responda as perguntas em alemão (utilize frases completas).

Como cada unidade desenvolve a anterior, podemos revisar enquanto avançamos.

Mostre o que sabe...

Confira o que acabou de aprender. Escreva ou fale um exemplo para cada item da lista e marque os que sabe.

- ☑ Apresente-se.   Ich bin Benny!
- ☐ Diga de onde vem.
- ☐ Cite o nome de três países.
- ☐ Diga o que faz.
- ☐ Cite três profissões.
- ☐ Fale sobre algo de que gosta e algo de que não gosta.
- ☐ Indique três cognatos que ocorrem em alemão e português.
- ☐ Pergunte "por que você está aprendendo alemão?"
- ☐ Cite um motivo para aprender alemão usando "porque... bem...".
- ☐ Use os conectivos em alemão correspondentes a "e", "mas" e "ou" em uma frase.
- ☐ Diga a frase utilizada para devolver uma pergunta.
- ☐ Descreva seus interesses usando diferentes estruturas sintáticas:
  - ☐ Eu gosto...
  - ☐ Eu quero...
  - ☐ Eu sou fã de...!
  - ☐ ... é meu preferido!

20 ···⟩ 1 FALE SOBRE VOCÊ

COMPLETE SUA MISSÃO

É hora de completar sua missão: convença o agente do aeroporto a deixá-lo passar para começar a sua aventura com a língua alemã! Para isso, prepare as respostas para as perguntas que provavelmente serão feitas.

PASSO 1: Crie seu script

Comece seu script com as frases que aprendeu nesta unidade, combinadas com o vocabulário "pessoal", para responder perguntas comuns sobre a sua vida.

- Diga seu nome e profissão usando *Ich bin*.
- Diga de onde é e onde mora usando *Ich komme aus … Ich wohne in …*
- Diga o que faz e do que gosta usando *Ich … gern …*
- Diga por que está aprendendo alemão usando *Ich lerne Deutsch, weil …. na ja, …*
- Use conectivos (*und, aber, oder*) para articular melhor suas frases!

Depois de escrever o script, repita as frases até se sentir confiante.

PASSO 2: Verdadeiros hackers do idioma falam desde o primeiro dia… *online*

Quando estiver à vontade com o script, conclua a missão. Compartilhe na comunidade uma gravação de áudio da sua voz lendo o script. Acesse o site, procure pela missão da Unidade 1 e dê o seu melhor.

Para encontrar **mais missões** e hackear o alemão em profundidade, acesse o site da comunidade #LanguageHacking.

PASSO 3: Aprenda com outros estudantes

Quer conferir outras apresentações? Depois de enviar a sua gravação, ouça o que os outros membros da comunidade dizem sobre si mesmos. Na sua opinião, eles devem entrar no país? **Faça uma pergunta complementar em alemão para pelo menos três pessoas.**

PASSO 4: Avalie o que aprendeu
Achou alguma coisa fácil ou difícil nesta unidade? Aprendeu novas palavras ou frases na comunidade? A cada script e conversa, surgem novas ideias para preencher as "lacunas" dos scripts. Sempre anote tudo!

EI, HACKER DA LINGUAGEM, VOCÊ VAI LONGE!
Mal começou a hackear o idioma e já aprendeu muito. Logo nos primeiros passos, passou a interagir com outras pessoas em alemão. Outros alunos só fazem isso depois de anos de estudo. Então, pode se sentir muito orgulhoso da sua proeza.

Sehr gut!

2 PUXE CONVERSA

Sua missão

Imagine que você saiu com seus amigos para seu primeiro *Biergarten* na Alemanha e pretende se ambientar sem falar português.

Sua missão é passar a impressão de que fala alemão muito bem por, pelo menos, 30 segundos. Prepare-se para puxar conversa e falar sobre **há quanto tempo mora** em seu endereço atual, **o que gosta de fazer** e **os idiomas que fala** ou **quer aprender**. Depois desses 30 segundos, diga há quanto tempo está aprendendo alemão e marque alguns pontos! Para não levantar suspeitas, incentive a outra pessoa a falar com perguntas informais que demonstrem seu interesse.

O objetivo desta missão é deixá-lo mais confiante para conversar com outras pessoas.

Treine para a missão

- Pergunte e responda usando *du*.
- Use *wie viele*, *wie*, *seit wann* nas perguntas e responda com *seit*.
- Formule frases negativas com *nicht*.
- Desenvolva uma tática de conversa usando expletivos (*na ja...*) para a conversa fluir.
- Pronuncie os sons em alemão *ä/ö/ü*, *ß*, *s/st/sp*, o *ch* duro e o suave.

APRENDENDO A FAZER PERGUNTAS NO IDIOMA

Vamos criar uma técnica simples (mas eficiente!) de devolver uma pergunta com *Und du?* e aprender a fazer perguntas mais específicas usando várias frases novas.

#LANGUAGEHACK
Aprender vocabulário com associações é muito mais rápido.

Em qualquer lugar do mundo, sempre é possível encontrar estudantes de alemão dispostos a conversar no idioma, além de falantes nativos que podem ajudar no seu aprendizado. Veja na seção Recursos como achar **outros estudantes** e falantes.

CONVERSA 1

Palavras essenciais para fazer perguntas

Na primeira semana em Berlim, Ellen conheceu o berlinense Jakob em um encontro de estudantes de idiomas perto da sua casa. Após as apresentações iniciais, o assunto se voltou para o estudo de idiomas.

🔊 **02.01** Observe as diferentes fórmulas que Jakob usa para as perguntas e Ellen, para as respostas.

> **Jakob:** Na, Ellen, wie findest du Berlin?
>
> **Ellen:** Ich liebe Berlin! Ich lerne viel Deutsch hier.
>
> **Jakob:** Sehr gut! Lernst du auch andere Sprachen?
>
> **Ellen:** Nein, ich lerne nur Deutsch. Und du?
>
> **Jakob:** Ich spreche ziemlich gut Italienisch und ich spreche ein bisschen Russisch.
>
> **Ellen:** Echt?
>
> **Jakob:** Ja, echt!
>
> **Ellen:** Sag mal, sprichst du auch Englisch?
>
> **Jakob:** Noch nicht. Vielleicht kann ich heute ein bisschen Englisch üben.

TÁTICA DE CONVERSA:

Antecipe as perguntas mais comuns

Um assunto típico nas primeiras conversas em alemão é o estudo de idiomas. Ou seja, se você for um iniciante, as pessoas perguntarão se fala outros idiomas. Prepare sua resposta!

DICA CULTURAL:

direito de se gabar

Os alemães não costumam se gabar de seus feitos — é uma característica da cultura autêntica que adoro! Para se enturmar, fale com humildade sobre suas habilidades. É melhor dizer que faz algo *ziemlich gut*, em vez do levemente presunçoso *(sehr) gut*.

DESVENDE

1   Use o contexto para desvendar:

   a   Quantos idiomas Ellen fala? dois/três
   b   Ellen gosta de morar em Berlim? *ja* (sim)/*nein* (não)
   c   Quantos idiomas Jakob fala? dois/três

2   Com base na conversa, cada afirmativa a seguir é verdadeira (*richtig*) ou falsa (*falsch*)?

   a   Ellen não está aprendendo alemão. *richtig/falsch*
   b   Jakob fala italiano. *richtig/falsch*
   c   Jakob fala português. *richtig/falsch*
   d   Ellen fala russo. *richtig/falsch*

3   Que palavra Ellen usa para expressar surpresa? _____

OBSERVE

🔊 **02.02** Ouça o áudio e observe o quadro.

Expressões essenciais da Conversa 1

Alemão	Significado
Na ...	então...
Wie findest du Berlin?	Está gostando de Berlim? (O que acha de Berlim?)
Lernst du ...	Você está aprendendo...
auch andere Sprachen?	também outros idiomas?
nein	não
Ich lerne ...	Estou aprendendo...
... nur Deutsch	... só alemão
... viel Deutsch	... bastante alemão
Ich spreche ...	Eu falo...
... ziemlich gut Italienisch	... italiano bastante bem
... ein bisschen Russisch	... um pouco de russo
Echt?	Mesmo?
ja	sim
Sag mal ...	Conte-me...
Sprichst du ...?	Você fala...?
auch	também
Noch nicht.	Ainda não.
Vielleicht kann ich ...	Talvez eu possa... (Será que posso)
heute ein bisschen Englisch üben	praticar um pouco o inglês hoje (hoje um pouco inglês praticar)

> A palavra *vielleicht* significa "talvez" e se pronuncia "fil-lai-CHt". Para lembrar, faça uma associação entre palavras e sons.

1 Releia a conversa, depois escreva em alemão:

a as duas frases que Jakob usa para descrever suas habilidades em russo e italiano:

_____ _____

b a frase que Ellen usa para dizer que idioma ela está "só" aprendendo:

_____

> **TÁTICA DE ESTUDO:**
> **Estilo Yoda**
> Lembra-se do estilo Yoda da Unidade 1? Sempre que houver mais que um verbo na frase em alemão, *o segundo verbo vai para o final.* Embora a ordem das palavras em alemão possa ser diferente da que você conhece, não se preocupe! Se você usar a ordem errada, as pessoas geralmente ainda vão entender. À medida que avança no livro, note *a tradução literal* entre parênteses, e vai perceber como o idioma funciona.

CONVERSA 1 · 25

2 Destaque as frases em alemão que significam:

a Mesmo? **b** Ainda não **c** Talvez

3 Compare as frases: *Ich spreche gut Italienisch* e "Eu falo italiano bem". Como é o funcionamento da palavra *gut* quanto à ordem das palavras? Preencha as lacunas em alemão:

a *Ich spreche*_____. (Eu falo **inglês bem**.)

b *Ich möchte* _____ _____ *sprechen.* (Eu quero falar **alemão bem**.)

4 Use a lista de expressões para preencher a sequência em alemão:

a _____ Eu falo → _____ você fala

b _____ Estou aprendendo → _____ você está aprendendo

c _____ Eu encontro → _____ você encontra

5 Combine as palavras da lista de expressões com as equivalentes em português.

a *nur*	**b** *andere*	**1** então	**2** outro
c *viel*	**d** *noch*	**3** qualquer outro	**4** ainda
e *auch*	**f** *auch andere*	**5** muitos	**6** só
g *na*		**7** também	

EXPLICAÇÃO GRAMATICAL: Fazendo perguntas

Fazer perguntas sim/não em alemão é muito fácil. É só mudar a ordem das palavras na frase (pondo o verbo em primeiro lugar):

Du bist Lehrer. → ***Bist du** Lehrer?* (Você **é** professor. → **É** você professor?)

Uma diferença importante em alemão (que é mais simples do que em português!) é que o verbo ainda vem no início, para mostrar que é uma pergunta:

Du sprichst Deutsch. → ***Sprichst du** Deutsch?*
(Você fala alemão. → Você fala alemão? lit. "Fala você alemão?")

1 Como Ellen pergunta "Você fala...?" Destaque na lista de frases. Depois, ponha as palavras na ordem correta para formar frases.

   a *Deutsch/du/sprichst?* _____

   b *viel/du/Deutsch/lernst?* _____

   c *Sprachen/auch/du/sprichst/andere?* _____

2 Complete as perguntas em alemão com as palavras que faltam.

   a _____ _____ *auch Russisch?* (**Você** também **está aprendendo** russo?)

   b _____ _____ _____ *Berlin?* (**Você gosta [o que acha] de** Berlim?)

3 Como você faz as seguintes perguntas em alemão?

   a Você mora em Nova York? (*wohnst*)? _____

   b Você gosta de aprender inglês? _____

   c Você é designer? _____

PRATIQUE

1 Preencha as frases com a(s) palavra(s) que falta(m) em alemão.

   a *Ich spreche* _____ *Englisch.* (Eu falo **apenas** inglês.)

   b _____ _____ _____ _____ *russo.* (**Estou aprendendo um pouco de** russo.)

   c _____! *Ich spreche* _____ _____ _____! (Mesmo! Eu falo **um pouco de italiano**!)

   d _____ _____ _____ *Spanisch?* (**Você fala bem** espanhol?)

   e *Ich möchte* _____ *Deutsch* _____. (Eu gostaria de **falar bem** alemão.)

2 ◀)) **02.03** Tente reconhecer a diferença entre o som das frases interrogativas e afirmativas em alemão. Ouça o áudio e marque *F* se ouvir uma *Frage* (pergunta), e *A* se ouvir uma *Antwort* (resposta), ou afirmação geral.

   a *F/A*   b *F/A*   c *F/A*   d *F/A*   e *F/A*   f *F/A*

CONVERSA 1

3   Converta as frases afirmativas a seguir em interrogativas. Depois, repita em voz alta e compare suas respostas com o áudio.

　　a   Alex wohnt in Berlin.   b   Du sprichst Italienisch.   c   Mark lernt Deutsch.
　　_____   _____   _____

JUNTE TUDO

1   Pesquise no dicionário as palavras em alemão correspondentes aos idiomas a seguir. Em seguida, adicione (em alemão) mais dois idiomas que você gostaria de aprender.

　　a   Japonês _____   c   Chinês _____   e _____

　　b   Francês_____   d _____

2   Se você já estudou outros idiomas, diga se fala "bem" ou "um pouco" cada língua. Se pretende aprender outros idiomas, diga quais. Escreva as respostas aqui em alemão. Em seguida, repita as frases em voz alta.

　　a   *Sprichst du andere Sprachen?*

　　　　Ja/Nein, ich spreche (nur) _____
　　　　_____

　　b   *Möchtest du andere Sprachen lernen?*

　　　　Ja/Nein, ich möchte (nur) _____
　　　　_____

> **PRONÚNCIA:** *a tem som de "ah"*
> Algumas vogais em alemão têm pronúncia diferente. Por exemplo, em muitos casos, *a* é pronunciado como "ah" (como em "gato"), não como "au" (como em auto). É o caso da frase *Sag mal* (pronunciada "sahg mahl").

#LANGUAGEHACK:
Aprender vocabulário com associações é muito mais rápido

Meu segredo para lembrar o vocabulário é usar **técnicas de memorização** ou associações.

Técnicas de memorização são excelentes ferramentas de aprendizagem para se assimilar um grande número de palavras e frases. Já indiquei duas técnicas até agora. Lembre-se:

die Leute (pessoas) – "lâmpada dicroica" *die Tochter* (a filha) – "a tocha"

Essas associações são um grande estímulo para sua memória. O segredo de uma boa técnica de memorização é pensar em uma imagem ou som que conecte cada palavra ao seu significado e, em seguida, evocar um sentimento bobo, dramático ou chocante, algo realmente memorável! O modo mais fácil de fazer isso é por meio da **associação de sons**. Basta dizer uma palavra em alemão e pensar em uma palavra em português que soe como ela e que, talvez, tenha um significado parecido.

Exemplos:

- ⋯⋗ A palavra *schreiben* é pronunciada como [shrai-ben] e significa "escrever". Imagine um garoto chamado Ben, xará de um amigo. *Xará do Ben* lembra *schreiben*.
- ⋯⋗ Para lembrar que a palavra *reisen* significa "viajar", faça uma associação entre palavras e sons.

SUA VEZ: Use o hack

1 🔊 **02.04** Ouça o áudio e preste atenção à pronúncia de cada palavra. Depois, faça uma associação entre sons ou imagens para criar sua própria técnica de memorização. Em seguida, repita as palavras de acordo com a pronúncia do áudio.

a *die Straße* (rua)

b *das Ding* (coisa)

c *der Mond* (lua)

d *lustig* (engraçado)

e *teuer* (caro)

> Ao longo do livro, indicarei truques para você se lembrar do novo vocabulário. Até lá veja se consegue criar suas próprias técnicas de memorização!

CONVERSA 1 ⋯⋗ 29

VOCÁBULO: *lernen* e *studieren*

O significado de *lernen* (aprender) e *studieren* (estudar) não é bem o mesmo em português. Mergulhar a cabeça nos livros e aprender algo específico com determinação seria "eu estudo..." em português, mas *ich lerne...* em alemão. *Studieren* é usado especificamente para estudar em uma universidade. Do mesmo modo, *student* refere-se a um aluno universitário. Os alunos do ensino elementar e médio são chamados de *Schüler*.

VOCÁBULO: *seit* "desde" ou "há"

Em português, costumamos usar a frase "faço algo há" em situações como "Estudo alemão há duas semanas". Já em alemão, dizemos: "Eu aprendo alemão desde (há) duas semanas". Você usará a palavra *seit* em situações como essa. Em perguntas, *Seit wann?* pode significar "desde quando?", "desde" ou "há quanto tempo?". Em respostas, *seit* pode significar "desde" ou "há".

CONVERSA 2

Há quanto tempo você estuda alemão?

Uma das perguntas mais comuns nas conversas iniciais em alemão é: "Há quanto tempo você estuda alemão?"

🔊 02.05 A seguir, vamos aprender a reconhecer e responder essa pergunta. Veja se consegue identificar como Jakob pergunta a Ellen "há quanto tempo...?"

Jakob: Seit wann **lernst** du Deutsch?

Ellen: Ich lerne **seit zwei Wochen** Deutsch.

Jakob: Nur zwei Wochen? Du sprichst schon sehr gut Deutsch!

Ellen: Nein, das stimmt nicht, aber es ist nett. Danke!

Jakob: Bitte!

Ellen: Sag mal, wie viele Sprachen möchtest du noch lernen, Jakob?

Jakob: Vielleicht noch zwei oder drei Sprachen: Japanisch, Arabisch und Englisch. Besonders Japanisch! Ich finde die Sprache exotisch und die Kultur ist so faszinierend.

DESVENDE

1 Use o contexto e as informações que aprendeu na Unidade 1 para desvendar:

  a Há quanto tempo Ellen estuda alemão? Marque a resposta certa e escreva aqui em alemão. _____ (há muito tempo/um dia/duas semanas)

  b Que idioma Jakob quer aprender e por quê? Destaque as palavras correspondentes na conversa.

2 Destaque as expressões alemãs correspondentes a:

  a apenas _____   **b** muito bem _____   **c** idiomas _____

  d Você já fala alemão muito bem! _____

  e mas _____

  f ... você quer aprender...? _____

30 ⋯▷ 2 PUXE CONVERSA

3 Escreva as frases usadas na Conversa 2 para...

a ... dizer "por nada" _____

b ... perguntar "quantos" _____

c ... perguntar "há quanto tempo" ou "desde quando"

_____

4 Encontre quatro cognatos na conversa e destaque-os.

OBSERVE

🔊 02.06 Ouça o áudio e observe o quadro.

Expressões essenciais da Conversa 2

Alemão	Significado
Seit wann ...?	Há quanto tempo...? (Desde quando...?)
... lernst du Deutsch?	... você estuda alemão? (estuda você alemão?)
Ich lerne ... Deutsch	Eu estudo alemão...
seit zwei Wochen	há duas semanas (faz duas semanas)
Du sprichst schon sehr gut Deutsch!	Você já fala alemão muito bem! (Você fala muito bem alemão.)
Nein, das stimmt nicht ...	Não, não é verdade...
... aber es ist nett	... gentileza sua
Bitte.	Por nada
Sag mal!	Conte-me!
Wie viele ...?	Quantos...?
... Sprachen möchtest du noch lernen?	... outros idiomas você quer aprender? (idiomas gostaria você ainda aprender)
Ich möchte drei Sprachen lernen.	Eu quero aprender três idiomas.
Besonders Japanisch!	Principalmente japonês!

VOCÁBULO: *sehr gut!*
"muito bom"/"muito bem"
Uma vantagem do alemão é que você ganha duas palavras pelo preço de uma. Palavras como *gut* podem ser usadas para dizer que algo é "bom", como em *Der Film ist gut* (O filme é bom), ou para dizer que alguém se saiu "bem", como em *Du sprichst gut Deutsch* (Você fala bem alemão).
Isso funciona como as palavras terminadas em "mente" em português: *Du singst schön.* (Você canta lindamente.) / *Die Stadt ist schön.* (A cidade é linda.) *Du gehst sehr langsam.* (Você anda lentamente.)/*Der Zug ist sehr langsam.* (O trem é muito lento.)

VOCÁBULO: *noch*
Noch é uma palavra muito versátil. Embora seja muito usada no sentido de "porém", você a vê usada com o significado de "ainda", como em *Wie viele Sprachen möchtest du noch lernen?* Ela também pode significar "nem" como em *Ich spreche weder Japanisch noch Koreanisch.* Quando você andar pela Alemanha, vai ouvir muitos usos de *noch*, como a pergunta *Sonst noch etwas?* (Mais alguma coisa?) na padaria.

CONVERSA 2 ⟵⋯ 31

PRONÚNCIA: s, st, sp

Observe como a pronúncia da letra *s* é um pouco diferente em alemão, dependendo das letras a sua volta.

⇢ Quando houver um "s" antes de uma vogal, pronuncie-o como "z".
   Exemplo: *seit* se pronuncia como [zait]
⇢ Antes de *t* ou *p* no início de uma palavra ele tem um som distinto de "sh".
   Exemplo: *stimmt* se pronuncia [shtimt]; *Sport* se pronuncia [shport]
⇢ No final das palavras ou quando é dobrado, é como o "s" em português.
   Exemplo: *Reis* (arroz) é pronunciado como [rais]

1 🔊 02.07 Leia as seguintes palavras em voz alta para praticar a pronúncia do *s* alemão, com essas regras em mente. Depois ouça a pronúncia nativa para ver se acertou.

   a studieren, Straße, besonders   c spielen, singen, verstehen

   b Sprache, es, sehr   d super, essen, sagen

2 Destaque a frase que significa "há quanto tempo" na lista. O que a palavra *wann* significa sozinha? _____

3 Como se diz o seguinte em alemão?

   a Conte-me!   b já   c especialmente
      _____   _____   _____

4 Use as palavras do Exercício 3 para completar as frases.

   a *Sprichst du* _____ *Italienisch?*

   b *Ich spreche gern viele Sprachen.* _____ *Russisch!*

   c _____, *hörst du gern klassische Musik?*

5 Observe como os falantes perguntam e respondem perguntas que começam com *Wie viele* e *Seit wann*. Preencha os espaços com as palavras corretas.

   a _____ _____ *Sprachen sprichst du?* – *Ich spreche zwei Sprachen.*

   b *Seit wann lernst du Esperanto?* – *Ich lerne* _____ _____ _____ *Esperanto.* (há duas semanas).

c Wie viele Sprachen lernst du? – _____ _____ drei _____.

d _____ _____ sprichst du die Sprache? – _____ _____ die Sprache _____ zwei Tagen.

6 Observe o uso da palavra *noch* nas Conversas 1 e 2. Qual é a diferença? Dê o significado das frases:

a *noch nicht* Significado: _____

b *... Sprachen möchtest du noch lernen?* Significado: _____

7 🔊 **02.08** Ouça o áudio e observe os números e medidas de tempo.

Números (0–10)

Alemão	ein (Jahr)	zwei (Wochen)	drei	vier	fünf	sechs	sieben	acht	neun	zehn	null
Significado	um (ano)	dois (semanas)	três	quatro	cinco	seis	sete	oito	nove	dez	zero

Medidas de tempo

Alemão			Significado		
	einem Tag		um dia		
	einem Monat		um mês		
	einem Jahr		um ano		
seit	einer Woche	há	uma semana		
	zwei	Tagen		**dois**	dias
	drei	Monaten		três	meses
	vier	Jahren		quatro	anos
	fünf	**Wochen**		cinco	**semanas**

DICA DE GRAMÁTICA:
plural
Como no português, há várias formas de escrever o plural em alemão. Você notará que a palavra "idioma" no singular é *Sprache*, mas no plural é *Sprachen*. Muitos plurais em alemão terminam em *-en*. Nem sempre é assim... mas chegaremos lá depois.

EXPLICAÇÃO DA PRONÚNCIA: Os sons de ˝ch˝ duro e suave em alemão

Uma forma de encarar isso é pela regra **"auch-noch"**, já que todas as vogais que levam a um "ch" forte estão nessas duas palavras.

Quando você ouvir alemão, notará o som gutural, ou duro, do "*ch*". Pense nele como um "h" aspirado forte, como o "h" de "esfiha". Você ouvirá esse som sempre que vir a combinação *ach, uch, auch* ou *och*, como nas palavras *Wochen, Sprachen* ou *auch*. Outras vezes, você o ouvirá pronunciado como um "*ch* suave", que viu em palavras como *ich* (como o som do início de "Habib").

🔊 **02.09** Ouça o áudio e repita as palavras do quadro. Você consegue ouvir a diferença? Depois de dizer cada palavra, escreva-as na tabela com base no som de "*ch*" suave ou duro.

> ich   auch   noch   nicht   Sprache   sprechen   sprichst   vielleicht   Wochen   leicht

Ch suave							
Ch duro							

8 Traduza as seguintes frases para o alemão. Use os quadros para ajudá-lo.

a Há cinco dias. _____

c Há oito meses. _____

b Há três anos. _____

d Há quatro semanas. _____

PRATIQUE

1 Traduza as seguintes frases para o alemão. Use os quadros para ajudá-lo.

a Moro na Alemanha desde setembro. (*September*)

_____

b Eu estudo alemão há nove semanas.

_____

c Estou estudando dois idiomas desde outubro, alemão e italiano. (*Oktober*)

_____

2 Crie técnicas de memorização interessantes para as palavras a seguir.
(Lembre-se: priorize a pronúncia, não a grafia.)

a *drei*   **b** *vier*   **c** *fünf*

Crie um quadro com números e palavras que descrevam a sua vida. Adicione informações ao quadro à medida que avança em seu aprendizado.

Quadro de números e datas

	Frases úteis	Minhas informações
Número de telefone	**Meine Telefonnummer ist ...**	
Idade		
Mês em que comecei a aprender alemão		

HACKEANDO: Adote uma estratégia para aprender vocabulário
Você não precisa memorizar todos os números e palavras do seu vocabulário agora. Aprenda primeiro as expressões que falará com mais frequência. Com o tempo e mais conversação, você memorizará tudo!

3 Como você diz o número de seu telefone? Escreva os números no quadro.

4 Procure o número que corresponde a sua idade e anote-o no quadro. Como você diz sua idade em alemão?

Você vai encontrar uma lista de números em alemão de 1–110 e mais vocábulos em nossos Recursos online!

Exemplo: *Ich bin* **siebenundzwanzig** *Jahre alt.* (Eu tenho 27 anos.)

Ich bin _____ Jahre alt.

CONVERSA 2 **35**

JUNTE TUDO

Se alguém lhe perguntar, por exemplo, em agosto, quando você começou a aprender alemão, você pode dizer **seit Mai** (desde maio), ou **seit drei Monaten** (há três meses)... o que for mais fácil de lembrar!

1 Use o dicionário de alemão para procurar o mês (ou ano) em que começou a estudar alemão. Acrescente-o ao quadro. Então, use-o para responder a pergunta: *Seit wann lernst du Deutsch?*

Exemplo: Ich lerne <u>seit Januar</u> Deutsch.

     Ich lerne _____ _____ Deutsch.

2 Procure outros números importantes em sua vida e acrescente-os ao quadro. Por exemplo, você pode acrescentar:

   ···⟩ Quantos filhos/gatos você tem.

   ···⟩ Quantos idiomas você fala.

3 Use as frases que aprendeu para descobrir como perguntar em alemão:

  a Há quanto tempo você mora na Alemanha? (*du wohnst*)

  _____

  b Há quanto tempo você ensina alemão? (*du unterrichtest*)

  _____

4 Agora crie uma frase verdadeira para você. Responda a pergunta dizendo há quantos dias, semanas, meses ou anos você estuda alemão.

  Seit wann lernst du Deutsch? _____

CONVERSA 3

Compartilhe opiniões

Ellen e Jakob começam a conversar sobre a melhor forma de aprender idiomas.

🔊 02.10 Veja se você consegue entender o método de Ellen para aprender alemão.

Jakob:	Ellen, wie lernst du Deutsch?
Ellen:	Na ja … ich lerne Vokabeln und ich gehe jeden Montag zum Deutschkurs.
Jakob:	Nun … Ich finde das nicht effektiv.
Ellen:	Echt?
Jakob:	Ja. Ich gehe lieber jeden Tag zum Italienischkurs.
Ellen:	Wirklich? Jeden Tag? Wie geht das denn?
Jakob:	Das heißt … ähm … ich habe Unterricht online. Das Internet ist so praktisch!
Ellen:	Gute Idee! Das sollte ich machen!
Jakob:	Du liest gern Bücher, oder? Das ist auch sehr effektiv!
Ellen:	Ja, das stimmt. Ich denke, du hast Recht.
Jakob:	Du solltest jeden Tag ein bisschen Deutsch lernen.

DICA CULTURAL: *crítica construtiva*
Certa vez, meu amigo Bálint me disse que, quando fala espanhol, pode passar anos usando uma palavra errada sem ser corrigido. Por outro lado, é provável que falantes de alemão apontem um erro assim que o virem. Gosto dessa franqueza dos alemães. Eles só querem ajudar!

A palavra **lieber** é parecida com *gern*, e significa que você prefere fazer algo (a fazer outra coisa). *Ich esse gern Nudeln, aber ich esse lieber Pizza.* (Eu gosto de comer macarrão, mas prefiro comer pizza.)

DESVENDE

1 Dê respostas (breves) para estas duas perguntas em alemão.

   a Com que frequência Ellen tem aula de alemão? _____

   b Com que frequência Jakob tem aula de italiano? _____

2 *Richtig (verdadeiro) oder falsch (falso)?* Escolha a resposta certa.

   a Jakob prefere ter aulas de italiano em casa, na internet.   *richtig/falsch*

   b Ellen acha que não deveria ter aulas online também.   *richtig/falsch*

   c Ellen concorda que ler livros ajuda a aprender um idioma. *richtig/falsch*

   d Jakob sugere estudar um pouco todas as semanas.   *richtig/falsch*

3 Você sabe como dizer "você estuda"/"você está estudando" em alemão? *lernen/ich lerne/*_____ *(estudar/estou estudando/você está estudando)*

4 Você consegue adivinhar o significado das frases?

   a *Das ist auch sehr effektiv!* _____

   b *Wie lernst du Deutsch?* _____

5 Destaque os cognatos ou quase cognatos na conversa.

OBSERVE

🔊 02.11 Ouça o áudio e observe o quadro.

Expressões essenciais da Conversa 3

Alemão	Significado
Wie lernst du …?	Como você estuda…?
Ich lerne Vokabeln.	Eu estudo o vocabulário
ich gehe …	Eu vou…
… jeden Montag zum Deutschkurs	… à aula de alemão toda segunda-feira (toda segunda-feira ao curso de alemão)
Das ist ganz leicht, weißt du?	isso é muito fácil, sabia?

PRONÚNCIA: ß – o "duplo s". Essa é fácil. Ela parece um "b", mas tem som de "s". É isso aí!

Nun …	Bem…
Ich finde das nicht effektiv.	Eu não acho isso eficaz. (Eu acho que isso não é eficaz.)
Ich gehe lieber …	Eu prefiro ir… (Eu ir prefiro)
jeden Tag zum Italienischkurs	a aulas de italiano todos os dias (todo dia para o italiano curso)
Wie geht das denn?	Como funciona, então? (Como acontece então?)
Das heißt …	Isso quer dizer…
Ich habe Unterricht online.	Eu tenho aulas online.
Das sollte ich machen!	Eu deveria fazer isso! (Isso eu deveria fazer.)
Du liest gern Bücher, oder?	Você gosta de ler livros, certo?
Das ist auch sehr effektiv!	Isso também é muito eficaz!
Das stimmt.	É verdade.
Ich denke, …	Eu acho…
… du hast Recht	… que você tem razão (você está certo)

HACKEANDO: *dobre seu vocabulário com nicht*
Ao aprender a palavra *nicht*, você dobrou seu vocabulário, pois assimilou um atalho para dizer o oposto de qualquer frase. Imagine que queira falar para um colega alemão que tal coisa "é difícil", mas ainda não aprendeu a palavra "difícil". Nesse caso, basta dizer que tal coisa "não é fácil". *Das ist nicht leicht.*

DICA CULTURAL: *digitando cartas em alemão*
Se você não puder digitar *ä*, *ö*, *ü* ou *ß*, substitua *ä* por *ae*, *ö* por *oe*, *ü* por *ue* e *ß* por *ss*. Os alemães também o fazem!

1 Há várias frases usadas pelos falantes para expressar opiniões. Encontre-as e escreva-as aqui.

a Eu acho _____

b Prefiro ir... _____

c Isso é muito fácil. _____

d Boa ideia! _____

e É verdade. _____

f Concordo. _____

2 Como você acha que diria "Eu não estudo" e "Eu não toco" em alemão?

a *Ich lerne (Eu estudo)* → _____
(Eu não estudo)

b *Ich spiele (Eu toco)* → _____
(Eu não toco)

3 Veja a lista de expressões e identifique todas as formas de verbos para *ich* e *du*. Arranje-as no quadro.

ich	lerne						
du	lernst						

Você pode usar a palavra **oder** (ou) no final de uma afirmação para transformá-la em uma pergunta para confirmar algo que disse. É algo como, **"Não é isso?"**, "Não é verdade?" ou neste exemplo como "não é?" ou simplesmente "certo?" É um pequeno truque útil. *Deutsch ist leicht, oder?*

CONVERSA 3 **39**

PRONÚNCIA: O trema — ä, ö e ü

Os pingos no *ä* são chamados de **trema**. Sem os pingos, o *a* alemão é pronunciado como em "casa". Mas, com os pingos, *ä* é pronunciado mais ou menos como o "e" de "mesmo", ou de "ter".

Você ouviu o som de *ö* na palavra *möchte*. Não temos esse som em português, portanto ele exige um pouco de treino. Seu som é parecido com o das vogais em "meu", pronunciadas bem juntas. Dica útil: para pronunciar *ö*, diga "oe", como em "moenda", fazendo biquinho como se fosse dar um beijo em alguém! O som resultante é *ö*.

O truque do biquinho também funciona para o som de *ü*. Comece dizendo "ii", como em "pia", e então faça biquinho ao mesmo tempo.

🔊 **02.12** Leia as seguintes palavras em voz alta para treinar a pronúncia dos tremas em alemão. Então ouça a pronúncia nativa e veja se acertou.

  a *Mädchen* (garota), *Äpfel* (maçãs), *Bär* (urso)

  b *möchte* (quero), *hören* (ouvir), *schön* (bonito)

  c *für* (para), *üben* (praticar), *Bücher* (livros)

TÁTICA DE CONVERSA: Expletivos

De vez em quando você verá alguns "expletivos" nas frases em alemão. Embora não acrescentem nenhum significado, da mesma forma como dizemos "bem...", "então...", "sabe...", em português, você ouvirá expletivos empregados naturalmente nas conversas em alemão. Quando tiver que hesitar, use expletivos para que o diálogo soe mais natural!

> Falar com fluência não significa falar depressa. **Mas manter a conversa fluindo.** Para ajudá-lo a conseguir essa fluência, dê-se a chance de pensar no que quer dizer enquanto usa expletivos naturais. Pense neles como um ganho de vários segundos "extras" para organizar seus pensamentos! Será mais fácil manter uma conversa uniforme se falar em um ritmo mais lento.

na ja   nun (na)   ähm   also

1 🔊 **02.13** Ouça o áudio. A gravação primeiro reproduz um falante se expressando sem usar expletivos. Em seguida, você ouvirá as mesmas frases, mas com os expletivos. Observe como os expletivos alteram a articulação das frases.

2 Repita o áudio para imitar o falante e preencha os espaços com os expletivos que ouvir.

  a *Ich wohne in Berlin, _____ Ich möchte viel Deutsch sprechen.*

  b *_____... Ich lerne Spanisch _____ Ich möchte in Santander studieren.*

  c *Ich lese gern Tolkien _____ Ich bin ein Tolkien-Fan.*

  d *Ich möchte noch viel reisen, _____ Ich möchte Land und Leute _____ kennenlernen.*

EXPLICAÇÃO GRAMATICAL: Criando as formas verbais para *ich* (eu) e *du* (você)

A Conversa 3 apresentou diversos verbos novos e diferentes modos de utilizá-los. Agora, você deve aprender a alterá-los para diferentes formas.

Passar um verbo do infinitivo (*lieben*) para outras formas (*ich liebe* ou *du liebst*) é o que professores de idiomas chamam de conjugar o verbo.

A partir do infinitivo, você geralmente pode descobrir facilmente as formas de *ich* e *du*:

∙∙∙▹ Passo 1: Remova a terminação (*-en*) do infinitivo.
∙∙∙▹ Passo 2: Na forma de *ich*, **acrescente -e**; na forma de *du*, **acrescente -st**.

Quase todos os verbos no infinitivo em alemão terminam em *en*.

Exemplos:

Agora, volte ao quadro no Exercício 3 e preencha as formas dos verbos que faltam.

> **GRAMÁTICA:**
> *mudanças de vogal com du*
> Alguns verbos em alemão mudam a vogal na forma *du*. A mudança mais comum é de *e* para *i*, o que facilita a pronúncia das palavras!
> Por exemplo:
>   *ich spreche* –
>   *du sprichst* and
>   *ich helfe* –
>   *du hilfst*.
> Leia mais sobre isso em breve!

PRATIQUE

1 Preencha o quadro com as formas de *ich* e *du* para cada verbo.

Infinitivo	Forma ich	Forma du
schreiben (escrever)	ich schreibe	du schreibst
verstehen (entender)		
denken (pensar/acreditar)		
gehen (ir)		
versuchen (tentar)		
studieren (estudar)		
beginnen (começar)		

2 Agora preencha os espaços com as formas corretas.

a _____ _____ hier in Berlin, oder?
(**Você mora** aqui em Berlim, certo?)

b _____ _____ Russisch. (**Estou estudando** russo.)

c _____ _____ viel Deutsch sprechen.
(**Eu quero** falar muito alemão.)

d _____ _____ Siddhartha? (**Você está lendo** Sidarta?)

CONVERSA 3   41

3 **Preencha os espaços com a(s) palavra(s) que falta(m) em alemão.**

a *Was* _____ *du?* (O que você **acha**?)

b _____ _____ *gern Artikel für meinen Blog.*
(Eu gosto de **escrever** artigos para o meu blog.)

c _____ _____ _____ *in Berlin* _____ *in London?*
(**Você prefere morar** em Berlim ou Londres?)

d _____ _____ *jeden Tag zum Sprachkurs?*
(**Você vai** ao curso de idiomas todos os dias?)

e _____ _____ *jeden Tag ein bisschen Deutsch zu sprechen?*
(**Você tenta** falar um pouco de alemão todos os dias?)

4 **Pratique o que sabe traduzindo essas frases para o alemão.**

a Eu gosto de falar italiano, mas prefiro falar alemão.

_____

b Eu acho que você deve estudar vocabulário todos os dias.

_____

c É verdade! Russo não é fácil.

_____

d Eu acho alemão fácil!

_____

JUNTE TUDO

Use o que aprendeu junto com qualquer "vocabulário pessoal" novo que procurou para escrever quatro frases sobre sua vida.

···▸ Use *ich möchte* para dizer algo que quer fazer algum dia.

···▸ Use *ich spreche* para mencionar um idioma que fala.

···▸ Use *ich sollte* para dizer algo que deveria fazer.

···▸ Use *ich denke* para expressar uma opinião.

42 ···▸ 2 PUXE CONVERSA

FINALIZANDO A UNIDADE 2

Confira o que aprendeu

🔊 **02.14** Releia as conversas e quando se sentir confiante:

⋯▸ Ouça o áudio de treino com as perguntas em alemão.
⋯▸ Pause ou repita o áudio sempre que precisar para entender as perguntas.
⋯▸ Repita as frases do áudio até a pronúncia soar natural.
⋯▸ Responda as perguntas em alemão (utilize frases completas).

Lembre que você sempre pode usar **expletivos e** ganhar tempo para pensar!

Mostre o que sabe...

Confira o que aprendeu na unidade. Escreva ou fale um exemplo para cada item da lista e marque os itens que sabe.

- [x] Faça uma pergunta do tipo "sim" ou "não".   Wohnst du in Berlin?
- [ ] Indique as formas verbais correspondentes a ich e du (ex.: lernen).
- [ ] Faça a seguinte pergunta: "Há quanto tempo você estuda alemão?"
- [ ] Diga há quanto tempo você estuda alemão.
- [ ] Diga os números de 1–10.
- [ ] Diga quais outros idiomas você fala ou pretende estudar.
- [ ] Use frases com "Eu acho" e "Eu prefiro" para expressar opiniões.
- [ ] Formule uma frase negativa usando *nicht* (ex.: *Das stimmt nicht.*).
- [ ] Indique três expletivos.
- [ ] Pronuncie o "*ch* suave", em *ich*, e o "'*ch* duro", em *auch*.
- [ ] Pronuncie o *ä, ö, ü* alemão (ex.: *ähm, möchte, üben*).
- [ ] Pronuncie o *s, st, sp* e *ß* (ex.: *seit, stimmt, sprechen, heißt*).
- [ ] Use técnicas de memorização para se lembrar de vocabulário difícil.

COMPLETE SUA MISSÃO

É hora de completar sua missão: passe a impressão de que você fala alemão por, pelo menos, 30 segundos. Prepare-se para iniciar uma conversa fazendo perguntas e respondendo os questionamentos das outras pessoas.

PASSO 1: Crie seu script

Para continuar desenvolvendo seu script, escreva algumas frases "pessoais" e perguntas que surgem comumente nas conversas. Lembre-se de:

- Fazer uma pergunta com *Seit wann?* ou *Wie viele?*
- Fazer uma pergunta com o verbo no início – *Sprichst du …? Wohnst du …?*
- Dizer há quanto tempo estuda alemão usando *seit*.
- Dizer se fala outros idiomas e seu nível de fluência neles.
- Dizer quais outros idiomas deseja/pretende aprender.

Escreva seu script e repita as frases até se sentir confiante.

Ritmo é uma ferramenta poderosa. Quando você começa, é muito mais fácil continuar.

PASSO 2: O que a galera está fazendo... *online*

Você investiu tempo no seu script. Agora é hora de completar sua missão e compartilhar sua gravação. Acesse a comunidade online para encontrar a missão da Unidade 2 e usar o alemão que aprendeu até agora!

PASSO 3: Aprenda com outros estudantes

Quer avaliar outros scripts? **Sua tarefa é ouvir, pelo menos, duas gravações enviadas por outros estudantes.** Há quanto tempo eles estudam alemão? Eles falam outros idiomas? Deixe um comentário em alemão indicando as palavras que conseguiu compreender, responda uma pergunta feita no final do vídeo e faça uma pergunta para eles.

PASSO 4: Avalie o que aprendeu

O que achou fácil ou difícil nesta unidade?

Em apenas duas missões, você aprendeu muitas palavras e frases que poderá usar em conversas reais. Lembre-se de que é possível **juntar palavras e frases para criar combinações** *infinitas. Seja criativo!*

EI, HACKER DA LINGUAGEM, JÁ PERCEBEU QUE ESTÁ FALANDO UM ALEMÃO RAZOÁVEL?

Nas próximas unidades, você aprenderá mais técnicas para conversar em alemão, apesar do seu vocabulário limitado e pouco tempo de estudo.

Es ist einfach, weißt du?

3 RESOLVA OS PROBLEMAS DE COMUNICAÇÃO

Sua missão
Imagine que está se divertindo no *Biergarten* quando alguém propõe um jogo: você deve descrever algo sem dizer o nome do objeto! Sua missão é usar seus poucos conhecimentos de alemão para vencer o jogo. Prepare-se para recorrer ao **"alemão Tarzan"** e outras estratégias de conversação a fim de descrever uma pessoa, lugar ou coisa em alemão.

Nesta missão, você vai superar o medo da imperfeição e se expressar utilizando uma técnica muito eficiente.

Treine para a missão
- Aprenda a usar frases para conhecer pessoas: *Nett, dich kennenzulernen.*
- Use expressões essenciais para pedir ajuda com seu alemão: *Ein bisschen langsamer, bitte.*
- Descreva suas interações com outras pessoas: *du ... mir, ich ... dir.*
- Aprenda a falar sobre o que você tem e do que precisa com: *ich habe / ich brauche.*
- Desenvolva uma nova estratégia de conversa: use o "alemão Tarzan" para preencher as lacunas do seu vocabulário com *Mann, Frau, Ort, Dings.*
- Use pronomes interrogativos para aprender sobre quem você conhece: *Wo? Wann? Wie viele?*

APRENDENDO A CONHECER PESSOAS NO IDIOMA

Praticar com um orientador ou professor online, sobretudo quando você não mora em um país de língua alemã, é um dos modos mais eficientes (e viáveis) de estudar o idioma. Nesta unidade, você vai aprender a usar expressões essenciais e estratégicas (para quando não entender algo) e o "alemão Tarzan" (para se comunicar apesar de ter um vocabulário reduzido e poucas noções gramaticais). Essas estratégias vão ajudá-lo a encarar seus erros com tranquilidade e deixar suas conversas mais interessantes, mesmo que seja um iniciante.

#LANGUAGEHACK
Use o truque das terminações para turbinar a memorização dos gêneros das palavras.

É fácil conversar em alemão online. Sempre faço isso quando estudo um idioma. Atualmente, costumo programar bate-papos online para manter a fluência nos idiomas que domino, como o alemão. Confira a seção Recursos online para obter mais informações.

Há várias formas de responder a pergunta *Wie geht's?* – *Alles in Ordnung!* (Tudo bem!), *Gut!* (Ótimo!) e *Nicht schlecht!* (Nada mal!) são só algumas. Não se surpreenda se os alemães lhe derem uma resposta sincera. Afinal, você perguntou!

VOCÁBULO: *bitte* "por favor", "por nada" e mais!
Bitte é uma palavrinha versátil. Você já a viu usada como "por nada", mas também é usada como "por favor", como em *Ich möchte eine Pizza bitte*. Ela também pode significar "aqui está". Por exemplo, você pede uma pizza — *Eine Pizza bitte* — e o sujeito lhe dá o troco — *bitte* — e depois a pizza — *bitte* de novo — ao que você responde *danke*, e ele: *bitte!*

CONVERSA 1

Bate-papo online

Seguindo o conselho de Jakob, Ellen resolveu assistir a uma aula de alemão pela internet. Sua primeira conversa online será com Martin, seu novo professor.

🔊 **03.01** Por ser o seu primeiro encontro com Martin, Ellen deve se apresentar. Como ela cumprimenta Martin? Como ela responde a *Wie geht's?*

Martin: Hallo! Wie geht's?
Ellen: Hallo! Mir geht es gut. Vielen Dank, dass du mir hilfst, Deutsch zu lernen.
Martin: Kein Problem, ich helfe dir gern.
Ellen: Wie heißt du?
Martin: Ich heiße Martin. Und du?
Ellen: Ich heiße Ellen.
Martin: Dein Name ist sehr schön! Nett, dich kennenzulernen, Ellen!
Ellen: Schön, dich kennenzulernen.
Martin: Also, wo bist du gerade?
Ellen: Äh … langsamer, bitte.
Martin: Wo bist du jetzt?
Ellen: Ach, ja. Ich bin jetzt in Berlin.

46 ⋯ 3 RESOLVA OS PROBLEMAS DE COMUNICAÇÃO

DESVENDE

1 Com base no contexto, determine qual das afirmativas é falsa.

   a Ellen pede para Martin repetir mais devagar o que disse.

   b Martin quer saber por que Ellen está estudando alemão.

   c Martin pergunta de onde Ellen está falando.

2 Como se diz "muito obrigado", "sem problema" e "por favor" em alemão?

_____ _____ _____

3 Destaque as frases "Qual é seu nome?" e "Meu nome é..." em alemão.

4 Você sabe dizer o que significa *Nett, dich kennenzulernen* em português?

_____

OBSERVE

🔊 **03.02** Ouça o áudio e preste atenção à pronúncia de *Wie heißt du? Vielen Dank* e *Nett, dich kennenzulernen.*

Expressões essenciais da Conversa 1

Alemão	Significado
Hallo! Wie geht's?	Oi! Tudo bem? (Como vai?)
Mir geht es gut.	Tudo bem. (Comigo vai tudo bem.)
Vielen Dank, …	Muito obrigado(a)... (Obrigado[a])
… dass du mir hilfst, Deutsch zu lernen	… por me ensinar alemão (por me ajudar alemão aprender)
Ich helfe dir gern.	Estou feliz em ajudar. (Eu ajudo você com prazer.)
Wie heißt du?	Como você se chama? (Como se chama você?)
Ich heiße Ellen.	Meu nome é Ellen. (Me chamam Ellen.)
Dein Name ist sehr schön!	Seu nome é muito bonito!
Nett, dich kennenzulernen.	Prazer em conhecê-lo(a). (Prazer, você conhecer.)
Schön, dich kennenzulernen.	Muito bom conhecer você.
Wo bist du gerade?	Onde você está hoje?
langsamer, bitte	Mais devagar, por favor
Wo bist du jetzt?	Onde você está agora?
Ich bin jetzt in Berlin.	Agora estou em Berlim.

> Na Unidade 1, você aprendeu a se apresentar com *Ich bin...* (Eu sou...) Outro jeito comum de falar seu nome é **Ich heiße...** (Eu me chamo...) — do mesmo jeito que se diz "Eu sou Luke" ou "Meu nome é Luke" em português.

> **PRONÚNCIA:** *ei* **tem o som de "ai"**
> Você já ouviu o som *ei* em palavras como *seit* e *weil*. É pronunciado exatamente como "ai" em português. Note que é diferente de *ie*, em palavras como *viel* e *wie*, que têm som de "ii" (como em "til").

CONVERSA 1

TÁTICA DE CONVERSA: Aprenda frases prontas

Aprenda e use frases novas *antes* de compreender o significado de cada palavra individual ou as regras gramaticais aplicáveis a elas. Por exemplo, você precisa aprender a dizer "prazer em conhecê-lo" antes de aprender por que o alemão usa essa estrutura nessa expressão.

Aprenda essas frases agora como **frases prontas** — você as usará o tempo todo. Mais tarde, veremos como e porquê; quando entender a gramática, suas habilidades de conversação se ampliarão.

···⟩ *Nett/Schön, dich kennenzulernen.* — um bloco que significa "prazer em conhecê-lo".
Os alemães não dizem "ir conhecer alguém", mas "aprender a conhecer alguém!"

···⟩ *Vielen Dank, dass du mir hilfst, Deutsch zu lernen.* — como se diz "obrigado por me ajudar a aprender alemão!"

1 Que frase você pode usar quando alguém está falando muito depressa? _____

2 Como se pergunta "Onde?" e "Como?" em alemão? _____ _____

3 Preencha os espaços para dizer em alemão:

  a Prazer em conhecê-lo. _____ , *dich kennenzulernen.*
  b Eu vou bem. _____ _____ *es gut.*
  c Eu estou em Londres agora.   *Ich bin _____ in London.*

4 Escreva a tradução em português das formas verbais em alemão.

  a *Ich bin _____*   c *Ich helfe _____*

  b *Du bist _____*   d *Du hilfst _____*

PRATIQUE

1 Preencha os espaços com a palavra interrogativa certa: *Wie* ou *Wo* (em alguns casos, ambas as palavras são possíveis).

  a _____ *wohnst du?*   d _____ *lernst du Vokabeln?*

  b _____ *lernst du Russisch?*   e _____ *spielst du Basketball?*

  c _____ *findest du die Lehrerin?*   f _____ *hörst du klassische Musik?*

48 ···⟩ 3 RESOLVA OS PROBLEMAS DE COMUNICAÇÃO

2 Associe as perguntas em português com suas formas corretas em alemão.

a	Qual é seu nome?	**1**	Wohnst du in Deutschland?
b	Onde você está?	**2**	Wie geht es dir?
c	Você mora na Alemanha?	**3**	Wie heißt du?
d	Como vai você?	**4**	Kannst du langsamer sprechen?
e	Como você viaja?	**5**	Wo bist du?
f	Você pode falar mais devagar?	**6**	Wie reist du?

3 Preencha as lacunas com as palavras que faltam em alemão.

a _____ Name ist _____ schön. (O **seu** nome é **muito** bonito.)

b Kannst du _____ sprechen? (Você pode falar **mais devagar**?)

c _____ arbeitest du _____? (**Onde** você trabalha **agora**?)

d Danke, dass du _____ _____. (Obrigada por **me ajudar**.)

EXPLICAÇÃO GRAMATICAL: *Mir* (para-mim) e *dir* (para-você)

A Conversa 1 apresentou os "pronomes oblíquos" *mir* (mim) e *dir* (você). Para se acostumar a usar essas palavras, é útil pensar nelas como "para-mim" e "para-você". Por exemplo:

⋯⋟ *ich helfe* (eu ajudo)   *ich helfe dir* (eu **o** ajudo/eu (dou) ajuda **a você**)

⋯⋟ *du hilfst* (você ajuda)   *du hilfst mir* (você **me** ajuda/você (dá) ajuda **a mim**)

Aqui está um vocabulário novo, que o ajudará a compreender melhor como usar esses pronomes oblíquos.

1   ◀)) **03.03** Ouça o áudio e observe o quadro.

Verbos com *mir/dir*

Infinitivo	Exemplo	Significado	Tradução literal
helfen	Du hilfst **mir**.	Você me ajuda.	Você ajuda **a mim**.
danken	Ich danke **dir**.	Eu o agradeço.	Eu agradeço **a você**.
geben	Du gibst **mir** (eine DVD).	Você me dá (o DVD).	Você dá **a mim** (o DVD).
sagen	Du sagst **mir**.	Você me diz.	Você diz **a mim**.
schreiben	Du schreibst **mir**.	Você me escreve.	Você escreve **para mim**.
erzählen	Du erzählst **mir**.	Você me diz.	Você diz **a mim** .

CONVERSA 1   ⋯ **49**

Repita essas palavras para si mesmo algumas vezes até assimilá-las. Para conferir seu progresso, cubra as palavras em alemão e tente lembrar suas traduções. Avance à medida que acertar.

2 Complete as frases com o pronome oblíquo correto em alemão.

   a *Ich gebe* _____ *das Buch.*   (Eu **lhe** dou o livro.)

   b *Kannst du* _____ *helfen?*   (Você pode **me** ajudar?)

3 Complete essas frases com a forma verbal e o pronome oblíquo correto em alemão.

   Exemplo: <u>*Schreibst du mir?*</u>   (Você vai **me escrever**?)

   a *Ich* _____ _____ *viel.*   (Eu **lhe conto** muita coisa.)

   b _____ *du* _____ *das Geld?*   (Você **me dá** o dinheiro?)

   c *Ich möchte* _____ _____ *,...*   (Eu gostaria de **lhe dizer**...)

4 Coloque as palavras na ordem certa para formar frases completas.

   a *mir/du/möchtest/schreiben/?*   (Você quer me escrever?) _____

   b *du/mir/sagen/kannst/?*   (Você pode me dizer?) _____

   c *danken/dir/möchte/ich*   (Eu quero lhe agradecer.) _____

JUNTE TUDO

1 Escreva algumas frases sobre você em alemão. Use o dicionário para procurar as palavras novas de que precisar e tente responder as perguntas:

     ···▸ *Wie heißt du?*   ···▸ *Wo bist du gerade?*

     ···▸ *Wie geht's dir heute?*   ···▸ *Was machst du jetzt?*

2 Imagine que esteja falando diretamente com um amigo; como vocês irão interagir? Use os verbos que viu nesta unidade combinados com *Du... mir* ou *Ich... dir.*

CONVERSA 2

Não entendi...

No decorrer da aula online, Ellen tem dificuldades para entender Martin e pede ajuda a ele.

🔊 **03.04** Como Martin reformula suas frases quando Ellen pede ajuda?

Martin:	Was meinst du mit „Ich bin jetzt in Berlin"? Wohnst du in einer anderen Stadt?
Ellen:	Es tut mir leid. Ich verstehe nicht.
Martin:	Warum bist du in Berlin?
Ellen:	Ah, ich verstehe jetzt. Ich bin hier, um Deutsch zu lernen!
Martin:	Wirklich? Sehr interessant!
Ellen:	Und du? Wo bist du?
Martin:	Ich bin auch in Deutschland, in Köln. Ich wohne und ich arbeite hier.
Ellen:	Kannst du das wiederholen, bitte?
Martin:	Ich wohne in Köln. Ich bin also in Deutschland.
Ellen:	Einen Moment, bitte... Warte mal ... Ich kann kaum etwas hören.

DESVENDE

1 As afirmativas a seguir são *richtig oder falsch?*

  a Martin pergunta a Ellen por que está em Berlim.   *richtig/falsch*
  b Ellen diz que está em Berlim para trabalhar.   *richtig/falsch*
  c Martin mora em Berlim.   *richtig/falsch*

2 Destaque as frases em que:

  a Ellen diz que está em Berlim.   b Martin diz "eu também estou na Alemanha".

3 Que palavra Martin usa para mostrar surpresa? Que palavra você viu com o mesmo significado? _____ _____

4 Ache um novo cognato e adivinhe seu significado. _____

CONVERSA 2 ⦂⋯ 51

5 Qual é o significado dessas frases?

a *Wohnst du in einer anderen Stadt?* _____

b *Kannst du das wiederholen bitte?* _____

c *Einen Moment bitte … Ich kann kaum etwas hören.*

_____

6 Encontre uma palavra na conversa que você não entende e use o contexto para deduzir seu significado. Procure a palavra no dicionário!

OBSERVE

🔊 **03.05** Ouça o áudio e observe o quadro. Repita as frases e tente imitar os falantes. Preste muita atenção à pronúncia deles:

verstehe   jetzt   wirklich?   wiederholen   hören

Expressões essenciais da Conversa 2

> **DICA DE GRAMÁTICA: *um... zu* – "a fim de "**
> O alemão usa a expressão *um … zu* para dizer "a fim de", em que *zu* vem antes do verbo no final da frase. **Ich habe jeden Tag Unterricht, um schnell Deutsch zu lernen.** (Eu tenho aula todos os dias a fim de aprender alemão depressa!)

Alemão	Significado
Was meinst du mit …?	O que você quer dizer com…? (O que quer dizer você com?)
Wohnst du in einer anderen Stadt?	Você mora em outra cidade?
Es tut mir leid.	Sinto muito.
Ich verstehe nicht.	Eu não entendo.
Warum bist du in Berlin?	Por que você está em Berlim?
Ich verstehe jetzt.	Agora entendo.
Ich bin hier, um Deutsch zu lernen!	Estou aqui para aprender alemão! (Eu estou aqui a fim de alemão aprender.)
Wirklich?	Mesmo?
Ich arbeite hier.	Eu trabalho aqui.
Kannst du das wiederholen, bitte?	Você pode repetir isso, por favor?
Einen Moment …	Um momento…
Warte mal …	(Só) espere...
Ich kann kaum etwas hören.	Não consigo ouvir bem.

> ***Ich* kann** é um tanto irregular, mas felizmente ainda é uma palavra fácil de lembrar! E a forma verbal para *du é* exatamente como se espera: *du kannst.*

52 ⋯⫶ 3 RESOLVA OS PROBLEMAS DE COMUNICAÇÃO

1 Lembra a palavra alemã para "por que"? Observe como Ellen responde usando "a fim de...". Escreva as palavras que faltam.

a _____ bist du in Berlin?

   Ich bin hier, _____ .

b Com base nisso, pergunte "Por que você está estudando alemão?" e apresente duas razões diferentes. _____

c (a fim de) estudar em Berlim. _____

d (a fim de) trabalhar na Alemanha. _____

2 Use exemplos da lista de expressões e o vocabulário que sabe para escrever cada um dos pares.

a As formas *ich* e *du* de *wohnen* (morar). _____ _____

b As formas *ich* e *du* para *sein* (ser). _____ _____

c As formas *du* de *können* (ser capaz de/poder) e *sagen* (dizer). _____ _____

d As formas *ich* de *arbeiten* (trabalhar) e *verstehen* (entender). _____ _____

e O infinitivo do verbo "ouvir". _____

3 Observe as várias "expressões essenciais" utilizadas por Ellen para comunicar seus problemas com o idioma a Martin e as escreva no quadro a seguir.

Quadro de expressões essenciais

Alemão	Significado
	Mais devagar, por favor.
	Sinto muito.
	Não entendi.
	Pode repetir?
	Um momento.
	Não consigo ouvir bem.

> **DICA DE GRAMÁTICA:** *zu (sem um)*
> Aqui você está praticando usar *um... zu* como "a fim de". Mas há alguns casos em que você vai ver *zu* usado sozinho, quando a frase não tem o significado de "a fim de".
> Veja os exemplos para ajudá-lo a ver a diferença:
> *Warum lernst du Deutsch?*
> (Por que você está estudando alemão?)
> ⟶ *Ich lerne Deutsch um mit meiner Oma zu sprechen.*
> (Estudo alemão a fim de falar com a minha avó.)
> *Was machst du?*
> (O que você está fazendo?)
> ⟶ *Ich helfe dir, Deutsch zu lernen!*
> (Estou ajudando você a aprender alemão!)

As **expressões essenciais** são armas secretas para lidar com qualquer conversa em alemão e superar eventuais problemas de compreensão. Se aprender essas frases, você não terá mais desculpas para falar em português.

CONVERSA 2 **53**

PRATIQUE

1 Você viu quase todos os principais pronomes interrogativos usados em alemão. Preencha o quadro.

Quadro de pronomes interrogativos

Significado	Alemão	Significado	Alemão
Por quê?		Quem?	Wer?
O quê?		Quanto tempo?	
Como?		Desde quando?	
Onde?		Quanto?	
Qual?	Welche?	Quantos?	Wie viel(e)?
Quando?	Wann?		
Você pode?		Você quer?	

2 Quais pronomes interrogativos são utilizados para obter as seguintes respostas?

a *Samstag.* _____

b *14.* _____

c *Martin.* _____

d *Zu Hause.* (Em casa.) _____

e *Seit Dienstag.* _____

3 Leia as respostas e escolha o pronome interrogativo correto.

a **Wie viele/Was** *Sprachen kannst du sprechen?* — *Drei.*

b **Warum/Was** *möchtest du?* — *Das Buch, bitte.*

c **Seit wann/Wann** *lernst du Deutsch?* — *Seit Oktober.*

d **Wann/Seit wann** *gehst du zum Deutschkurs?* — *Jeden Montag.*

e **Warum/Wo** *bist du in Berlin?* — *Weil ... na ja, ich möchte einen Job finden.*

f **Wer/Welche** *bist du?* — *Ich bin Ellen.*

g **Welche/Was** *Sprache sprichst du lieber, Englisch oder Spanisch?* — *Spanisch.*

4 Faça combinações diferentes com as palavras em alemão que você já conhece para dizer:

a Onde você mora? _____

b O que você disse? _____

c Por que você quer trabalhar em Berlim? _____

d O que você quer dizer com "Eu sou uma designer"? _____

e Há quanto tempo você está trabalhando em Stuttgart? _____

EXPLICAÇÃO GRAMATICAL: "Diga-me!" — o imperativo

Quando você diz a alguém "olhe", "repita" ou "vá", precisa usar a forma de "comando" (ou o imperativo). Você a viu ser usada na Unidade 2, quando Ellen diz a Jakob: *Sag mal, sprichst du auch Englisch?* Você ouvirá muitas palavras usadas dessa forma repetidas vezes, como:

Schau mal / Siehe! (Olhe!)　*Hör mal!* (Escute!)　*Komm!* (Venha!)

Sag mir! (Diga-me!)　*Hör mir zu!* (Escute-me!)　*Hilf mir!* (Ajude-me!)

Warte mal! (Espere!)　*Sei vorsichtig!* (Tenha cuidado!)　*Sei still / ruhig!* (Fique quieto!)

Para usar a forma de comando, é só **remover o *-st* final da forma *du* do verbo**. Em alguns verbos você também pode acrescentar *mir/dir* ao final como objeto.

> Uma exceção importante é o verbo **sein (ser)**, que se torna sei na forma comum.

Exemplo: *sagen* (dizer/contar) → *sagst* → *Sag!* (Diga!) → *Sag mir!* (Diga-me!)

É bom saber alguns dos verbos mais comuns no imperativo, mas há um #languagehack que você pode usar facilmente para substituir essa forma; é só acrescentar "você pode" antes do infinitivo, que você já conhece.

Exemplo: *Sprich!* → *Kannst du sprechen?* (Você pode + falar)
　　　　　Hilf mir! → *Kannst du mir helfen?*
　　　　　Komm mit! → *Kannst du kommen?*

> **DICA DE GRAMÁTICA:** *mudanças de vogal* Verbos que têm mudança de vogal no meio (isto é, *ich helfe → du hilfst*) geralmente a mantém no imperativo. Assim, temos *Hilf mir!* (Ajude-me!)

Muitas vezes, os alemães acrescentam expletivos ao imperativo para suavizar o comando. *Mal* e *doch* são os mais comuns. Individualmente, seu significado age de modo diferente; mas, em comandos, eles fazem com que você pareça menos autoritário! Assim, *Warte mal* (Espere um pouco, por favor!) soa muito mais brando ao ouvido alemão do que *Warte!* (Espere!)

CONVERSA 2 ❖ **55**

🔊 **03.06** Você consegue adivinhar como dizer as seguintes frases de comando em alemão? Escreva-as abaixo, depois ouça o áudio para conferir as respostas.

a   Aprenda o idioma! _____
b   Fale em alemão, por favor! _____
c   Repita, por favor? _____
d   Pense! _____

JUNTE TUDO

Use o que aprendeu nas Conversas 1 e 2, e também seu "vocabulário pessoal", que encontrou no dicionário, para criar frases novas sobre você na Alemanha que indiquem:

- De onde você é e onde mora agora (use *aber* e *jetzt*)
- Há quanto tempo mora na cidade (use *seit*)
- Onde você trabalha (use *arbeite* + *in* e o nome da cidade)
- Há quanto tempo trabalha nesse emprego (use *seit*)

CONVERSA 3

Você consegue me ouvir?

Ellen e Martin têm dificuldades com a conexão de internet.

🔊 **03.07** Quais palavras Ellen usa para dizer a Martin que sua conexão está ruim?

Ellen: Ich denke, meine Verbindung ist schlecht. Tut mir leid!

Martin: Ist nicht schlimm! Möchtest du deine Webcam deaktivieren?

Ellen: Meine Webcam ist nicht das Problem. Ich muss mein ... du weißt schon ... uff ... Wie sagt man auf Deutsch? ... Ich weiß das Wort nicht mehr! Also, mein Internet-Dings!

Martin: Dein Computer? Oder dein WLAN?

Ellen: Mein WLAN! Ja! Ich muss mein WLAN neu starten.

Martin: Denkst du, das ist eine gute Idee?

Ellen: Vielleicht ... Hörst du jetzt besser?

Martin: Nicht gut.

Ellen: Tut mir leid. Mein Computer ist alt. Ich brauche mehr RAM. Können wir nächste Woche wieder sprechen?

Martin: Kein Problem! Wann möchtest du wieder anrufen? Am Samstag?

Ellen: Das passt! Bis dann!

Martin: Okay, bis zum nächsten Mal!

> *Tut mir leid* (Sinto muito) é igual a *Es tut mir leid*. O *es* costuma ser eliminado da frase no uso informal.

> **VOCÁBULO: *man* "um" ou "pessoas" em geral'**
> *Man* é uma palavra comum em alemão (não confundir com *Mann* ("homem", ou "marido") que você vai ver e ouvir o tempo todo. Literalmente, significa "um", como em "alguém"/uma pessoa". É uma palavra útil, que evita a confusão que fazemos com "você", em português. Se alguém pergunta: *Kann man hier schwimmen?* (Você pode nadar aqui?), fica claro que estão perguntando se pessoas em geral podem nadar ali, e não se você especificamente pode nadar (o que seria: *Kannst du schwimmen?*).

DESVENDE

1 Na conversa, há diversas palavras em alemão iguais ou parecidas com palavras em português. Destaque pelo menos quatro cognatos que reconhecer.

2 Você destacou as seguintes frases? Sabe dizer seu significado?

deaktivieren   neu starten   WLAN   Dings   alt

> Para acessar o *Wi-Fi* de alguém, basta pedir a senha: **Was ist das WLAN-Passwort?** (Qual é a senha do Wi-Fi?)

CONVERSA 3 ⟵⋯ **57**

3 Com base nas palavras que você conhece e no contexto, indique qual das opções a seguir não é verdadeira.

    a O problema é com a webcam de Ellen.

    b Martin não consegue ouvir bem Ellen.

    c Ellen e Martin resolvem conversar em outro momento.

4 Responda as perguntas a seguir em alemão.

    a Como Ellen descreve a qualidade de sua conexão de internet? _____

    b Como você se desculpa em alemão? *Tut* _____

    c Quais são as duas formas de se despedir em alemão? _____ _____

    d Como se diz "Eu não sei" e "Eu sei" em alemão? _____ _____

5 O que você acha que as palavras *mein(e)* e *dein(e)* significam? _____ _____

TÁTICA DE CONVERSA: "Alemão Tarzan"

> Os erros fazem parte do processo. Ninguém aprende alemão sem cometer muitos erros, que, além de serem inevitáveis, são uma forma de adquirir mais conhecimento. No xadrez, por exemplo, **os jogadores são aconselhados a perder 50 jogos logo no início**. Então, encare seus erros com tranquilidade para avançar muito mais rápido.

Nem sempre o iniciante sabe se expressar com exatidão. Mas não fique frustrado: seu foco deve estar em se comunicar e não em falar com fluência. Ou seja, encare seus erros com tranquilidade.

É por isso que recomendo usar o "alemão Tarzan". Encontre modos de transmitir ideias de forma compreensível, mesmo que a gramática e as palavras escolhidas não sejam lá grande coisa. É possível se comunicar usando apenas palavras-chave.

Por exemplo, a frase "Você poderia me dizer onde fica o banco?" *(Kannst du mir sagen, wo die Bank ist?)* pode ser reduzida a duas palavras: "Banco... onde?" (*Bank ... wo?*), como diria o Tarzan.

1   Utilize o "alemão Tarzan". Confira as frases a seguir. Isole as palavras-chave e, em seguida, use o "alemão Tarzan" para transmitir o mesmo significado (mesmo que a forma seja menos elegante).

Eu chamo o medo de cometer erros de "**paralisia do perfeccionismo**". O perfeccionismo é seu inimigo porque impede que você se comunique na prática. Quem quer falar tudo perfeitamente acaba não dizendo nada!

Exemplo: *Ich verstehe nicht. Kannst du das bitte wiederholen?* →
Wiederholen, bitte.

a   *Es tut mir leid, kannst du bitte langsamer sprechen?* (Desculpe, você poderia falar mais devagar?) _____

b   *Kannst du mir sagen, wie viel das kostet?* (Poderia me dizer quanto isto custa?) _____

c   *Entschuldigung, weißt du, wo der Supermarkt ist?* (Com licença, você sabe onde fica o supermercado?) _____

TÁTICA DE CONVERSA: Use as palavras polivalentes *Mann/Frau, Ort, Dings*

Essas palavras são polivalentes, ou seja, geralmente fazem referência a muitos substantivos. Portanto, devem ser utilizadas sempre que necessário para descrever algo cujo nome você não sabe:

Por exemplo: se não conseguir lembrar as palavras para:

- "motorista de táxi" (*Taxifahrer*), utilize: "homem do táxi" — "Taxi-Mann"
- "cantora" (*Sängerin*), utilize "mulher... canto" — "sing-Frau"
- "estação de trem" (*der Bahnhof*), utilize: "lugar do trem" — "Zug-Ort"
- "cama" (*das Bett*), utilize: "coisa de dormir" — "schlaf-Dings"

1   Reveja a Conversa 3. Como Ellen usa esse truque quando esquece a palavra para "WLAN"? _____

2   Agora é sua vez. Transmita o significado das frases a seguir usando palavras polivalentes.

Exemplo: Caneta?   →   ("coisa de escrever")   Schreib-Dings

a   Biblioteca?   →   ("lugar de livros") _____
b   Garçonete?   →   ("pessoa do restaurante") _____
c   Ator?   →   ("homem do filme") _____

OBSERVE

🔊 **03.08** Ouça o áudio e observe o quadro.

Expressões essenciais da Conversa 3

Alemão	Significado
Meine Verbindung ist schlecht.	Minha conexão está ruim.
Ist nicht schlimm.	Sem problema. (Não é grave.)
Meine Webcam ist nicht das Problem.	Minha webcam não está com problema.
... du weißt schon	... você sabe (você já sabe)
Wie sagt man ... auf Deutsch?	Como se diz... em alemão?
Ich weiß das Wort nicht mehr!	Não lembro mais a palavra! (Não sei mais a palavra.)
mein Internet-Dings	minha coisa da internet
Dein WLAN?	Seu Wi-Fi?
Ich muss mein WLAN neu starten.	Preciso reiniciar meu Wi-Fi. (Eu preciso meu Wi-Fi reiniciar)
Denkst du, das ist eine gute Idee?	Você acha que é uma boa ideia? (Acha você que é uma boa ideia?)
Hörst du jetzt besser?	Você está ouvindo melhor agora? (Escuta você agora melhor?)
Nicht gut.	Não muito bem.
Ich brauche mehr RAM.	Preciso de mais RAM.
Können wir nächste Woche wieder sprechen?	Podemos falar de novo na semana que vem? (Podemos nós semana que vem de novo falar?)
Kein Problem.	Sem problema.
Wann möchtest du wieder anrufen?	Quando você quer ligar de novo?
Das passt! Bis dann!	Está ótimo! Até logo! (Até então!)
Bis zum nächsten Mal!	Até a próxima!

> Use o verbo *müssen* para "ter que" em alemão. Pense em *ich muss* como "Eu tenho que", em português.

> Há muitos modos de se **desconectar ou se despedir** de alguém. Você pode dizer *tschüss (tchau), ciao, bis zum nächsten Mal* (até a próxima vez), *bis dann* (até então) ou só *bis* + dia/hora (como *bis morgen!* para "até amanhã!").

1 Use a conversa para preencher as lacunas com os verbos correspondentes.

a *hören* (ouvir) → **ich höre** (eu ouço) → _____ (você ouve)

b *brauchen* (precisar) → _____ (eu preciso) → _____ (você precisa)

c *denken* (pensar) → _____ (eu penso) → _____ (você pensa)

d *müssen* (precisar) → _____ (eu preciso) → **du musst** (você precisa)

60 ⋯▸ 3 RESOLVA OS PROBLEMAS DE COMUNICAÇÃO

2 Observe a estrutura em que as palavras *denke, brauche* e *muss* aparecem. Coloque as seguintes palavras na ordem correta para criar frases completas.

   a *ein Smartphone/ich/brauche* _____

   b *kannst/kaum etwas/ich denke/du/hören* _____

   c *Peter/ich/anrufen/wieder/muss* _____

   d *sprechen/können/auf Deutsch/wir* _____

3 Observe os conectivos na lista de expressões.

   a Se alguém disser: *Es tut mir leid*, você pode usar duas frases da lista para responder "tudo bem". Indico uma delas a seguir; encontre a outra e escreva-a.

   kein Problem _____

   b "'Isso funciona" é um conectivo muito versátil. Escreva sua forma correspondente em alemão.

   _____

4 Ellen também usa duas expressões essenciais novas. Encontre-as na lista e, em seguida escreva-a no quadro de expressões essenciais.

#LANGUAGEHACK:
Use o truque das terminações para turbinar a memorização dos gêneros das palavras

Em alemão, as palavras são masculinas, femininas ou neutras.

Masculino:	*der* Mann	(o homem)	*der* Sport	(o esporte)
Feminino:	*die* Frau	(a mulher)	*die* Sprache	(o idioma)
Neutro:	*das* Tier	(o animal)	*das* Museum	(o museu)

Mas por que "idioma" é feminino? No início, pode parecer que a atribuição dos gêneros é aleatória. Por exemplo, *Männlichkeit* (masculinidade) é feminino e *Feminismus* é masculino!

O gênero das palavras não tem nenhuma relação com o seu conceito, seja masculino ou feminino. É sua grafia e, especificamente, a terminação da palavra que determinam o gênero. Resumindo, é possível deduzir o gênero de uma palavra pela sua forma escrita:

···⁝ Se uma palavra termina em *-er*, *-ich*, *-ig*, *-ling*, *-us*, *-ismus*, provavelmente é masculina.

Exemplos: *der Bäcker* (padeiro), *der Teppich* (tapete), *der König* (rei), *der Feigling* (covarde), *der Campus* (campus), *der Tourismus* (turismo)

···⁝ Se termina em *-e*, *-ie*, *-ei*, *-heit*, *-keit*, *-tät*, *-ung*, *-ur* ou *-schaft* no singular, provavelmente é feminina.

Exemplos: *die Seite* (página), *die Familie* (família), *die Politik* (política), *die Freiheit* (liberdade), *die Möglichkeit* (possibilidade), *die Universität* (universidade), die Praktik (prática), die Kultur (cultura), die Gesellschaft (empresa)

···⁝ Se termina em *-chen*, *-lein*, *-ment*, *-um* ou *-en* (um verbo usado como substantivo), provavelmente é neutra.

Exemplos: *das Mädchen* (garota), *das Brüderlein* (irmãozinho), *das Element* (elemento), *das Museum* (museu), *das Essen* (comida — do verbo **essen** = comer)

SUA VEZ: Use o hack

Esse truque funciona quase o tempo todo, mas sempre há exceções. Se não tiver certeza, adivinhe! Se você usar **die/meine**, então estará certo na maioria das vezes. Mesmo que erre, sempre vai ser compreendido.

1 Por que *Männlichkeit* é feminino e *Feminismus* é masculino?

_____

2 Deduza o gênero das palavras a seguir. Preencha a lacuna com *der*, *die* ou *das*.

a _____ *Journalismus*

b _____ *Computer*

c _____ *Wohnung (apartamento/flat)*

d _____ *Schwierigkeit (dificuldade)*

e _____ *Freundschaft (amizade)*

f _____ *Energie*

g _____ *Meinung (opinião)*

h _____ *Winter*

EXPLICAÇÃO GRAMATICAL: Gênero dos substantivos

O gênero de uma palavra determina se a palavra é precedida por:

···⫶ *der* (m), *die* (f) ou *das* (n) → para "o/a"

···⫶ *ein* (m / n) ou *eine* (f) → para "um/uma"

···⫶ *mein/dein/kein* (m/n)

  ou *meine/deine/keine* (f) → para "meu/seu/não"

> **VOCÁBULO:** *mein* e *dein* **"meu" e "seu"**
> Para lembrar como dizer "meu" em alemão, ponha *m* diante de *ein/eine* – assim:
>
> ···⫶ *ein* fica *mein*
>
> ···⫶ *eine* fica *meine*. Isso também funciona para *dein* (seu) e algumas outras palavras que veremos depois!

Usando "o", "um", "meu" e "seu" em frases em alemão

Alemão					Português			
die eine meine deine	Webcam (f) Verbindung (f)		gut		webcam conexão			bom
der ein mein dein	Computer (m) Bildschirm (m)	ist (nicht)	schlecht schnell langsam neu	o um meu você	tela do computador	(não) é		ruim rápido devagar novo
das ein mein dein	Smartphone (n) Mikrofon (n) WLAN (n)		alt kaputt	nosso	smartphone microfone Wi-Fi			velho quebrado

1 Use o quadro e os lembretes a seguir para criar frases como a do modelo:

Exemplo: Eu acho que sua tela está quebrada. → Eu acho + sua + tela + está + quebrada → <u>Ich denke, dein Bildschirm ist kaputt.</u>

a Eu acho que a webcam é nova. _____

b Eu acho que minha conexão não está boa.

_____

*Você também viu outras formas, como einen / einem. Sempre lhe daremos a forma certa, mas não se preocupe em usá-la. Se você sempre usar eine, será compreendido. Na verdade, **alguns alemães também não usam essas formas corretamente!***

CONVERSA 3 ⫶··· **63**

c Você acha que o Wi-Fi é rápido? Denkst du, _____?

d Você acha que seu computador é lento? _____,

_____

Dizendo que tecnologia você tem, precisa ou quer

Alemão			Português		
ich habe ich brauche ich möchte du hast	eine (1) keine (0)	Webcam Verbindung	eu tenho	um (1) não (0)	webcam conexão
	einen (1) keinen (0)	Computer Bildschirm			tela
		Smartphone	eu preciso		smartphone
	ein (1) kein (0)	Mikrofon WLAN WLAN- Passwort	eu quero você tem		microfone Wi-Fi senha do Wi-Fi
du brauchst du möchtest	zwei (2) drei (3) ... zwanzig (20) ...	Computer Bildschirme Webcams Verbindungen Smartphones Mikrofone	você precisa você quer	dois três ... vinte ...	computadores telas webcams conexões smartphones microfones

> **DICA DE GRAMÁTICA:**
> **kein para "não"**
> "Não" geralmente é **nein** em alemão, mas quando está na frente de um substantivo, usa-se **kein**. (Como *Kein Problem*!) Essa palavra também é usada no negativo com "ter" e "precisar". Assim, "Eu não preciso de um smartphone" fica *Ich brauche kein Smartphone*).

PRATIQUE

> Estamos praticando "meu/seu/um/o/não" para que você possa usar e reconhecer suas diferentes versões — mas não precisa tentar acertar isso agora. **Se você estiver inseguro, use a versão feminina** para que suas conversas fiquem mais fluentes.

1 Use o quadro para criar frases como as do modelo:

Exemplo: Eu não tenho uma conexão. → Eu tenho + não + conexão

→ **Ich habe keine Verbindung.**

a Sabe, eu não tenho a senha do Wi-Fi.

_____

b Não preciso do Wi-Fi; não tenho smartphone.

_____

c Não tenho webcam, mas tenho microfone.

_____

d Eu tenho smartphone e não preciso de computador.

_____.

e Você tem computador ou smartphone?

_____?

2 Complete com as palavras em alemão que faltam.

a _____ _du deinen_ _____ _neu starten?_ (Você pode reiniciar seu **computador**?)

b _Du_ _____ _____ _helfen._ (Você **precisa me** ajudar.)

c _Ich_ _____ _am_ _____ _wieder_ _____. (**Eu gostaria de liga**r de novo no **sábado**.)

d _____ _____ _meine Hilfe?_ (**Você precisa** da minha ajuda?)

JUNTE TUDO

Use as frases novas que aprendeu para criar duas frases sobre si mesmo em alemão. Certifique-se de procurar mais "vocabulário pessoal" no dicionário para praticar frases que vai usar em conversas reais. Descreva em alemão:

···⫸ Sua opinião sobre o último smartphone lançado no mercado (_ich denke_)

···⫸ Um dispositivo que você esteja utilizando (use _ich habe_)

···⫸ Algo de que você precisa ou gostaria de comprar (use _ich brauche_).

CONVERSA 3 ⫷··· **65**

Este exercício lhe dá a chance de treinar seu ouvido, o que é muito importante. Mas lembre que não é uma prova da escola! Avalie seus resultados com base no quanto você **entende o áudio**, e não se escreve tudo com perfeição.

FINALIZANDO A UNIDADE 3

Confira o que aprendeu

🔊 **03.09** Releia as conversas e quando se sentir confiante:

⇢ Ouça o áudio e transcreva a gravação.
⇢ Pause e repita o áudio sempre que precisar para entender as perguntas.

Mostre o que sabe...

Confira o que aprendeu na unidade. Escreva ou fale um exemplo para cada item da lista e marque os que sabe.

- ☐ Diga "olá" e "prazer em conhecê-lo".
- ☐ Dê duas frases para dizer adeus.
- ☐ Diga "entendi" e "não entendi".
- ☐ Diga algo que você tem e algo de que precisa.
- ☐ Use as expressões essenciais "Você pode repetir isso?" e "Mais devagar, por favor".
- ☐ Use os pronomes interrogativos Quando?, Onde?, Por quê?, Quem?, Qual? e Quanto?
- ☐ Use pronomes oblíquos em alemão (ex.: "Você pode me ajudar?").
- ☐ Diga as palavras em alemão correspondentes a "pessoa", "lugar" e "coisa" para transmitir significado no "estilo Tarzan".

COMPLETE SUA MISSÃO

É hora de completar sua missão: use seu "alemão Tarzan" para jogar (e vencer!) o jogo das palavras. Crie frases para descrever uma pessoa, lugar ou coisa em alemão e lance o desafio para que outras pessoas adivinhem o objeto sem saber seu nome.

PASSO 1: Crie seu script

Vamos adotar o princípio da "imperfeição" no seu script. Destaque as palavras-chave de que precisa para dizer o que quer, depois procure-as no dicionário — mas não tente acertar na gramática! Se você encontrar uma expressão complexa, tente pensar em palavras mais simples para transmitir a mesma ideia.

Use seu "alemão Tarzan" e as táticas de conversa indicadas na unidade para...

···⟩ Identificar descrições de pessoas, lugares e objetos.

···⟩ Descrever uma pessoa utilizando uma palavra conhecida (Qual é o seu trabalho? Onde ela está agora?).

···⟩ Descrever um objeto, dizendo se é algo que você tem (*ich habe*), precisa (*ich brauche*), gosta ou não gosta.

···⟩ Descrever um lugar, identificando as pessoas que moram nele ou algo associado ao lugar.

Por exemplo, é possível dizer:

> Weißt du ... ein Hollywood-Mann ... Film ... ein Pirat ...
> Azteken-Gold ... gerne viel sprechen ... Wo ist Rum?

Depois de escrever o script, repita as frases até se sentir confiante.

PASSO 2: A prática leva à perfeição... *online*

Superar o constrangimento de "parecer bobo" faz parte de aprender um idioma. Portanto, use o "alemão Tarzan" para superar suas dificuldades! Quando enviar seu clipe para a comunidade, você vai se surpreender com o número de comentários positivos. Acesse a comunidade para encontrar a missão da Unidade 3 e explorar mais possibilidades com seu "alemão Tarzan".

PASSO 3: Aprenda com outros estudantes

Depois de enviar seu clipe, confira como os outros estudantes usam o "alemão Tarzan". **Sua tarefa consiste em participar do jogo e adivinhar as palavras descritas pelos outros participantes.** Tome nota das formas mais inteligentes adotadas pelos estudantes para as táticas de conversa indicadas na unidade e tente utilizá-las depois.

Se você não sabe o que fazer, provavelmente está sofrendo da **paralisia do perfeccionismo**. Pare um pouco e lembre-se de que, no momento, seu script deve ser imperfeito!

É verdade! Seu desempenho melhora bastante quando você se dedica a uma tarefa! (Estudos mostram que seus resultados serão **30% melhores** em relação aos dos seus colegas que não praticam conversação regularmente.)

HACKEANDO:
Mude o idioma das suas preferências de pesquisa para *Deutsch*
Os principais sites detectam automaticamente o idioma do usuário com base nas configurações do navegador e ajustam seu layout. Mas é possível alterar essa configuração para *Deutsch*. Se você fizer isso, o idioma do seu site de busca, redes sociais e plataformas de vídeo mudará imediatamente para alemão! Você também pode acessar google. de (e clicar em alemão) para pesquisar sites em alemão do mundo inteiro. Mas lembre-se de digitar palavras--chave em alemão!

FINALIZANDO A UNIDADE 3 ⟨··· **67**

PASSO 4: Avalie o que aprendeu

Você conheceu novos lugares e pessoas na comunidade? Anote os pontos interessantes para conferir depois: pode ser um ator famoso que você ainda não conhece ou um filme que queira ver. Ao realizar a missão, quais lacunas você identificou no seu aprendizado? Usou alguma palavra diversas vezes? Quais? Ouviu alguma palavra várias vezes, mas não entendeu? Quais? Escreva no quadro a seguir!

EI, HACKER DA LINGUAGEM, VOCÊ ESTÁ COM SORTE!

Apesar do seu vocabulário limitado, você já está conversando em alemão numa boa. Seu objetivo não é aprender todas as palavras e regras gramaticais, mas se comunicar e eventualmente ser criativo. Nessa missão, você desenvolveu habilidades muito úteis para encarar o mundo real. Na próxima unidade, aprenderá a conversar sobre seus planos para o futuro.

Mach weiter so!

4 DESCREVA SEUS PLANOS PARA O FUTURO

Sua missão

Imagine que você deseja passar algumas semanas viajando pela Europa, mas só poderá ir se contar com a companhia do seu amigo alemão para dividir os custos.

Sua missão é fazer uma oferta irrecusável! Descreva a viagem dos seus sonhos e convença seu amigo a ir com você. Use *Lass uns ...* para narrar as coisas maravilhosas que vocês farão juntos. Prepare-se para **explicar como chegarão lá e como passarão o tempo**.

Nesta missão, você vai desenvolver habilidades de conversação, falar sobre seus planos para o futuro e combinar novas sequências de frases para aperfeiçoar sua fluência em alemão.

Treine para a missão

- Desenvolva uma tática de conversa para quebrar o gelo: *Sprechen Sie Deutsch? Stört es, wenn ...?*
- Fale sobre seus planos de viagens futuras usando *Ich werde...*
- Descreva seus planos em sequência: *zuerst, dann, danach...*
- Aprenda o vocabulário essencial às viagens: *besuchen, reisen, mit dem Zug/Bus fahren.*
- Use as palavras "trampolim" *dass*, *wenn* e *weil*.
- Memorize o script que você provavelmente utilizará várias vezes no futuro.

APRENDENDO A PUXAR ASSUNTO NO IDIOMA

É preciso um pouco de coragem para começar a praticar seu alemão, mas aprender a "quebrar o gelo" no início ajuda muito! Nesta unidade, você criará um script específico para iniciar conversas no idioma. Além disso, aprenderá a deixar seus diálogos mais informais e, com sorte, fará um ou dois novos amigos!

#LANGUAGEHACK
Turbine seu alemão com esses cinco verbos auxiliares.

DICA CULTURAL: O alemão pelo mundo
O alemão é o idioma nativo mais falado na União Europeia e o idioma oficial em *Deutschland* (Alemanha), *Österreich* (Áustria), *der Schweiz* (Suíça), *Liechtenstein* e na província italiana de *Südtirol* (Tirol do Sul). Também há minorias que falam alemão em todo o mundo — encontrei uma comunidade no Brasil!

VOCÁBULO: "cool"
Para dizer "legal" em alemão, você pode usar as palavras inglesas *cool* ou *super*, ou *prima*. Uma das mais comuns é *geil*, usada como uma palavra única de exclamação. Mas ela tem outro significado se tentar usá-la em uma frase complicada, e o tiro pode sair pela culatra. Descobri isso do pior jeito, mas acabou geando uma oportunidade de aprendizado hilária!

Gern (ou *gerne*) também pode ser usada sozinha com o significado de "com prazer". Responder a um pedido com *gern(e)!* é muito comum.

CONVERSA 1

Desculpe, você fala alemão?

Ellen voltou a frequentar seu grupo local de idiomas. Hoje ela pretende abordar outra pessoa e puxar conversa para ganhar confiança.

🔊 **04.01** Quais frases Ellen usa na sua abordagem?

Ellen:	Entschuldigung, sprechen Sie Deutsch?
Judith:	Ja, ich komme aus Österreich.
Ellen:	Klasse! Stört es, wenn ich mit Ihnen ein bisschen Deutsch übe?
Judith:	Kein Problem – gerne!
Ellen:	Können wir uns duzen?
Judith:	Wie du möchtest – warum nicht? Ich heiße Judith.
Ellen:	Super! Ich heiße Ellen. Ich bin noch Anfängerin.
Judith:	Aber du kannst schon so viel auf Deutsch sagen!
Ellen:	Danke, aber ich muss noch viel üben.
Judith:	Das macht nichts. Ich habe viel Geduld. Lass uns also anfangen!

DESVENDE

1 Use o contexto e as palavras que já sabe para responder as perguntas a seguir:

a De onde Judith vem? _____

b Por que Ellen aborda Judith? _____

2 Encontre e sublinhe as frases em que:

a Judith fala para Ellen sua nacionalidade.

b Ellen pede para praticar alemão com Judith.

c Ellen diz que precisa praticar mais.

d Judith diz "vamos começar".

3 Você consegue deduzir o significado da palavra *Entschuldigung*? _____

4 Encontre e destaque as palavras a seguir.

a praticar   b paciente   c iniciante

70 ···▸ 4 DESCREVA SEUS PLANOS PARA O FUTURO

5 Quando alguém lhe faz um pedido, em vez de apenas dizer *ja*, de que outro modo pode responder? Escreva as seguintes frases:

a Com prazer! _____
b Por que não? _____
c Sem problema! _____
d Claro! _____

> **VOCÁBULO: *Ihnen* "você" formal**
> Você viu *dir* usado para "você" como objeto. Nesta conversa, *Ihnen* é usado em seu lugar, como o equivalente formal de *dir*.

OBSERVE

🔊 04.02 Ouça o áudio e observe o quadro. Preste muita atenção em como Ellen pronuncia *Stört es, wenn…* e *Können wir…?*

Expressões essenciais da Conversa 1

Alemão	Significado
Entschuldigung.	Desculpe.
Sprechen Sie Deutsch?	Você fala alemão?
Klasse!	Legal!
Stört es, wenn …?	Você se importa se…? (Incomodo se…?)
… ich mit Ihnen ein bisschen Deutsch übe?	… eu praticar alemão com você? (… eu com você um pouco de alemão praticar?)
Können wir uns duzen?	Podemos usar "você"?
Ich bin noch Anfängerin.	Ainda sou iniciante.
Du kannst schon so viel auf Deutsch sagen!	Você já consegue falar bastante.
Ich muss noch viel üben.	Eu preciso praticar mais (Eu preciso ainda muito praticar)
Das macht nichts.	Não faz mal.
Ich habe viel Geduld.	Eu sou muito paciente.
Lass uns also anfangen!	Então vamos começar! (Vamos nós começar.)

DICA CULTURAL:
usando Sie

Até agora, você viu *du* usado no lugar de "você". Você vai usar *du* ao conversar com pessoas que conhece bem, e os jovens o usam entre si, mesmo com pessoas que não conhecem bem. Mas, na conversa, note que Ellen inicia usando *Sie* — o "você formal" em alemão — pois ela ainda não conhece Judith.

Essa **transição entre a linguagem formal e a informal** bem definida em alemão realmente me ajudou a ver quem eu podia considerar como amigo de uma forma bem óbvia, comparado a pessoas que apenas conheço ou com quem faço negócios. Acredite, sinto falta dessa diferença no português!

TÁTICA DE CONVERSA: Apresentando-se

Se você encontrar um estranho e vir a oportunidade para praticar, é melhor apresentar-se usando primeiro o modo formal (cortês), *Sie*.

Mas aqui está uma dica útil: inicie a conversa com uma frase pronta, como *Sprechen Sie Deutsch?* Então, pergunte logo *Können wir uns duzen?* Se a outra pessoa tiver a mesma idade que você, e a ocasião for informal, ela quase sempre vai dizer *ja*. Na verdade, é uma situação tão comum que no alemão tem uma palavra especial para usar a forma *du*: *duzen*.

1 Escolha duas frases da lista que pode usar ao abordar alguém para praticar alemão.

a _____

_____

Agora, reescreva-as no modo informal usando *mit dir* e *sprichst du*.

b _____

_____

2 Combine as frases com as formas corretas (formal ou informal).

a *Wie Sie möchten.*

b *Können Sie …?*

c *Kannst du …?*

d *Wie du möchtest.*

1 Você pode…? (formal)

2 Você pode…? (informal)

3 Como quiser. (formal)

4 Como quiser. (informal)

3 Que pergunta você deve fazer para mudar a conversa de formal para informal?

_____

4 Complete as frases em alemão:

____ich kann____ (Eu posso)   ⋯⟩ *du kannst* (você pode)

_____ (Nós podemos)   ⋯⟩ *Sie können* (você pode [formal])

EXPLICAÇÃO GRAMATICAL: *Wir* (nós) e *Sie* (você formal)

Agora você viu a palavra alemã *wir* com significado de "nós", como em *Können wir…?* (Podemos…?) Aqui está uma boa notícia: usar as formas *wir* e *Sie* é muito fácil, pois suas formas verbais são as mesmas do infinitivo!

A única exceção para isso é **sein**, "ser" que usa a forma *wir/Sie*: sind.

Formas verbais Wir e Sie

Infinitivo	Significado	Nós/Você (formal)	Significado
singen	cantar	*wir/Sie singen*	nós cantamos/você canta
essen	comer	*wir/Sie essen*	nós comemos/você come
wissen	saber	*wir/Sie wissen*	nós sabemos/você sabe
sein	ser	*wir/Sie sind*	nós somos/você é

Exemplo: *Wir sind Studenten und Sie sind der Professor.* (Nós somos alunos, e o senhor é o professor.)

1 Destaque a forma verbal correta para *du* ou *Sie* nas frases.

   a ***Möchtest/Möchten** du nächste Woche wieder sprechen?*

   b *Was **denkst/denken** Sie?*

   c ***Verstehen/Verstehst** du Englisch?*

   d *Wo **wohnst/wohnen** Sie?*

   e *Wie viele Sprachen **sprechen/sprichst** du?*

2 Se você estiver falando com alguém que não conhece ou estiver em um ambiente formal, como diria o seguinte?

   a Você pode repetir, por favor? _____

   b O que você gosta de comer? _____

   c O que você está fazendo em Berlim? _____

   d Consegue ouvir melhor agora? _____

   e Por favor, pode me ajudar? _____

   f Você quer começar a praticar? _____ _____ *anfangen zu üben?*

CONVERSA 1

PRATIQUE

1 Misture e combine frases que você aprendeu com o novo vocabulário. Use as frases dadas no quadro para criar seis frases novas em alemão.

> *wir sind* (nós somos), *wir arbeiten* (nós trabalhamos/nós estamos trabalhando), *wir gehen* (nós vamos/ nós estamos indo), *wir essen* (nós comemos/nós estamos comendo), *im Supermarkt* (no supermercado), *zum Strand* (para a praia), *die ganze Zeit* (o tempo todo), *zusammen* (juntos), *auf eine Reise* (em uma viagem)

a _____   d _____

b _____   e _____

c _____   f _____

DICA DE GRAMÁTICA:
du arbeitest
Baseado no que aprendeu sobre as formas de *du*, na Unidade 2, você esperaria que a forma de *du* para *arbeiten* fosse "arbeitst". No alemão, esses casos são resolvidos adicionando um *-e* sempre que o infinitivo do verbo terminar em *-ten* ou *-den*. Isso significa que a forma para *du* de *arbeiten* passa a ser *arbeitest*, que é muito mais fácil de falar! Faz sentido, não?

2 A frase *Ich bin noch Anfänger(in)* é muito útil e pode ser adaptada para várias situações. Use *noch* para criar novas frases com as palavras dadas.
Exemplo: Eu ainda sou jovem. (*jung*) <u>Ich bin noch jung</u>.

a Eu ainda moro na Europa. (*wohne/in Europa*)

_____

b Você ainda trabalha no banco? (*arbeitest/in der Bank*)

_____

c Eu ainda vou para a aula! (*gehe/zum Unterricht*)

_____

d Ainda podemos praticar? (*können/üben*)

_____

e Eu ainda estou muito cansada. (*müde*)

_____

3 Preencha as lacunas com as respectivas palavras em alemão.

a *Wir_____ _____ unsere Tickets für das Konzert in _____ Monaten.*
(Nós **já compramos** os ingressos para o show daqui a **sete** meses!)

b _____ _____ *mein Handy benutzen,_____ _____ _____.*
(**Se quiser, você** (formal) **pode** usar meu telefone.)

c _____ _____, _____ *"airport" _____ _____ist?*
(Você **sabe como dizer** "aeroporto" **em alemão**?)

d *Es ist_____, _____ zu sein!* (É **legal** estar **aqui**!)

e _____ _____ *vor der Reise_____ so viel_____.*
(Eu **ainda tenho que praticar** muito antes de viajar.)

f _____ _____, _____ *ich eine Frage stelle?* (Você **se importa se** eu fizer uma pergunta?)

74 ⋯⋗ 4 DESCREVA SEUS PLANOS PARA O FUTURO

TÁTICA DE CONVERSA: Memorize um script para situações frequentes

Muitas pessoas ficam nervosas quando falam com alguém pela primeira vez, especialmente em outro idioma. Mas se você planejar suas frases com antecedência, ficará menos ansioso. Felizmente, muitas conversas seguem um padrão parecido, o que é bastante útil para os estudantes.

Aprenda frases prontas

Você pode usar uma frase sem saber as regras gramaticais aplicáveis a ela. Basta memorizar frases inteiras em *bloco* para utilizá-las sempre que precisar, mesmo sem entender plenamente o significado de cada palavra.

Comece com esta frase polivalente muito útil: *Stört es, wenn …?*, que pode ser usada em diversas situações e assuntos.

Memorize um script

Para criar um "script" pessoal que poderá utilizar várias vezes, você deve aprender frases prontas específicas e fazer combinações entre elas.

Em viagens, sempre ouço perguntas como "Por que você está estudando esse idioma?" e sobre meu trabalho como escritor, que não é fácil explicar como iniciante. Mas como sei que essas perguntas serão feitas, preparo com antecedência uma boa resposta para encarar com confiança cada pergunta que surgir.

Você pode ouvir perguntas sobre suas próximas viagens ou seus motivos para estudar alemão. Basicamente, se tiver que explicar algo ou contar uma pequena história com frequência, memorize essa informação utilizando um script eficiente e tenha tudo na ponta da língua assim que surgir o assunto. Veja como fazer isso:

···▷ **Determine o que quer dizer**. Expresse sua visão pessoal. Em seguida, simplifique suas frases no que for possível e remova todas as expressões complicadas. Se puder, faça tudo em alemão desde o início, anote as principais palavras e frases e deixe a criação do script para depois. Se não puder, inicie o script em português e traduza as frases para o alemão.

···▷ Quando **concluir o script,** repita o texto até memorizá-lo.

Você pode andar de bicicleta sem entender nada de aerodinâmica e usar um computador sem conhecer a fundo o funcionamento dos circuitos. Portanto, também pode utilizar frases em alemão no momento certo **mesmo sem entender** o significado de cada palavra ou a regra gramatical aplicável.

DICA DE GRAMÁTICA:
wenn
Se você usar *wenn* (se) em frases como esta, o verbo principal irá para o final da frase.

Peça **para um falante nativo revisar seu script** e aprimore seu alemão. É normal cometer erros quando falamos em situações reais, mas você deve corrigir suas frases antes de memorizá-las. Para encontrar falantes nativos de forma simples e gratuita, confira a seção de Recursos online.

CONVERSA 1 ···▷ **75**

JUNTE TUDO

*Não esqueça de pôr o verbo principal no fim da frase, como em... wenn ich mein Buch hier **lese** (se eu **ler** meu livro aqui).*

1 Quando podemos fazer a pergunta *Stört es Sie, wenn ...?* Use essa expressão e seu dicionário para criar frases que utilizará fora do país em locais como:

⋯⟩ Um evento social (ex.: "... se eu falar com você?")

⋯⟩ Um café (ex.: "... se eu sentar aqui?")

⋯⟩ Um parque (ex.: "... se eu fumar?")

⋯⟩ Na casa de alguém (ex.: "... se eu usar o banheiro?")

*É uma excelente ideia ter frases como essas no seu repertório, pois são muito frequentes. Talvez você já conheça algumas, mas prepare **uma boa resposta para cada uma dessas perguntas.***

2 Escolha uma das seguintes situações e depois prepare um script para falar sem ter que pensar na hora.

⋯⟩ **Situação 1:** Alguém que fala alemão soube que você estuda o idioma. (Para essa situação, costumo preparar algumas frases como "Ah, você fala alemão!", "Ainda sou iniciante" ou "Estudo alemão há...")

⋯⟩ **Situação 2:** Alguém pede que você conte uma pequena história ou pergunta por que você está estudando alemão. (Nesse caso, diga algo como "Eu acho o idioma lindo")

⋯⟩ **Situação 3:** Você precisa parar alguém na rua para fazer uma pergunta em alemão. (Como a educação faz milagres, diga "desculpe" ou "com licença" e, em seguida, algo como "Você se importa se eu fizer uma pergunta?")

76 ⋯⟩ 4 DESCREVA SEUS PLANOS PARA O FUTURO

CONVERSA 2

Aonde você vai?

Como Ellen e Judith estão visitando Berlim, as conversas tendem naturalmente a tratar de viagens. Na verdade, ao aprender um novo idioma, você provavelmente ouvirá perguntas (ou perguntará a outra pessoa) sobre viagens para outros lugares.

🔊 04.03 Qual frase Judith usa para perguntar "Você viaja muito?"

Judith: Also, seit wann bist du in Berlin? Reist du viel?

Ellen: Nein, eigentlich nicht … Ich bin jetzt ein paar Monate in Berlin. Danach möchte ich 'zu' Italien fahren.

Judith: Du meinst, du möchtest nach Italien fahren?

Ellen: Genau, ja. Danke!

Judith: Du solltest Österreich besuchen. Die Natur in Österreich ist fantastisch.

Ellen: Vielleicht im Sommer. Ich möchte hier in Deutschland noch so viel sehen.

Judith: Ich sollte mehr reisen. Ich möchte andere Städte in Deutschland besuchen, wie Hamburg und München. Jetzt oder nie!

Ellen: Das stimmt, aber hier in Berlin kann man so viel unternehmen!

> **DICA DE GRAMÁTICA:** *nach* versus *zu*
> Tanto *nach* quanto *zu* podem significar "para", mas *nach* é mais usado para nomes de lugares (*nach Deutschland/ Berlin*) e orientações, como *nach Osten* (para o leste) e *nach links* (para a esquerda). Não se preocupe se os confundir, já que vai receber ajuda se esquecer... como Ellen faz aqui!

> **VOCÁBULO:** *das stimmt*
> *Das stimmt* é um ótimo bloco, que significa "está certo". Você pode ouvi-lo sem o *das*, só como *Stimmt!* "Certo!"

DESVENDE

1 Que frase Judith usa para corrigir Ellen quando ela comete um erro?

_____

2 Use o contexto e as palavras que já sabe para descobrir:
   a Para onde Ellen irá depois de Berlim. _____
   b Que lugar Judith sugere que Ellen visite. _____

3 Você sabe qual é o significado da frase: *Ich möchte andere Städte in Deutschland besuchen*? _____

4 Encontre e destaque as seguintes frases:

   a Desde quando você está em Berlim?

   b Não exatamente

   c Há alguns meses

CONVERSA 2 ⟡ **77**

5   Que frase você usaria para recomendar um lugar para ser visitado?

_____

OBSERVE

 04.04 Ouça o áudio e observe o quadro.

Expressões essenciais da Conversa 2

Alemão	Significado
Reist du viel?	Você viaja muito?
eigentlich nicht	na verdade, não
Ich bin jetzt ein paar Monate in Berlin.	Estou há alguns meses em Berlin.
Ich möchte nach Italien fahren.	Eu quero ir para a Itália.
Du meinst ...	Quer dizer...
Genau.	Exatamente
Du solltest Österreich besuchen.	Você deveria visitar a Áustria.
Vielleicht im Sommer.	Talvez no verão.
noch so viel sehen	ainda há muito a ver
Ich sollte mehr reisen.	Eu deveria viajar mais.
Ich möchte andere Städte besuchen.	Eu quero ver outras cidades (eu gostaria outras cidades ver.)
wie Hamburg und München	como Hamburgo e Munique
Jetzt oder nie!	(é) agora ou nunca!
Man kann so viel unternehmen!	Há muito a fazer! (Pode-se muito fazer.)

VOCÁBULO: *meinen* **"significar/querer dizer"**
Du meinst ... é "você quer dizer" em alemão. Você pode ouvir essa expressão quando estiver aprendendo e for corrigido pelas pessoas. Você também pode dizer *ich meine* para esclarecer algo que disse.

VOCÁBULO: *wie*
Você viu *wie* significar "como" em perguntas, mas significa "tal qual" ou "conforme". Prático!

1   Como você se corrigiria em alemão dizendo "quero dizer..."?

_____

2   Como você perguntaria em alemão "você quer dizer..."?

_____

3 Observe como a palavra *wie* pode ser usada de diferentes modos. Como você diria?

a Gosto de (comer) frutas (*Obst*), como bananas (*Bananen*) e maçãs (*Äpfel*).

_____

b Como você faz isso? _____

c Quantos cachorros (*Hunde*) você tem? _____

d Você é como meu irmão (*Bruder*)._____

4 Associe as frases em alemão com as respectivas traduções.

a *du reist viel*

b *du meinst*

c *du solltest … besuchen*

d *noch so viel*

e *jetzt oder nie*

f *man kann … unternehmen*

1 você deve visitar...

2 você pode…

3 você viaja muito

4 você quer dizer

5 ainda muito

6 agora ou nunca

5 Destaque a tradução correta para cada palavras ou frase:

a *seit wann*   talvez/ desde quando

b *nie*   depois/nunca

c *danach*   outro/depois

d *vielleicht*   nunca/talvez

e *so viel*   mais/muito

f *mehr*   outro/mais

g andere   *nunca/outro*

Confira o quadro a seguir com um vocabulário extra que pode ser utilizado para falar sobre planos de viagem.

Vocabulário de viagem

Alemão		Significado	
ich nehme du nimmst	**den Zug**, den Bus, die S-Bahn, ein Taxi	**eu pego/estou pegando** você pega/vai pegar	**o trem,** o ônibus, o metrô, um táxi
ich fahre du fährst	**mit dem Zug/** Auto	**eu vou/estou indo**/você vai/está indo	**de trem**/de carro

> **DICA CULTURAL: andando de S-Bahn**
> Em Berlim você pode escolher entre tomar a *U-Bahn* (abreviação de *Untergrundbahn* "Ferrovia subterrânea/metrô"), mas eu prefiro usar a *S-Bahn* (abreviação de *Stadtschnellbahn* "ferrovia rápida metropolitana" — também disponível em países europeus de idioma alemão). Os trens passam regularmente, têm as linhas sincronizadas e pode-se confiar tanto nos horários que certa vez ouvi um funcionário anunciar pelo alto-falante que o trem estava *zwei Minuten* atrasado, cheio de desculpas. É a eficiência alemã no seu melhor!

> **VOCÁBULO: fahren "ir"/"dirigir"**
> *Fahren* costuma ser traduzido como "ir" e usado com meios de transporte. Sozinho, também pode significar "dirigir". *Gehen* geralmente significa "ir" a algum lugar próximo, a uma pequena distância.

CONVERSA 2 · · · **79**

EXPLICAÇÃO GRAMATICAL: Mudanças nas vogais

Você deve ter notado que alguns verbos na forma *du* sofrem mudança nas vogais. Na verdade, essas mudanças seguem um padrão claro:

···> *e* na forma *ich* muda para *i* ou *ie*:
  ich esse → *du* isst, *ich* gebe → *du* gibst, *ich* lese → *du* liest
···> *a* na forma *ich* **recebe um trema**:
  ich wasche → *du* wäschst (eu lavo/você lava).

1 Esses verbos comuns exigem mudança de vogal. Pratique mudando-os para a forma de *du*.

  a *schlafen* (dormir) → *ich schlafe* → *du* _____ (a → ä)

  b *sehen* (ver) → *ich sehe* → *du* _____ (e → ie)

  c *helfen* (ajudar) → *ich helfe* → *du* _____ (e → i)

  d *sprechen* (falar) → *ich spreche* → *du* _____ (e → i)

PRATIQUE

1 Use a lista de expressões para decidir como dizer o seguinte em alemão. (Dica: nehmen e fahren mudam as vogais na forma *du*.)

  a Eu quero pegar_____   d Eu quero ir_____

  b Eu pego_____   e Eu vou_____

  c Você pega_____   f Você vai_____

2 Crie frases novas com o vocabulário que aprendeu.

  a Vou pegar o trem. _____

  b Você vai pegar o ônibus. _____

  c Eu vou de carro. _____

  d Você vai de trem. _____

Não há muitos verbos que funcionam assim, mas os que funcionam costumam ser muito usados. Logo você vai perceber o que é correto!

3 Preencha as lacunas com as palavras que faltam em alemão.

a *Du _____ die U-Bahn zum Alexanderplatz _____ .*
(Você **deveria pegar** o metrô para Alexanderplatz.)

b *Mit dem Zug _____ du so _____!*
(De trem você **vê muita coisa**!)

c *Ich möchte _____ Städte _____ , _____*
München und Frankfurt.
(Eu quero **visitar outras** cidades, **como** Munique e Frankfurt.)

d *_____ _____ , mit dem _____*
ist es nicht schnell genug?
(**Quer dizer,** de **carro** não é muito rápido?)

e *Ich bleibe _____ lange in Italien im _____!*
(Eu **nunca** fico muito tempo na Itália no **verão**!)

JUNTE TUDO

Leia as perguntas a seguir e responda de acordo com seu ponto de vista.
Use o dicionário para procurar "palavras pessoais" de que precisa.

a Você viaja muito? (*... ein bisschen ... nie)*
Ich reise _____

b Qual vai ser sua próxima viagem?
Ich fahre nach _____

c Quanto tempo você vai ficar fora? (... *für ein paar Tage ... für ein paar*
Wochen) Ich fahre _____

d Quando você vai viajar? (... *diesen/nächsten Monat ... dieses/nächstes Jahr)*
Ich fahre _____

e Como você vai viajar? (... *mit dem Auto ... ich fliege)*
Ich _____

CONVERSA 2 **81**

CONVERSA 3

O que você vai fazer no fim de semana?

Ellen e Judith estão conversando sobre seus planos para o fim de semana.

🔊 **04.05** Observe como as frases *zuerst werde ich* e *wir werden* são usadas para falar sobre planos para o futuro. Que expressão Judith usa para perguntar "O que você vai fazer"?

> **VOCÁBULO:** *ja para "bastante"*
> Às vezes, você vê *ja* no meio de frases como esta. Em vez de um simples "sim", ele é usado para mostrar a confiança do interlocutor sobre o que está falando, no mesmo sentido de "bastante" em português, mas com uma conotação mais informal.

Judith: Also, was machst du am Wochenende?

Ellen: Na ja, zuerst werde ich das Brandenburger Tor sehen. Dann werde ich ein Stück Torte im Café Lebensart essen, das ist in der bekannten Straße Unter den Linden. Danach möchte ich auf den Fernsehturm am Alexanderplatz. Von dort hat man einen Blick über ganz Berlin. Und ich werde natürlich die ganze Zeit Deutsch üben!

Judith: Das ist ja toll! Du hast ja so viel vor! Kann ich mitkommen?

Ellen: Gerne! Ich freue mich, dass ich eine neue Freundin habe! Wir werden die Stadt zusammen entdecken!

Judith: Ich denke, ich habe morgen Zeit, aber ich weiß es noch nicht. Kann ich dir eine SMS schicken?

Ellen: Ja, natürlich. Meine Handynummer ist 0151/2718281.

Judith: Cool, danke. Tschüss!

> *Handy* é a palavra em alemão para "telefone móvel". Embora a maioria das pessoas tenha um *Smartphone*, você ainda usa *Handy*, desse jeito, para conseguir o número de alguém.

DESVENDE

1 Escolha que frase é *richtig* ou *falsch*. Nas frases falsch, escreva a(s) palavra(s) correta(s) em alemão.

Exemplo: Judith tem certeza de estar livre amanhã.
falsch: ich weiß es noch nicht

82 ⋯❖ 4 DESCREVA SEUS PLANOS PARA O FUTURO

a Judith vai ligar para Ellen. _____

b Ellen não vai praticar alemão no fim de semana.

_____

c Judith não quer visitar esses lugares com Ellen.

_____

d Ellen está feliz por ter uma nova amiga. _____

2 Use o que entendeu da conversa para pôr as coisas que Ellen quer fazer na ordem correta.

a ___ ver o Portão de Brandemburgo
b ___ ver Alexanderplatz
c ___ ir a um café

3 Responda as perguntas a seguir em alemão, começando com a frase apresentada.

a Por que Ellen vai ao café?
Weil … na ja … sie möchte _____

b Por que Ellen vai para a Fernsehturm (torre de televisão)?
Von dort hat man _____

4 Encontre essas frases na conversa e escreva-as em alemão.

a O que você vai fazer no fim de semana? _____
b Posso ir junto? _____
c Isso é ótimo! _____

5 Ponha as palavras em alemão na ordem correta para formar a frase: "Nós vamos descobrir a cidade juntas."

> *wir werden* (**nós vamos**)   *entdecken* (**descobrir**)
>
> *zusammen* (**juntas**)   *die Stadt* (**a cidade**)

_____

6 🔊 **04.06** Ouça o áudio e anote o número. Observe que *zwei* muitas vezes é dito como *zwo* ao telefone.

Meine Handynummer ist __ __ __ __ / __ __ __ __ __ __ __

DICA CULTURAL:
dando seu número de telefone
Muitos alemães dão o número de telefone em dígitos separados, o que é fácil. Porém, você pode ouvir um número sendo dado na forma de dois dígitos, "de trás para frente", pois o alemão dirá "quatro e vinte"; Mas tudo bem se você usar a forma de dígitos separados.

DICA CULTURAL:
zwo
Ao telefone, às vezes os alemães dizem *zwo* em vez de *zwei* para evitar confusão com *drei*.

CONVERSA 3 · 83

VOCÁBULO: *am*, *im*, *zum*

Algumas combinações de palavras podem ser abreviadas. Veja *am Wochenende* e *im Sommer,* por exemplo. Inteiras, você diria *an dem Wochenende* e *in dem Sommer*. Mas, assim como encurtamos as palavras "para" como "pra", o alemão faz o mesmo com *am* e *im*. Outras contrações notáveis são

⋯⇢ *ins (in das)*

⋯⇢ *zum (zu dem)*

⋯⇢ *zur (zu der)*

⋯⇢ *vom (von dem)*

Você as verá em frases como *Ich gehe ins Kino* e *Ich gehe zum Bahnhof*.

Dividido em partes, **mit-kommen** significa "com-vir", ou "vir junto". Em alemão, há muitos verbos com o prefixo **mit-,** e todos passam a ideia de "junto" ou de fazer algo junto: *mitgehen, mitsingen, mitspielen, mitreisen, mitessen* e *mittrinken.*

OBSERVE

🔊 **04.07** Ouça o áudio e observe o quadro.

Expressões essenciais da Conversa 3

Alemão	Significado
am Wochenende	no fim de semana
Zuerst werde ich …	Primeiro, eu vou… (Primeiro vou eu)
Dann werde ich …	Então, eu vou…
Danach möchte ich …	Depois eu quero…
ein Stück Torte im … essen	comer um pedaço de bolo em…
Von dort hat man einen Blick über ganz …	Dali você tem uma vista de… (Dali tem alguém uma vista de toda)
Und ich werde natürlich …	E, claro, eu vou…
die ganze Zeit Deutsch üben	Praticar alemão o tempo todo (o tempo todo alemão praticar)
Du hast ja so viel vor!	Você planejou mesmo muita coisa!
Kann ich mitkommen?	Posso ir junto? (Posso eu junto ir?)
Ich freue mich …	Estou feliz… (Eu feliz estou)
… dass ich eine neue Freundin habe!	… que tenho uma nova amiga! (que eu uma nova amiga tenho)
Wir werden die Stadt zusammen entdecken.	Nós vamos descobrir a cidade juntas. (Nós vamos a cidade juntas descobrir)
Ich denke, ich habe morgen Zeit	Eu acho que tenho tempo amanhã
Kann ich dir eine SMS schicken?	Posso lhe mandar um SMS?/ Posso mandar uma mensagem?
Meine Handynummer ist …	O número do meu celular é…

84 ⋯⇢ 4 DESCREVA SEUS PLANOS PARA O FUTURO

1 Associe as frases em português a seguir às suas respectivas traduções em alemão.

a *Kann ich dich anrufen?*
b *Kann ich dir eine E-Mail schicken?*
c *Kann ich dir eine SMS schicken?*
d *Kannst du mich anrufen?*
e *Kannst du mir eine E-Mail schicken?*
f *Kannst du mir eine SMS schicken?*

1 Você pode me enviar um e-mail?
2 Posso enviar uma mensagem?
3 Posso ligar para você?
4 Você pode me enviar uma mensagem?
5 Posso lhe enviar um e-mail?
6 Você pode me ligar?

2 Encontre as expressões correspondentes a "primeiro", "então" e "em seguida" e as escreva aqui.

a primeiro

b então

c em seguida

_____

_____

_____

3 Observe o novo vocabulário que você pode usar para falar sobre o futuro e passe essas frases para o futuro em alemão.

Exemplo: *Ich lese dein Buch.* (Estou lendo seu livro.)
→ **Ich werde dein Buch lesen**. (Eu lerei seu livro.)

a *Wir sprechen auf Deutsch.* _____

b *Ich schreibe dir.* _____

c *Du wohnst in München.* _____

Dica: **werden** é um verbo em que o e muda para i na forma de *du*.

CONVERSA 3 85

EXPLICAÇÃO GRAMATICAL: Ordem das palavras em alemão

Quando estava estudando alemão na escola, eu me perguntava: "Por que eles tem que dizer isso desse jeito"? Mas agora, lembrando o passado, passei a gostar da ordem das palavras em alemão! Ela é **mais flexível do que o português** em diversos modos, mas é preciso um pouco de treino para se acostumar com seu funcionamento. Assim, enquanto nos acostumamos, vamos nos divertir um pouco com ela!

"Nomeado precisa seu medo ser, antes de expulsá-lo poder!"

Eis a grande questão: Por que você vê *ich kann* em tantos casos em alemão, mas *Vielleicht kann ich …* (Talvez eu possa) em outros?

Em alemão e português, frases como "Eu posso" e "Eu vou" colocam o *verbo na segunda posição*: ***Ich kann, Ich werde***. O alemão *realmente* gosta dessa construção, então a mantém, não importa o que aconteça. Isso significa que sempre que você acrescentar uma palavra — ou mesmo uma frase curta — ao início de uma frase, o verbo vai ficar na segunda posição.

Exemplos:

Eines Tages **möchte** *ich …*	(lit. "Um dia quero eu")
Heute **spiele** *ich …*	(lit. "Hoje jogo eu")
Im Sommer **esse** *ich …*	(lit. "No verão como eu")

Observe que pode haver mais de uma palavra na ***"primeira posição"*** — pense nela como a primeira "parte" da frase, não a primeira palavra. Isso funciona com:

normalerweise (geralmente)   *im Park* (no parque)   *natürlich* (é claro)

dieses Wochenende (este fim de semana)   *nächste Woche* (próxima semana)

1 Destaque a primeira "parte" da frase dos três exemplos acima.

2 Reveja a lista de expressões e observe as frases em alemão que usam essa ordem de palavras:

a _____ (Primeiro eu vou...)

b _____ (Então eu vou...)

c _____ (Em seguida eu quero...)

3 Tente! Como você diria em alemão:

a Geralmente eu pego este ônibus. _____

b No fim de semana, eu vou ver o *Schloss Neuschwanstein*.

_____

c Eu vou ler um livro na próxima semana. _____

"PALAVRAS TRAMPOLIM": *dass, weil, wenn*

Até agora, usamos expletivos com habilidade (*weil … na ja*) para manter uma ordem de palavras conhecida. Isso ocorre porque, em alemão, certas palavras agem como um "trampolim", que atira o segundo verbo na frase direto para o fim — exigindo que você mude a ordem de palavras com a qual está acostumado. As palavras "trampolim" mais comuns em alemão são:

> *dass* (que) *weil* (porque) *wenn* (se)

Dass (que) é uma dessas palavras alemãs que Yoda teria adorado! Você deve se lembrar disso na frase *Vielen Dank, dass du mir hilfst.*

Veja como *dass* afeta a ordem das palavras na frase:

> *Ich weiß,* **Yoda** *kommt aus Deutschland.*
> (Eu sei, **Yoda** vem da Alemanha.)
>
> *Ich weiß, dass* **Yoda** *aus Deutschland kommt.*
> (Eu sei que **Yoda** da Alemanha vem.)

Observe como acrescentar a palavra *dass* **atira** a palavra *kommt* (vem) para o fim da frase.

1 Veja a lista de expressões da Conversa 3 para encontrar a frase que usa *dass*. Como a frase *Ich denke, ich habe morgen Zeit* mudaria se você acrescentasse *dass*?
  Ich denke, dass _____

2 Já usamos o expletivo *na ja …* depois de *weil* para "reajustar" a frase. Desta vez, use *weil* com a ordem natural das palavras (trampolim) para traduzir a frase:

  a _____
     (Estou estudando alemão porque tenho parentes na Alemanha.)

Agora, tente usar *wenn* para "se".
Exemplo: Wenn du jetzt arbeitest, kannst du später spielen.
            (Se você trabalhar agora, vai poder jogar mais tarde.)

  b _____
     (Eu vou praticar inglês com você se você praticar alemão comigo!)

Pratique usando essa ordem de palavras daqui para frente; mas, em caso de dúvida, evite a mudança de ordem das palavras com conectivos e expletivos!

CONVERSA 3 87

#LANGUAGEHACK:
Turbine seu alemão com esses cinco verbos auxiliares

Observe que, para falar alemão corretamente, é necessário aprender a conjugar os verbos em diversas pessoas (*ich, du, wir* etc.). Porém, lembre-se de que até agora só vimos o presente. Os tempos futuro e passado vão complicar ainda mais as coisas.

Mas fique tranquilo! Com o tempo, você aprenderá a lidar até mesmo com as formas verbais mais complexas. Por ora, confira esse truque prático que facilita bastante o estudo das conjugações. Deixe o trabalho pesado para os cinco verbos "auxiliares" a seguir e suas respectivas formas. Basta complementá-los com o infinitivo de outro verbo.

verbo auxiliar + **infinitivo**

1 *Ich möchte* para interesses

Você viu *ich möchte* e *du möchtest* usados repetidas vezes em conversas — exatamente porque são frases muito úteis. Imagine que você queira dizer "Você está correndo a maratona!", mas não conhece a forma correspondente a *du* do verbo *laufen* (correr).

Nesse caso, pode usar *Du möchtest* como verbo auxiliar. Combine o verbo no infinitivo *laufen* (correr) com *Du möchtest* para expressar a mesma ideia:

Du möchtest	(einen Marathon)	+	*laufen*
Você gostaria	(uma maratona)	+	correr
(verbo auxiliar)		+	*(infinitivo)*

Eines Tages möchte ich München besuchen. (Algum dia, quero visitar Munique.)
Ich möchte zwei Wochen bleiben. (Eu gostaria de ficar duas semanas.)

2 *Ich sollte* para intenções

Descreva suas intenções usando *ich sollte* (eu deveria).

Mama sagt, ich sollte weniger Kaffee trinken. (Minha mãe diz que eu deveria tomar menos café.)
Ich sollte mehr Gemüse essen. (Eu deveria comer mais legumes.)

3 *Ich muss* para obrigações

Com esse verbo, expressamos quando "devemos" ou "temos" que fazer algo:

Ich muss morgen arbeiten. (Eu tenho que trabalhar amanhã.)

4 DESCREVA SEUS PLANOS PARA O FUTURO

4 *Ich kann* para habilidades e possibilidades

Use esse verbo para indicar que você "pode" ou "é capaz de" fazer algo. Por exemplo, pode ser bem mais difícil dizer "eu jogo xadrez" do que:

*Ich kann gut Schach **spielen**.* (Eu sou capaz de jogar xadrez bem.)

*Vielleicht **kann ich** Zeit **finden**.* (Talvez eu possa encontrar tempo.)

5 *Ich werde* para planos sobre o futuro

Os alemães costumam usar o presente para falar sobre o futuro. Você viu outra opção em *Ich werde* (eu vou), que funciona como todos os outros verbos auxiliares. Por exemplo:

*Ich werde im Sommer nach Frankreich **fahren**.* (Eu vou para a França no verão.)

*Wirst du Tennis mit mir **spielen**?* (Você vai jogar tênis comigo?)

SUA VEZ: Use o hack

1   *Use verbos auxiliares para transmitir a ideia de cada frase de um modo diferente. Em seguida preencha as lacunas com as formas verbais corretas.*

Exemplo: Vou trabalhar até tarde na segunda-feira. → Eu tenho que trabalhar até tarde na segunda--feira.

(trabalhar = arbeiten) → **Ich muss am Montag spät arbeiten.**

a   Você está nadando? → Você sabe nadar? (nadar = *schwimmen*)

_____

b   Por que você não sai do trabalho cedo? → Você pode sair do trabalho cedo? (sair = *verlassen*)

_____ _____ *die Arbeit früh* _____?

c   Vou participar de uma reunião. → Tenho que participar de uma reunião. (participar = *teilnehmen*)

_____ _____ *an dem Treffen* _____.

d   Você experimentou ioga? → Você deveria experimentar ioga! (experimentar = *probieren*) _____

_____ *Yoga* _____!

e   Algum dia eu vou me mudar para a Alemanha! → Algum dia eu gostaria de me mudar para a Alemanha! (mudar = *umziehen*) *Eines Tages* _____ _____ *nach Deutschland*

_____!

2   Use *ich werde* + verbo para criar frases no futuro.

a   Eu vou estar ocupado! (*beschäftigt*) _____

b   Eu vou tomar um táxi. _____

c   Você vai viajar para a Espanha no verão? _____

d   Você vai ao restaurante? _____

e   Não vou viajar para Frankfurt. _____

CONVERSA 3   89

PRATIQUE

1 Preencha as lacunas a seguir com as respectivas palavras em alemão.

a *Moment, _____ _____ dir meine _____ geben.*
(Um momento, **vou** dar a você meu **número de telefone**.)

b *_____ habe ich keine _____, aber am Wochenende _____ _____ mit dir _____!*
(**Amanhã** eu vou **estar ocupado**, mas **vou com você no fim de semana**!)

c *Natürlich _____ _____ _____ Deutsch sprechen.*
(É claro que **vou falar** alemão **lá**.)

d *_____! Ich _____ mich, _____ _____ so gute Freunde _____.*
(Com prazer! Estou **feliz por ter** amigos tão bons.)

2 Use o vocabulário do quadro para criar frases sobre planos futuros.

dieses Wochenende	*diese Woche*	*morgen*	*nächste Woche*
(este fim de semana)	(esta semana)	(amanhã)	(próxima semana)

a Neste fim de semana vou dançar com você. _____
b Primeiro quero mandar um SMS. _____
c Esta semana vou comer um pedaço de torta. _____
d Depois vou descobrir a cidade. _____
e Semana que vem preciso visitar Munique. _____
f Então eu posso ir junto. _____
g Amanhã devo encontrar tempo. _____
h Depois disso, vou viajar para a Itália. _____

JUNTE TUDO

1 Agora que já aprendeu a falar sobre seus planos de viagem, use as expressões da Conversa 2 para descrever o que vai fazer quando chegar ao seu destino. Escreva sobre:

- O que vai fazer primeiro, e depois **So wird meine Reise! Zuerst ...**
- Onde planeja passear, comer ou beber
- Algo que deseja ver.

2 Agora, imagine que você encontrou alguém com quem gostaria de conversar mais tarde.

- Diga a essa pessoa seu endereço de e-mail e número de telefone.
- Peça a ela para ligar, enviar uma mensagem ou e-mail amanhã (*Kannst du ...?*).

_____

_____

90 ⋯⋗ 4 DESCREVA SEUS PLANOS PARA O FUTURO

FINALIZANDO A UNIDADE 4

Confira se entendeu o áudio pela transcrição disponível online!

Confira o que aprendeu

🔊 **04.08** Você já conhece essa parte! Ouça o áudio de treino com perguntas em alemão e use o que aprendeu na unidade para responder as perguntas em alemão com informações sobre a sua vida.

Mostre o que sabe...

Confira o que acabou de aprender. Escreva ou fale um exemplo para cada item da lista e marque os que sabe.

- [ ] Diga três frases que sirvam para iniciar uma conversa de forma educada (usando *Sie*).
- [ ] Faça uma pergunta educada usando "Você se importa se...?"
- [ ] Use *ich werde* + infinitivo para dizer algo que vai fazer amanhã, no próximo fim de semana ou no ano que vem.
- [ ] Forme verbos usando *wir* e *Sie*.
- [ ] Dê duas frases, uma com "ainda" e outra com "já".
- [ ] Indique três formas de viajar em alemão.
- [ ] Diga três palavras em alemão correspondentes a "primeiro", "então" e "em seguida".
- [ ] Diga uma frase para as palavras em alemão para "que", "porque" e "se".
- [ ] Diga uma frase para cada um dos verbos auxiliares:
  - [ ] "Eu deveria"
  - [ ] "Eu quero"
  - [ ] "Eu posso"
  - [ ] "Eu vou"
  - [ ] "Eu tenho que"

COMPLETE SUA MISSÃO

É hora de completar sua missão: convença seu amigo a ir com você em suas férias dos sonhos. Para tanto, precisará descrever a viagem usando as formas de *wir* para dizer como você e ele passariam o tempo.

Viagens são um assunto popular entre estudantes de idiomas. Portanto, dedique uma atenção especial ao desenvolver esse script.

DICA CULTURAL: Conheça antes de ir! Esse é um bom momento para pesquisar e expandir seu script. Há muitas cidades bonitas na Alemanha, Áustria e Suíça. Pesquise locais para visitar e coisas para fazer no lugar de destino. Se puder, converse com alguém que more na região para obter dicas.

PASSO 1: Crie seu script

Crie um script para descrever seus planos de viagem para outros hackers da linguagem. Tente incorporar muitas palavras e frases novas: *schon*, *am Wochenende*, *vielleicht* etc. Diga:

⋯⁚ O lugar aonde você vai e o que pretende fazer quando chegar lá.

⋯⁚ O que vai visitar primeiro (qual local você está mais animado para explorar?)

⋯⁚ Quando vai e por quanto tempo pretende ficar lá.

⋯⁚ Como vai chegar lá e como pretende se locomover no local.

Faça recomendações a outros hackers da linguagem sobre coisas a fazer no seu lugar de destino! Depois de escrever o script, repita as frases até se sentir confiante.

PASSO 2: Feedback e aprendizado... *online*

Dessa vez, não leia o script quando gravar o clipe! Fale as frases voltado para a câmera, consultando pequenas notas ou, melhor, repetindo o script de cabeça. Leia e releia até fixar tudo!

> Troque **feedback** com outros estudantes; seu alemão vai melhorar muito! Quando surge uma oportunidade na vida real, nem sempre temos acesso às nossas anotações. Portanto memorize seu script para que ele fique na ponta da língua.

PASSO 3: Aprenda com outros estudantes

Como os outros hackers da linguagem descrevem seus sonhos e planos de viagem? Depois de enviar seu clipe, sua tarefa será ouvir outras gravações e escolher as férias que achar mais interessantes. Diga o que chamou sua atenção no lugar e no plano em questão.

PASSO 4: Avalie o que aprendeu

Gostaria de acrescentar algo mais ao seu script?

> **DICA CULTURAL:**
> Seus colegas de estudo podem ser um ótimo canal para obter dicas e ouvir histórias sobre viagens e culturas. Além disso, planos de viagem são uma excelente forma de puxar conversa.

EI, HACKER DA LINGUAGEM, VOCÊ JÁ FALA MUITO ALEMÃO!

Tudo fica muito mais fácil quando você já sabe o que dizer. Em grande parte, o estudo de idiomas se baseia em conversas que podem ser reproduzidas e, às vezes, antecipadas. Então aproveite isso e prepare suas respostas para as perguntas mais frequentes. Você terá muito mais confiança no seu domínio do idioma!

A seguir, vamos criar novas frases para você falar sobre seus amigos e sua família e incluir no seu script.

Toll!

5 FALE SOBRE SUA FAMÍLIA E SEUS AMIGOS

Sua missão
Imagine que alguém do seu círculo tenha uma queda pela(o) sua(eu) amiga(o) alemã(o) e pede para você bancar o cupido.

Sua missão é falar casualmente sobre a(o) amiga(o), despertar o interesse desse *Freund* e marcar um encontro! Prepare-se para descrever sua relação com a(o) amiga(o) em questão: como vocês se conheceram, onde ela(e) mora e trabalha e quais são suas atividades favoritas.

O objetivo desta missão é desenvolver suas habilidades descritivas e sua capacidade de falar sobre outras pessoas utilizando novas formas verbais.

Treine para a missão
- Refira-se a "ele" e "ela" usando *er/sie*.
- Refira-se a "eles" e "elas" usando *sie*.
- Formule frases para descrever atividades que você realiza com outras pessoas: *verbringen wir die Woche zusammen*...
- Aprendendo a descrever pessoas próximas no idioma: *Mutter, Schwester* ...
- Use os verbos correspondentes a "saber" e "conhecer": *wissen* and *kennen*.
- Use *mir/mich, dir/dich* (me/mim, lhe).

APRENDENDO A DESCREVER PESSOAS PRÓXIMAS NO IDIOMA

Até aqui, as conversas geralmente abordaram descrições com os pronomes *ich*, *du* e *wir*. Nesta unidade, vamos desenvolver um vocabulário especial para falar sobre outras pessoas.

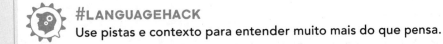

#LANGUAGEHACK
Use pistas e contexto para entender muito mais do que pensa.

CONVERSA 1

Quais são seus planos?

Ellen já assiste aulas de alemão pela internet há algumas semanas. Hoje, ela está praticando com Mia, uma professora alemã da Suíça. Ellen está animada para falar sobre sua nova amiga do grupo de idiomas.

🔊 **05.01** Observe como Mia cumprimenta Ellen. Qual frase ela utiliza para dizer "alguma novidade"?

TÁTICA DE CONVERSA:

A técnica do "Capitão Jack Sparrow"
É inevitável hesitar quando se começa a estudar um novo idioma. Os expletivos podem facilitar as coisas, mas outra boa opção é convocar o seu capitão Jack Sparrow interior! Quando começar uma frase e precisar organizar os pensamentos, não hesite — *faça uma pausa —*, como se estivesse imerso em pensamento. Hesitar com confiança faz parecer que você vai dizer algo muito interessante — mesmo que só esteja descrevendo o seu dia!

Mia:	Hallo Ellen, meine Lieblingsschülerin! Wie läuft's?
Ellen:	Super! Stell dir vor, diese Woche unternehme ich etwas mit einer neuen Freundin.
Mia:	Das ist wunderbar! Wer ist sie? Wie heißt sie?
Ellen:	Sie heißt Judith. Sie kommt aus Österreich und sie ist Ingenieurin. Ich kenne sie von meinem Sprachkurs.
Mia:	Okay. Seit wann ist sie in Berlin?
Ellen:	Sie ist erst eine Woche in Berlin.
Mia:	Und was möchtet ihr unternehmen?
Ellen:	Morgen planen wir, auf den Fernsehturm zu fahren. Danach verbringen wir die Woche zusammen, um die Stadt zu entdecken. Sie möchte unbedingt Döner essen. Und ich glaube, ich besuche sie ... nächstes Wochenende in Österreich.
Mia:	Wie interessant! Mein Mann ist Österreicher. Er fährt jeden Sommer nach Salzburg. Sein Bruder wohnt dort.

DESVENDE

1 Encontre e destaque as frases em alemão.

a Quem é ela?

b Qual é seu nome?

c Seu nome é

d Ela vem de

e Ela é

f Ela quer

94 ···▸ 5 FALE SOBRE SUA FAMÍLIA E SEUS AMIGOS

2 *Richtig* ou *falsch*? As afirmativas a seguir são *falsch*. Selecione as partes incorretas e escreva as corretas em alemão.

   a Judith é advogada. _____

   b Judith está em Berlim há apenas um mês. _____

   c Amanhã, Ellen e Judith vão a um restaurante. _____

   d Neste fim de semana, Ellen vai visitar Judith na Áustria. _____

3 Você aprendeu muitas palavras que indicam o *momento em* que algo acontece. Encontre essas palavras e escreva suas traduções em alemão.

   a esta semana _____

   b próximo fim de semana

   _____

   c amanhã _____

   d depois disso _____

   e todo verão _____

4 Consegue adivinhar o significado destas frases?

   a *Lieblingsschülerin* _____

   b *Mein Mann ist* _____

   c *Morgen planen wir* _____

EXPLICAÇÃO DE PRONÚNCIA: *Au, eu, äu*

Quando certas vogais são combinadas em alemão, elas criam um som novo e diferente. Como o alemão é um idioma fonético, esses sons serão os mesmos sempre que houver essas combinações. Aqui estão três que terminam em *u*:

··▸ *au* se pronuncia "au", como em "auto", então *Auge* (olho) é "au-gue"

··▸ *eu* se pronuncia "ói", então *neu* (novo) se fala "nói"

··▸ *äu* também se pronuncia "ói", então *Häuser* (casas) se fala "hói-zer".

🔊 **05.02** Pratique a pronúncia dessas combinações de vogais. Primeiro diga cada uma em voz alta, depois ouça o áudio, confira sua pronúncia e repita.

··▸ *Euro*   *Deutsch*   *heute*

··▸ *braun*   *Haus*   *auch*

··▸ *Fräulein*   *Mäuse*   *träumen*

OBSERVE

🔊 **05.03** Ouça o áudio e observe o quadro. Repita as frases para imitar os falantes.

Expressões essenciais da Conversa 1

Alemão	Significado
Wie läuft's?	Alguma novidade?
diese Woche	esta semana
unternehme ich etwas mit	Vou passar um tempo com
einer neuen Freundin	uma nova amiga
Wer ist sie?	Quem é ela?
Wie heißt sie?	Qual é o nome dela?
Sie heißt ...	O nome dela é...
Sie kommt aus ...	Ela vem da
Ich kenne sie von ...	Eu a conheço do...
Sie ist erst eine Woche in Berlin.	Ela está em Berlim há uma semana.
Was möchtet ihr unternehmen?	O que vocês planejam?
Morgen planen wir ... zu fahren.	Amanhã planejamos ir...
Danach verbringen wir die Woche zusammen.	A gente vai passar a semana juntas.
Sie möchte unbedingt ...	Ela quer muito...
Und ich glaube, ...	E eu acho...
... ich besuche sie ...	... vou visitá-la...
nächstes Wochenende	próximo fim de semana
Mein Mann ist ...	Meu marido é...
Er fährt ...	ele vai...
... jeden Sommer nach Salzburg.	... para Salzburgo todo verão.
Sein Bruder wohnt dort.	O irmão dele mora lá

> **GRAMÁTICA: zu como "ao"**
> Você viu que algumas frases em alemão têm a palavra **zu** antes do segundo verbo? Isso ocorre com a maioria dos verbos em alemão, exceto verbos auxiliares (**möchte**, **werde** etc). Nessas frases, zu apenas indica "ao", como em **wir planen ins Kino zu gehen** (estamos planejando ir ao cinema).
>
> Como com a maioria das coisas em alemão, se você se esquecer de acrescentar **zu** na conversa, o mundo não vai acabar (... e você ainda será compreendido).

1 Escreva as frases novas que pode usar para falar sobre seus planos com outra pessoa:

a Pretendo fazer algo com _____

b A gente vai passar a semana... _____

c O que vocês planejam? _____

d A gente planeja... _____

96 ⋯▷ 5 FALE SOBRE SUA FAMÍLIA E SEUS AMIGOS

2 A maioria das frases em alemão com dois verbos leva *zu* antes do segundo verbo — a menos que haja um verbo auxiliar. Preencha as lacunas e veja se precisa ou não usar *zu*.

a *Ich versuche, ein* _____ (Estou tentando achar um hotel neste fim de semana.)

b *Ich plane, mit Jan* _____ (Planejo falar alemão com Jan.)

c *Ich möchte* _____ (Eu quero visitar a Irlanda.)

3 Essa conversa apresenta duas formas de falar sobre "ele" e "ela" em alemão. Você também verá uma palavra nova para "vocês". Escreva as seguintes palavras em alemão:

a ele _____

b ela _____

c nós _____

d você _____

e você formal _____

f você plural _____

4 Use os exemplos para traduzir as frases em português.

a *Du bist Designerin.* (Você é designer.) _____ (Ela é engenheira.)

b *Wir kommen aus England.* (Nós somos da Inglaterra.)
_____ (Ela vem da Alemanha.)

c *Ich möchte die Stadt sehen.* (Eu quero ver a cidade.)
_____ (Ela quer visitar a cidade.)

d *Sie heißen …* (Seu [formal] nome é…) _____ (O nome dela é…)

e *Du wohnst in der Schweiz.* (Você mora na Suíça.)
_____ (Ele mora com um amigo.)

f *Wir fahren oft nach Italien.* (Nós vamos para a Itália com frequência.)
_____ (Ele vai para a Itália todo verão.)

g *Was möchtet ihr unternehmen?* (O que vocês querem fazer?)
_____ (O que ele quer fazer?)

5 Ponha as palavras na ordem correta a fim de formar frases completas. Certifique-se de pôr o verbo na segunda posição (com *ich* ou *wir* depois do verbo).

a *nehme/diese Woche/nach Hamburg/den Zug/ich*

_____

b *besuchen/in Irland/nächstes Wochenende/wir/Fiona*

_____

c *ich/zu/morgen/machen/eine/plane/Party*

_____

CONVERSA 1 ❖ **97**

EXPLICAÇÃO GRAMATICAL: "Ele", "ela", "vocês"

Em muitos casos, você pode criar a forma do verbo para *er* (ele) e *sie* (ela) começando pelo infinitivo. Por exemplo, de *spielen* (jogar):

Passo 1: Remova o -en: → *spiel**en*** → *spiel*.

Passo 2: Substitua o -*en* por **-t** → *er/sie spiel**t*** (ele/ela joga).

Você viu essas formas na conversa: *sie heißt* e *sie kommt*, por exemplo. Para facilitar, a mesma forma funciona para *ihr* (vocês) — prático!

> **Exemplos:** *ihr spiel**t**, ihr komm**t**, ihr heiß**t**, ihr arbeit**et***

> Assim como acontece com **du arbeitest**, um outro *-e* é acrescentado a essas formas **er/sie** e **ihr** quando o infinitivo termina em **-ten** e **-den**

Mudanças nas vogais

Você viu que alguns verbos mudam a vogal na forma *du*. O mesmo ocorre na forma *er/sie*, mas não na forma *ihr*, de modo que serão escritos/pronunciados de modo diferente:

werden (futuro: vir a ser)	er/sie wird	ihr werdet
sprechen (falar)	er/sie spricht	ihr sprecht
lesen (ler)	er/sie liest	ihr lest
fahren (viajar)	er/sie fährt	ihr fahrt

1 Use o quadro para praticar a criação das formas *er/sie* e *du/ihr*. Algumas formas foram completadas para você.

Infinitivo	Forma ich	Forma du	Forma er/sie	Forma ihr
lernen	ich lerne	du lernst	er lernt	ihr lernt
können	ich kann			
helfen		du hilfst		
schlafen			er schläft	
planen		du planst		

2 Preencha as lacunas com a forma correta do verbo dado

Exemplo: Sie _____ **Berlin.** (*lieben*) → <u>Sie liebt Berlin.</u> (Ela adora Berlim!)

   a   *Stefan* _____ *Spanien jeden Sommer.* (*besuchen*)

   b   *Ihr* _____ *Deutsch, um in Berlin zu studieren.* (*lernen*)

   c   *Sie (ela)* _____ *zu Hause.* (*lesen*)

   d   *Jonas und Paul, ihr* _____ *viel!* (*tanzen*)

DICA DE GRAMÁTICA:

sie, sie, sie e Sie
Há vários tipos de *sie* em alemão, como "ela", "dela", "você" (formal), "eles", "para eles" e "lhes". Você vai saber a diferença olhando para a terminação do verbo: a forma "ela" termina em **-t** e a forma "eles" termina em **-en**. Para o "você" formal a terminação do verbo é sempre igual à forma "eles", mas **Sie** é escrito com maiúscula.

⇒ **sie** *heißt* (ela se chama)

⇒ **sie** *heißen* (eles se chamam)

⇒ **Sie** *heißen* (eles [formal] se chamam)

sie também é usado como objeto:

⇒ *Ich kenne* **sie**. (Eu a conheço.)

⇒ *Das ist für* **sie**. (Isso é para eles.)

⇒ *Stört es* **Sie**, *wenn ...?* (Você se importa [lit. Incomoda você se...])

---

98 ⇢ 5 FALE SOBRE SUA FAMÍLIA E SEUS AMIGOS

PRATIQUE

Confira esse novo vocabulário que você pode usar para falar sobre sua família.

1 🔊 **05.04** Ouça o áudio, observe o quadro e repita as palavras de acordo com a gravação.

> Observe que os gêneros gramaticais (*der* ou *die*) variam com o gênero da pessoa. "O irmão" é *der Bruder*, "a irmã" é *die Schwester*.

Família/die Familie

Alemão	Significado	Alemão	Significado
Eltern	pais	Sohn/Tochter	filho/filha
Mutter/Vater	mãe/pai	Kinder	filhos
Mama/Papa	mamãe/papai	Großvater/Großmutter	avô/avó
Bruder/Schwester	irmão/irmã	Opa/Oma	vô/vó
Geschwister	irmãos	Großeltern	avós
Freund/Freundin	amigo/amiga namorado/namorada	Onkel/Tante	tio/tia
bester Freund/ beste Freundin	melhor amigo/amiga	Cousin/Cousine	primo/prima
Mann/Frau	marido/esposa	Mitbewohner(in)	companheiro(a) de apartamento
Partner(in)	companheiro(a)	Hund	cachorro
Ich bin single	sou solteiro	Katze	gato
Das ist kompliziert	é complicado	das Krokodil	crocodilo

2 Pesquise outras palavras no dicionário que indiquem seus familiares (ou animais de estimação) e escreva no quadro anterior.

CONVERSA 1 99

> **TÁTICA DE CONVERSA:** *use meine para "meu"*
> Você viu na Unidade 3 que palavras como "o/um/meu/seu" mudam dependendo das palavras ao seu redor. Por exemplo, a palavra "meu" tem seis versões: *mein, meine, meinen, meiner, meinem, meines*.
> Aprender quando usar a palavra correta não é prioridade agora. Se tiver dúvidas, é mais seguro usar *meine*. Mas é uma boa ideia conhecer as diferentes formas em que "meu" aparece em alemão, portanto pode começar a conhecer os padrões.

3 Preencha as lacunas com as respectivas palavras em alemão.

a Hast du _____? (Você tem **irmãos** ou **irmãs**?)

b _____ ist mein _____! (**Ele** é meu **sobrinho favorito**!)

c Mein _____ Jim und ich _____ _____ eine Reise machen. (Meu **amigo** Jim e eu **vamos** fazer uma viagem **juntos**.)

d Meine _____ _____ als Ärztin. (Minha **mãe trabalha** como **médica**.)

e Ich möchte _____ Zeit mit meinen _____ verbringen. (Eu gostaria de passar **mais** tempo com meus **pais**.)

f Ich spreche oft mit meinem _____. (Eu falo com meu **irmão** com frequência.)

g Wo _____ dein _____? (Onde seu **pai trabalha**?)

h _____ _____ joggt _____ _____. _____ liebt es. (**Minha namorada** corre **todo dia. Ela** adora.)

VOCÁBULO:
Freund(in)
A palavra *Freund(in)* em alemão é ambígua: ela se refere a uma amizade ou a um namoro. Normalmente, a diferença é indicada acrescentando um possessivo (*mein Freund* = "meu namorado", ou *ein Freund von mir* = "um amigo meu").

4 Use a lista de expressões da Conversa 1 para responder as perguntas e criar frases sobre a sua família.

Exemplo: *Woher kennst du deinen besten Freund / deine beste Freundin?*
(Onde você conheceu seu[ua] melhor amigo[a]?)

⋯▸ *Ich kenne meinen besten Freund, Mark, aus der Schule.*

a *Woher kennst du deinen besten Freund / deine beste Freundin?*
_____

b *Wie heißt er / sie?* _____

c *Wo arbeitet er / sie?* _____

5 FALE SOBRE SUA FAMÍLIA E SEUS AMIGOS

5 Indique a pessoa com quem você vai estar neste fim de semana e seus planos para a ocasião. Use as seguintes frases:

ich verbringe Zeit mit ...   *wir planen ... zu ...*

Exemplo: Dieses Wochenende verbringe **ich** Zeit mit meiner Freundin Ellen. **Wir** planen ins Kino zu gehen. Sie sagt, dass der Film sehr gut ist.

a *Mit wem verbringst du dieses Wochenende Zeit?*
Dieses Wochenende _____ ich _____

_____

b *Was plant ihr (zu machen)?* **Wir** _____

_____

JUNTE TUDO

1 Procure verbos "pessoais" de que precisa para falar sobre pessoas próximas a você, depois escreva pelo menos três frases para falar sobre:

····▷ Onde você e seus familiares moram.

    Exemplo: Ich wohne ..., meine Familie ...

····▷ O que alguns amigos (Jan, Karl ...) ou familiares gostam de fazer ou em que trabalham.

    Exemplo: Ich schreibe ..., Thomas ...

2 De quem você mais gosta? Com quem você passa seu tempo? Use o dicionário e o novo vocabulário para escrever detalhes como:

····▷ Qual é o nome dele/dela? Onde ele/ela mora?

····▷ Com quem ele/ela mora? (ex.: com *Peter*)

····▷ O que ele/ela gosta de fazer, ou onde trabalha?

DICA DE GRAMÁTICA: *von deiner / mit meinem* Se você quiser se desafiar com uma gramática mais complicada, tente lembrar que as traduções de "Um", "o", "meu" e "seu" terminam em *-m*, ou no feminino, em *-r*:

····▷ *Ich fahre mit meinem Bruder.* (Eu vou viajar com meu irmão.)

····▷ *Die Fotos von deiner Stadt sind schön!* (As fotos de sua cidade são bonitas!)

····▷ *Ich fahre mit dem Auto.* (Vou viajar de carro/lit. Eu viajo com o carro.)

Talvez você queira falar sobre onde "conheceu" alguém, mas ainda não aprendemos a falar sobre coisas que aconteceram (passado). O assunto está na Unidade 7. Enquanto isso, **pratique reformular as frases** para transmitir a mesma ideia com o que sabe agora. Esta é uma habilidade valiosa.

CONVERSA 1 ····▷ **101**

CONVERSA 2

Quem você conhece?

Vamos aumentar o vocabulário que pode ser usado para falar sobre as pessoas em sua vida. Continuando a conversa, Ellen e Mia falam sobre suas famílias.

🔊 **05.05** Qual é a expressão utilizada por Ellen para perguntar "há quanto tempo" Mia é casada?

Ellen:	Also, du bist verheiratet, oder?
Mia:	Ja, mein Mann heißt Jan.
Ellen:	Seit wann seid ihr zusammen?
Mia:	Wir sind schon lange zusammen. Ich kenne ihn und seine Familie seit zwanzig Jahren. Bist du verheiratet?
Ellen:	Nein, ich bin single.
Mia:	Wohnst du allein?
Ellen:	Du meinst in England? In England wohne ich mit Anna. Anna ist meine Schwester.
Mia:	Jan und ich wohnen mit Rambo! Rambo ist Jans Hund und er ist ganz süß und klein.
Ellen:	Hunde haben mich nicht gern und ich habe Hunde nicht gern! Außerdem machen sie alles kaputt.
Mia:	Rambo macht nichts kaputt, er ist ganz klein. Besuche mich doch und schau selbst!
Ellen:	Super, danke schön! Also, wann kann ich Rambo besuchen?

DESVENDE

1 Responda as perguntas sobre a conversa.
   a *Ist Mia verheiratet?* _____
   b *Wie heißt der Mann von Mia?/Mias Mann?* _____
   c *Seit wann kennt Mia Jan und seine Familie?* _____
   d *Wohnt Ellen allein in England?* _____
   e *Wie heißt Ellens Schwester?* _____
   f *Warum hat Ellen Hunde nicht gern?* _____

2 Que artigo você usa com a palavra *Familie? Der, die* ou *das?*

OBSERVE

🔊 **05.06** Ouça o áudio e observe o quadro.

Expressões essenciais da Conversa 2

Alemão	Significado
Du bist verheiratet, oder?	Você é casada, não?
Seit wann seid ihr zusammen?	Há quanto tempo vocês estão juntos?
Wir sind schon lange zusammen.	Estamos juntos há muito tempo (Nós estamos já há muito juntos.)
Ich kenne ihn und seine Familie seit zwanzig Jahren.	Eu conheço a família dele há 20 anos.
Ich bin single.	Eu sou solteira.
Wohnst du allein?	Você mora sozinha?
Anna ist meine Schwester.	Anna é minha irmã.
Jans Hund	O cachorro de Jan
Er ist ganz süß und klein.	Ele é muito meigo e pequeno.
Hunde haben mich nicht gern	Cachorros não gostam de mim (Cachorros gostam de mim não muito)
ich habe Hunde nicht gern	Eu não gosto de cachorros
Außerdem ...	Além disso...
… (er) macht nichts kaputt	... (ele) não quebra nada. (não nada quebra)
Besuche mich doch …	Venha me visitar…
… schau selbst	… veja você mesmo

1 Encontre essas palavras na conversa e as escreva aqui.

a casada ＿＿＿＿＿＿ **d** ele ＿＿＿＿＿＿

b solteira ＿＿＿＿＿＿ **e** há muito tempo ＿＿＿＿＿

c vinte ＿＿＿＿＿＿ **f** além disso ＿＿＿＿＿

2 Como você diz estas frases em alemão?

a Venha me visitar... ＿＿＿＿＿ **c** Veja você mesmo. ＿＿＿＿＿

b Você quer dizer… ＿＿＿＿＿ **d** O cachorro de Jan. ＿＿＿＿＿

DICA DE GRAMÁTICA:

ihr habt / seid (vocês têm/são)

Você aprendeu a criar formas de *er, sie* e *ihr* para a maioria dos verbos, mas duas exceções importantes são **haben** (ter) e **sein** (ser). Nesses casos, você vai usar:

⇢ *er/sie hat* (ele/ela tem), que é totalmente irregular, enquanto *ihr habt* (vocês têm) segue a regra normal.

⇢ *er/sie ist* (ele/ela é) e *ihr seid* (vocês são) são irregulares.

DICA DE GRAMÁTICA:

s e von – possessivos

Para se referir às propriedades de alguém em alemão, você pode acrescentar um **-s** ao seu nome, por exemplo, *Toms Auto* (o carro de Tom). Você também pode usar *von* para indicar "de", ou para dar ênfase, como em *das Auto von Tom* (o carro de Tom).

CONVERSA 2 ⬦⋯ **103**

3 Escreva as palavras corretas para completar as frases.

a *Ich kenne _____ aus Italien.* (Eu **o** conheci na Itália.)

b _____ _____ _____ *auch in Frankreich.* (A **irmã** de **Ellen** também **mora** na França.)

c *Dein Bruder _____ immer _____ _____.* (Seu irmão **sempre quebra tudo**.)

d *Jan _____ sie _____ _____.* (Jan a **visita todo verão**.)

e *Ich spreche so viel mit meinem Lehrer. _____ ist Deutsch sehr leicht.* (Eu falo muito com meu professor. **Além disso**, alemão é muito fácil)

EXPLICAÇÃO GRAMATICAL: Me/mim, você/o/a/lhe, ele/o, ela/a, lhe

Ich gebe dir das Buch (Eu lhe dou o livro — lit. "Eu dou para você o livro.")
Ich helfe dir (Eu o ajudo — no sentido de "Eu (dou) ajuda para você.")

Muitos exemplos vistos até agora refletem a tradução das palavras *mir* e *dir* como (basicamente) "para-mim" e "para-você". Mas, agora, vejas estas frases:

*Markus kennt **dich**.* (Markus conhece você.)   *Verstehst du **mich**?* (Você **me** compreende?)

Aqui, as palavras para "mim" e "você" não transmitem o significado de "para" que vimos. O alemão usa as palavras *mich* e *dich* em seu lugar para mostrar a diferença.

Objeto	Exemplo	Objeto	Exemplo
mir (para mim)	*Wie interessant!* **Erzähl mir mehr!** (Que interessante! Conte[me] mais [para] mim!)	*mich* (me)	**Besuche mich** mal in Sankt Petersburg! (Por que você não me visita em São Petersburgo?) (lit."Visite-me [um dia] em São Petersburgo!")
dir (para você)	*Ich **helfe dir** immer gerne.* (Eu sempre fico feliz em ajudar você.) (lit. 'Eu [o] ajudo você sempre feliz.')	*dich* (você)	*Rambo, ich **habe dich** gern!* (Rambo, eu gosto de você.) (lit. "Rambo, eu você gostar.")
ihm (para ele)	*Sie **schreibt ihm** eine E-Mail/SMS.* (lit. "Ela [lhe] escreve [para] ele um e-mail/SMS.")	*ihn* (ele)	*Das **stört ihn** nicht.* (Isso não [o] perturba ele.) (lit. "Isso perturba ele não.")
ihr (para ela)	*Er **gibt ihr** vor dem Eiffelturm einen Ring.* (Ele vai [lhe] dar a ela um anel diante da Torre Eiffel.) (lit. "Ele dá a ela diante da Torre Eiffel um anel.")	*sie* (a)	**Kennst** du **sie**? (Você a conhece?) (lit. "Conhece você ela?")

Você vai reconhecer *ihr* com o significado de "vocês"; aqui, ela também é a palavra para "para ela". Será fácil notar de qual se trata pelo contexto.

104 ⋯⋗ 5 FALE SOBRE SUA FAMÍLIA E SEUS AMIGOS

> **DICA DE GRAMÁTICA:** *für dich – "para você"/ohne mich – "sem mim"*
> Você notará que *mich* e *dich* são usados depois das palavras *für* (para) e *ohne* (sem). Na maioria dos outros casos, você usará *mir* e *dir: mit dir* (com você), *von ihm* (dele). Felizmente, *uns* (nós) não muda.
> **Exemplos:**
> ⋯➤ *Meine Freundin reist am Montag mit mir, aber sie reist am Dienstag ohne mich.* (Minha namorada vai viajar na segunda-feira comigo, mas vai viajar na terça-feira sem mim.)

Isso ocorre com tempo e prática; mas, por ora, aprenda o significado dessas palavras ao ouvi-las em conversas!

Por ora, tente reconhecer essas palavras ao vê-las e ouvi-las; mas, quando você é um falante novato, não precisa se preocupar em acertá-las, pois ainda será compreendido. (Seria como dizer "este livro é para lhe" em português — errado, mas totalmente compreensível.)

1 Preencha as lacunas com os pronomes adequados *mich*, *dich*, *ihn* ou *sie*.

a *Ich sehe _____.* (o)

b *Ist das Geschenk für _____?* (mim)

c *Seit wie lange kennst du _____?* (a)

d *Gehst du ohne _____?* (ele)

2 Preencha as lacunas nas frases com a palavra correta, usando todos os oito pronomes que aprendeu.

a *Ich kenne _____ seit …* (Eu **o** conheço desde…)

b *Meine Schwester sagt _____ immer …* (Minha irmã sempre **me** diz…)

c *Er besucht _____ im Sommer.* (Ele **a** visita no verão.)

d *Kannst du _____ sagen …* (Você pode **lhe** dizer…)

e *Ich möchte _____ fragen …* (Eu quero **lhe** perguntar…)

f *Fährst du mit _____ nach Frankfurt?* (Você vai com **ele** para Frankfurt?)

3 Leia esta conversa telefônica e destaque a palavra correta.

A: Hörst du (a) **mich/mir**?

B: Ja, ich verstehe (b) **dich/dir** gut.

A: Ich möchte (c) **dir/dich** etwas erzählen. Kennst du Anna?

B: Anna? Peters Schwester? Ja, ich kenne (d) **sie/ihr**.

A: Wir sehen (e) **sie/ihr** immer beim Yoga. Glaubst du, sie gibt (f) **mir/mich** eine Chance?

B: Sie ist mit Kai zusammen. Kennst du (g) **ihn/ihm** nicht?

4 Use o que sabe para traduzir estas frases. (Dica: use o vocabulário dos outros exercícios.)

a Há quanto tempo você a conhece? _____

b Você vai sem mim? _____

c Eu o vejo toda segunda-feira. _____

EXPLICAÇÃO DO VOCABULÁRIO: *Wissen e kennen* (saber/conhecer)

No alemão, como no português, usamos os verbos *wissen* para indicar que sabemos uma informação ou como fazer algo e o verbo *kennen*, para dizer que conhecemos algo ou alguém.

Geralmente você usará *kennen* em vez de *wissen* se puder substituir a palavra "sei" por "*conheço*" ou "*tenho familiaridade com*". Por exemplo, você não pode dizer "eu conheço que horas são", mas pode dizer "eu conheço Berlim" (*Ich kenne Berlin*) ou "Eu conheço o filme"(*ich kenne den Film*).

> Exemplo: *Ich weiß, du kommst aus Deutschland.* (Eu sei que você é alemão.)
> *Ich kenne dieses Lied!* (Eu conheço essa música!)

PRATIQUE

1 Escolha entre *wissen* e *kennen* para cada frase abaixo.

a *Ich kenne / weiß dieses Buch.*

b *Kennst / Weißt du wann das Konzert beginnt?*

c *Wir kennen / wissen Alexander seit Jahren.*

d *Kennen / Wissen Sie, wann der Bus kommt?*

106 ···› 5 FALE SOBRE SUA FAMÍLIA E SEUS AMIGOS

2 Para praticar, responda as perguntas a seguir sobre pessoas próximas a você.

a *Hast du Geschwister? ou Wie viele Geschwister (Brüder und Schwestern) hast du?* **Ja/Nein, ich habe (keine Geschwister).**

b *Bist du verheiratet, single, oder hast du einen Freund/eine Freundin?* **Ich bin/habe**

c *Hast du Kinder? Wie viele?* **Ja/Nein, ich habe (keine Kinder)**

d *Wohnst du allein?* **Ja/Nein, ich wohne allein/mit**

JUNTE TUDO

Com base no script elaborado a partir da Conversa 1, escreva quatro frases sobre uma pessoa próxima a você, descrevendo...

···⟩ Há quanto tempo você a/o conhece (*kennen + seit*).
···⟩ Há quanto tempo vocês estão juntos, casados ou são amigos (*seit + zusammen*).
···⟩ Algo que vocês planejam fazer juntos (*wir fahren, wir planen... zu...*).
···⟩ Como vocês costumam interagir (*er sagt mir..., ich sehe ihn/sie...*).

CONVERSA 2 ··· **107**

CONVERSA 3

Como se diz... em alemão?

A conversa toma um rumo mais específico quando Mia fala sobre sua família.

🔊 **05.07** Como Mia diz "eles se chamam"?

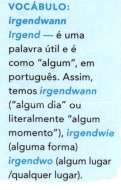

VOCÁBULO:
irgendwann
Irgend — é uma palavra útil e é como "algum", em português. Assim, temos *irgendwann* ("algum dia" ou literalmente "algum momento"), *irgendwie* (alguma forma) *irgendwo* (algum lugar /qualquer lugar).

Ellen:	Habt ihr Kinder?
Mia:	Ja, wir haben zwei wunderbare Kinder. Sie heißen Hans-Jürgen und Günter.
Ellen:	Oh, das ist toll! Ihre Namen sind sehr schön!
Mia:	Möchtest du *irgendwann* Kinder haben?
Ellen:	Ich bin nicht so sicher. Vielleicht eines Tages.
Mia:	Und wenn du einen charmanten Deutschen in Berlin triffst? Werdet ihr dann für immer hier bleiben?
Ellen:	Sehr lustig! Ich treffe viele Deutsche, aber sie sind oft … 'nicht für mich'? Wie sagt man auf Deutsch? Nicht mein 'type'?
Mia:	Sie sind nicht dein Typ. Ja, ich verstehe. Aber man weiß nie! Alles ist möglich!

5 FALE SOBRE SUA FAMÍLIA E SEUS AMIGOS

DESVENDE

1 Destaque as frases relevantes e responda as perguntas.
   a Quantos filhos Mia tem? _____
   b Ellen quer ter filhos algum dia? _____

2 Com base no contexto, escreva o significado das palavras/frases a seguir?
   a *einen charmanten Deutschen* _____   c *oft* _____
   b *Ich bin nicht so sicher.* _____   d *Man weiß nie.* _____

3 Quais as duas frases que Ellen usa para se fazer entender sem conhecer a palavra certa?
   _____   _____

4 Encontre e destaque essas frases na conversa.

   a Seus nomes são
   (eles se chamam)

   b Seus nomes são bonitos

   c Ah, isso é ótimo!

OBSERVE

🔊 05.08 Ouça o áudio e observe o quadro.

Expressões essenciais da Conversa 3

Alemão	Significado
Habt ihr Kinder?	Vocês têm filhos?
wir haben zwei wunderbare Kinder	Nós temos dois filhos maravilhosos.
Sie heißen ...	Seus nomes são... (eles se chamam)
Ihre Namen sind sehr schön.	Seus nomes são muito bonitos.
Möchtest du irgendwann Kinder haben?	Você quer ter filhos algum dia?
Ich bin nicht so sicher.	Não tenho muita certeza.
Vielleicht eines Tages.	Talvez algum dia.
Und wenn du einen charmanten Deutschen in Berlin triffst?	E se você conhecer um alemão charmoso em Berlim?
Werdet ihr dann für immer hier bleiben?	Então vocês ficarão aqui para sempre? (Vocês vão então para sempre aqui ficar?)
Sehr lustig!	Muito engraçado!
Ich treffe viele ...	Eu conheço muitos...
sie sind oft ... nicht mein 'Typ'	muitas vezes eles... não são meu "tipo"
man weiß nie	nunca se sabe (a gente sabe nunca)
Alles ist möglich!	Tudo é possível!

CONVERSA 3 **109**

1 Use a lista de expressões para completar as perguntas/respostas.

a P: _____

R: *Nein, aber meine Schwester hat zwei wunderbare Kinder.*

b P: *Wie heißen sie?* A: _____ *Agne und Holly.*

2 Como você diria estas frases em alemão?

a Tenho certeza!　　　　b Tudo é possível

3 Traduza estas frases úteis usando a palavra *man*.

a Nunca se sabe. _____

b Como se diz "tchau" em alemão? _____

c Isso pode ser feito (alguém pode fazer isso). _____

d Na Alemanha, as pessoas não dizem isso. _____

4 Associe as expressões em alemão a seguir com as respectivas traduções em português.

a	*wir gehen*	e	*sie sind*	1	nós somos	5	vocês vão
b	*ihr geht*	f	*werdet ihr*	2	vocês são	6	eles vão
c	*sie gehen*	g	*wir wissen*	3	eles são	7	nós sabemos
d	*wir sind*	h	*ihr seid*	4	nós vamos	8	vão vocês

EXPLICAÇÃO GRAMATICAL: Possessivos

Vamos ver como usar possessivos. Aqui estão as palavras-chave de que vai precisar:

Possessivos — "meu", "seu", "sua" etc.

Alemão	Português	Exemplo	Significado
mein	meu	*meine Wohnung*	meu apartamento
dein	seu/sua	*dein Land*	seu país
sein	seu/sua	*sein Job/sein Bein*	seu emprego/sua perna
ihr	sua/dela	*ihre Familie*	sua família
unser	nosso(a)	*unser Haus*	nossa casa
euer	seus/suas	*eure Eltern*	seus pais
ihr	seu/sua	*ihre Stadt*	sua cidade
Ihr	seu/sua (formal)	*Ihre Hilfe*	sua (formal) ajuda

Euer muda para *eure* antes de palavras no feminino e plural, para facilitar a pronúncia.

Eles funcionam como *ein*, então, no caso de feminino ou plural, você vai dizer *meine*, *deine* e assim por diante.

1 Usando o quadro, descubra como dizer o seguinte:

a irmão dela _____　　c nosso cão _____　　e sobrinho dele _____

b seus filhos _____　　d sua esposa (formal) _____

110 ⋯⟡ 5 FALE SOBRE SUA FAMÍLIA E SEUS AMIGOS

2 Escolha a opção correta entre os dois possessivos dados na história:

*Alexanders/Alexander's Familie ist sehr interessant. Ich kenne **seine /ihre** Eltern schon lange.*
***Ihr/Euer** Haus ist sehr groß, aber Alexander sagt mir und meiner Schwester oft: **"Eure/Deine** Eltern sind nicht reich, aber sie haben viel Zeit."*

PRATIQUE

1 Preencha as lacunas a seguir com os pronomes *er/sie/sie* (ele/ela/eles[as]) e a forma verbal adequada.

   a *Ist dein Bruder mein Typ? Nein, _____ _____ bestimmt nicht dein Typ!*

   b *Wie heißt deine beste Freundin? _____ _____ Stefanie.*

   c *Versteht ihr die Deutschen? Nein, _____ _____ _____ absolut nicht!*

   d *Trefft ihr deine Eltern oft? Nein, _____ _____ _____ nicht oft.*

2 Preencha as lacunas com os possessivos e o vocabulário sobre família que aprendeu.

   a _____ *Vater besucht jeden Sommer* _____ *Bruder.*
   (**Meu** pai visita **seu** irmão todo verão.)

   b _____ _____ *und ich,* _____ _____ *nicht* _____.
   (**Minha namorada** e eu não **viajamos com frequência**)

   c *Heute hat* _____ _____ *Geburtstag.*
   (Hoje é o aniversário de **minha mãe**. [Literalmente: Hoje minha mãe faz aniversário.])

   d *Fahrt ihr* _____ _____ _____ ? (Vocês vão **com o amigo dele**?)

   e *Ich* _____ _____ *besten* _____ *schon* _____.
   (**Conheço minha** melhor amiga há **muito tempo**)

3 Como você perguntaria em alemão?

   a Vocês querem ir ao cinema (*ins Kino*) alguma hora?

   _____

   b Eles estão lá? _____

   c Ele tem dois cachorros. (*Hunde*) _____

   d Os pais dela não me conhecem. _____

4 Pratique criar frases em alemão! Use:

   a Ich treffe para falar sobre alguém que vai encontrar em breve.

   _____

   b *Sie sind* para falar sobre um grupo de amigos ou vários membros da família.

   _____

   c *Ihre Namen sind* para falar sobre pessoas com quem trabalha.

   _____

CONVERSA 3

#LANGUAGEHACK:
Use as dicas e o contexto para entender muito mais do que pensa

Pode ser assustador encarar tantas palavras e estruturas novas de uma vez, mas o iniciante total em alemão pode contar com algumas técnicas excelentes para isso. Confira estas quatro estratégias que podem ajudá-lo a compreender seus parceiros de conversa quando você não tiver um dicionário à mão:

1 Fique atento às pistas do contexto da conversa

Você dificilmente vai participar de uma conversa em alemão sem saber nada do assunto tratado. Fique atento a temas específicos — como hobby ou palavras de interesse (*Sport*, *Musik*, *Kochen* etc.) que indiquem do que as pessoas possam estar falando, mesmo que você não entenda a maioria das palavras.

Saber que **categoria de palavras** esperar faz uma grande diferença. Por exemplo, quando não tiver certeza se ouviu *Suppe* (sopa) ou *super* (genial), o fato de a conversa ocorrer em um restaurante será uma pista evidente!

As conversas quase nunca giram em torno de "qualquer coisa". Na verdade, os diálogos geralmente abordam alguns tópicos mais recorrentes.

2 Preste atenção aos marcadores visuais para deduzir o significado das palavras

Imagine que você está em um restaurante no seu primeiro dia na Alemanha, o garçom chega e você ouve: "&%$## @@[]ç/&?".

Se prestar atenção ao ambiente ao seu redor, verá marcadores visuais que vão ajudá-lo a deduzir o significado das novas palavras e expressões que ouvir.

- Para onde o garçom está olhando? Ele está olhando para o seu copo?
- Para onde as mãos ou o corpo do garçom estão apontando?
- Qual é a expressão facial estampada no rosto do garçom? Que tipo de resposta ele está esperando?
- O garçom quer saber se você está satisfeito? Ou está à espera de alguma informação específica?

Como os marcadores visuais, a entonação também pode indicar uma pergunta, pedido, comando ou comentário casual.

3 Fique atento às palavras informativas que aparecem no começo e no final das frases

Da mesma forma que você verá sinais que o alertam quando está entrando ou saindo de certas áreas, as conversas geralmente funcionam da mesma maneira. Por exemplo, se você ouvir frases como:

Wo... Smartphone (Onde... smartphone)
Neulich... Buch (Recentemente... livro)
Freitag... Kino (Sexta-feira... cinema)

Você pode compreender o sentido básico da frase como um todo. Cada palavra vai ajudá-lo a se aproximar do significado total, mesmo que você só tenha entendido o começo e o final da frase!

Procure estas ótimas **palavras informativas:**

···⟩ Pronomes interrogativos: *wer*, *wann*, *wo* (quem, quando, onde)
···⟩ Indicadores de tempo: *diese Woche*, *normalerweise* (esta semana, geralmente)
···⟩ Verbos auxiliares: *Möchtest du? Kann ich?* (Você gostaria? Posso?)

4 Capte o final das frases pelos conectivos

Tente deduzir o final das frases a seguir:

Wenn das noch einmal passiert... (Se isso acontecer de novo...)
Ich trinke meinen Kaffee mit Milch aber ohne... (Eu tomo café com leite, mas sem...)

A função dos **conectivos** é ligar as partes de uma frase. Por isso, são indicadores muito confiáveis que evidenciam o tipo de informação que estão por vir!

Nos exemplos acima, *aber* é uma dica importante de que o sujeito não bebe café com açúcar e o *wenn* provavelmente indica uma consequência. Você pode deduzir algumas informações com segurança ao ouvir as palavras a seguir:

···⟩ *aber*: há uma contradição em relação ao que foi dito anteriormente. Se você compreendeu uma das partes da frase, deduza que a outra se opõe a ela de alguma forma
···⟩ *wenn*: algo incerto pode acontecer e talvez você ouça uma consequência positiva/negativa desse evento
···⟩ *weil*: a primeira parte da frase é uma consequência da segunda

CONVERSA 3

SUA VEZ: Use o hack

1 🔊 **05.09** Ouça o áudio e tente descobrir o "assunto" de que a pessoa pode estar falando. No texto abaixo, destaque palavras-chave que deem dicas do assunto.

a *Ich möchte einen neuen Computer kaufen. Mein Computer ist langsam, weil er nicht genug RAM hat. Ich kann nur zwei Programme gleichzeitig benutzen.* Tema: _____

b *Heute reise ich mit meinem Freund und seiner Mutter. Sie spricht immer über ihre Cousine.* Tema: _____

c *Im Sommer fahre ich nach Australien. Ich sollte meinen Pass nicht vergessen, weil das Ticket sehr teuer ist!* Tema: _____

d *Ich lerne Spanisch seit einem Monat. Ich finde die Sprache leicht, aber ich spreche nur mit meinem Lehrer.* Tema: _____

2 🔊 **05.10** Ouça o áudio e use as palavras informativas ou os conectivos para adivinhar a frase que virá a seguir.

a *... ich lerne gern Deutsch. / ... Deutsch zu lernen.*

b *... das Wetter nicht gut ist. / ... wir jeden Tag Basketball spielen.*

c *... Tennis ist mein Lieblingssport. / ... heute möchte ich zu Hause bleiben.*

JUNTE TUDO

Crie um script com pelo menos quatro frases para descrever pessoas próximas a você:

- ⋯⋗ **Seus pais e outros membros da sua família;** diga seus nomes, idades, onde moram ou do que gostam (usando *sie* + verbo)
- ⋯⋗ **Seus filhos, sobrinhos ou primos;** diga seus nomes, idades, o que estão fazendo e do que gostam (usando *er/sie/sie* [plural] + verbo)
- ⋯⋗ **Seus amigos;** diga há quanto tempo os conhece, o que fazem ou do que gostam (usando *er/sie/sie* [plural] + verbo)
- ⋯⋗ **Seus colegas de trabalho;** indique assuntos em comum (usando *er/ sie/man/sie* [plural] + verbo)
- ⋯⋗ **Seus animais de estimação ou outras pessoas que você admira ou** ⟵ *Agora você já deve ter a maioria do "vocabulário pessoal" necessário para falar sobre sua família ou amigos!*
quer descrever!

114 ⋯⋗ 5 FALE SOBRE SUA FAMÍLIA E SEUS AMIGOS

FINALIZANDO A UNIDADE 5

Confira o que aprendeu

🔊 05.11 Ouça o áudio de treino, que traz perguntas e respostas curtas em alemão.

⋯▸ Associe a resposta com o verbo na pergunta para formular a resposta completa.

⋯▸ Pause ou repita o áudio sempre que precisar para entender as perguntas.

Exemplo: *Wohnt ihr schon lange zusammen? Nein, erst seit einem Monat.*
         → *Wir wohnen seit einem Monat zusammen.*

Mostre o que sabe...

Confira o que acabou de aprender. Escreva ou fale um exemplo para cada item da lista e marque os que sabe.

- [ ] Diga as expressões em alemão correspondentes a:
    - [ ] "Minha mãe" e "meu pai"
    - [ ] "Sua irmã" e "seu irmão"
    - [ ] Outro membro da família a sua escolha.
- [ ] Indique duas frases que expressem como você "passa seu tempo" ou o que "planeja" fazer.
- [ ] Elabore uma frase usando:
    - [ ] A forma verbal de *er* para descrever o trabalho de alguém (um homem) que você conhece
    - [ ] A forma verbal de *sie* para descrever o que seus amigos estão fazendo agora.
- [ ] Diga algo que planeja fazer com outra pessoa usando *wir* e *zusammen*.
- [ ] Use *kennen* para dizer que você "conhece" (está familiarizado com) algo ou alguém.
- [ ] Elabore uma frase com *mir, dir, mich, dich*.

COMPLETE SUA MISSÃO

É hora de completar sua missão: fale bem de seu(ua) amigo(a) para despertar o interesse da sua(eu) amiga(o) alemã(o). Crie uma descrição para essa pessoa, conte a história de como vocês se conheceram e liste as suas qualidades.

PASSO 1: Crie seu script

Wer ist die wichstigste Person in deinem Leben? (Quem é a pessoa mais importante em sua vida?)

Use as frases que você já sabe e seu vocabulário "pessoal" para criar scripts sobre a pessoa de que você mais gosta. Não se esqueça de:

- ⋯⋗ Dizer quem ela é (*mein Freund, meine Schwester, mein Cousin*)
- ⋯⋗ Explicar por que essa pessoa é tão importante para você (*er, sie*)
- ⋯⋗ Descrever as coisas que vocês fazem juntos (*wir e zusammen*)
- ⋯⋗ Dizer há quanto tempo vocês se conhecem (*kennen + seit*)
- ⋯⋗ Descrever suas características, trabalho, família etc. (*sein, ihr*).

Depois de escrever o script, repita as frases até se sentir confiante!

> Use o idioma para **conversar com pessoas em situações reais!** Você precisa falar e usar o idioma para integrá-lo à sua memória de longo prazo. Essa é a melhor forma de determinar e avaliar seu progresso nos estudos.

PASSO 2: Seja realista... *online*

Você vai recorrer bastante a esse script para falar sobre as pessoas mais importantes na sua vida. Então, comece agora! Acesse a comunidade online, procure a missão da Unidade 5 e compartilhe sua gravação.

PASSO 3: Aprenda com outros estudantes

Sua tarefa é fazer uma pergunta complementar em alemão para, pelo menos, três pessoas e incentivá-las a aperfeiçoarem seus scripts.

PASSO 4: Avalie o que aprendeu

Você precisa de novas palavras ou frases para preencher suas lacunas?

EI, HACKER DA LINGUAGEM, VOCÊ JÁ ESTÁ QUASE LA!

Você superou um dos maiores desafios do estudo de idiomas: começar e *continuar*. Sair da inércia é essencial para um aprendizado rápido. Então, parabéns por ter chegado até aqui; você merece. Priorize sempre o que pode fazer hoje e não conseguiu fazer ontem.

A seguir, vamos aprender a conversar em alemão na mesa de jantar.

Nicht nachlassen!

6 COMA, BEBA E CONVERSE

Sua missão

Imagine que você convide um novo amigo alemão para ir a um restaurante incrível que descobriu perto da sua *Haus*. Mas (lamentavelmente) seu amigo está por dentro da péssima reputação do estabelecimento! *Bäh*, ele diz, *es ist langweilig* ...

Sua missão é convencê-lo a ir com você ao restaurante. Prepare-se para dar sua opinião e dizer por que discorda. Para reforçar sua argumentação, explique em detalhes por que o restaurante é tão *beliebt*, **descrevendo seu prato favorito e por que gosta dele.**

O objetivo desta missão é deixá-lo mais confiante para concordar, discordar, explicar seu ponto de vista e falar sobre comida e restaurantes, assuntos muito importantes.

Treino para a missão

- Aprenda boas maneiras e expressões úteis para comer em restaurantes: *ich nehme, ich möchte*.
- Aprenda o vocabulário para comida e bebida: *Wasser, ein Glas Wein*.
- Use expressões para expressar opiniões e fazer recomendações: *meiner Meinung nach, das stimmt nicht*.
- Aprenda como juntar palavras para formar e entender palavras mais longas em alemão: *Speisekarte, Mittagessen, Geburtstagsgeschenk*.
- Faça comparações usando *kleiner als, interessanter als, besser als*.

APRENDENDO A CONVERSAR À MESA NO IDIOMA

Uma das principais manifestações da cultura alemã é o hábito de fazer refeições demoradas, acompanhadas de conversas divertidas. Nessas ocasiões, compartilhar opiniões contra ou a favor de algo deixa tudo muito mais interessante. Para se socializar, é importante que você expresse seus pontos de vista com convicção. Como muitas conversas acontecem em cafés ou restaurantes, você deve aprender as diferentes formas de interagir com garçons e com seus amigos durante o jantar!

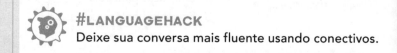

#LANGUAGEHACK
Deixe sua conversa mais fluente usando conectivos.

Por volta das 18h na Alemanha, o cumprimento formal muda de *Guten Tag* para **Guten Abend** (boa noite). Se você estiver falando com colegas, poderá usar o informal *Tach* durante o dia e *N'Abend* à noite (abreviações dos cumprimentos completos).

DICA CULTURAL:
Mineralwasser
Quando você pede *Mineralwasser* ou mesmo *Wasser*, provavelmente vai receber água com gás, que é a escolha habitual em quase toda a Alemanha. Tenha cuidado, porque *Stille Quelle* e *Classic* também são tipos diferentes de água com gás, embora seja fácil pensar o contrário. Para garantir, peça ou *mit* ou *ohne Kohlensäure* (gás).

DICA CULTURAL:
Schnitzel
O *Schnitzel* é um prato típico alemão — uma costeleta empanada com ovo e farinha de rosca e frita. A carne usada no *Wiener Schnitzel* (de "Viena") é a vitela (*Kalb*), mas outros tipos de *Schnitzel* também são comuns, principalmente de porco (*Schwein*) e frango (*Hähnchen*).

CONVERSA 1

Vou querer...

Fazer pedidos em restaurantes alemães pode ser diferente do que você está acostumado. Ao interagir com garçons ou qualquer profissional em público que você não conhece, você terá que usar o alemão formal — a forma *Sie*.

🔊 **06.01** Ellen e sua amiga Judith saíram para comer em um café em Berlim. Qual frase o *Kellner* (garçom) usa para perguntar "O que vocês desejam"?

Ellen:	Ich habe Hunger! Ah, hier ist der Kellner.
Kellner:	Guten Abend, meine Damen. Ein Tisch für zwei?
Judith:	Guten Abend. Ja, wir sind zwei Personen.
Kellner:	Hier ist Ihr Tisch und hier ist die Speisekarte.
Judith:	Sehr gut. Wir nehmen zuerst Mineralwasser. Vielen Dank.
Kellner:	Möchten Sie bestellen?
Judith:	Ja, danke! Wir wissen schon, was wir möchten.
Kellner:	Was möchten Sie essen?
Ellen:	Also, für mich ein Schnitzel bitte.
Judith:	Und ich nehme Salat mit Hähnchenbrust.
Kellner:	Und zu trinken?
Judith:	Möchtest du etwas trinken?
Ellen:	Ich möchte gern ein Pils. Und du, Judith? Trinkst du etwas?
Judith:	Für mich einen Weißwein bitte.
Kellner:	Kommt sofort!

DESVENDE

1   Encontre as frases que Ellen e Judith usam para pedir:

a   *ein Schnitzel*

b   *Salat mit Hähnchenbrust*

c   *Mineralwasser*

d   *einen Weißwein*

2   Qual é o significado de *Weißwein*? _____

3   Use o que encontrar na conversa e escreva em alemão:

a   Uma mesa para dois. _____

b   E para beber? _____

c   Uma mesa para três. _____

d   E para comer? _____

118 ⇢ 6 COMA, BEBA E CONVERSE

4 As traduções a seguir são *falsch*. Determine e corrija o erro.

a *Guten Abend* → Bom dia _____

b *Trinkst du etwas?* → Vocês querem comer algo? _____

c *Weißwein* → vinho tinto _____

d *Hier ist Ihr Tisch.* → Aqui está sua mesa (informal). _____

OBSERVE

🔊 **06.02** Ouça o áudio e observe o quadro. Preste muita atenção no modo como o garçom diz *Ein Tisch für zwei?* e *die Speisekarte*.

> **DICA CULTURAL:**
> **linguagem formal**
> Embora você ouça esse tipo de linguagem formal de garçons em restaurantes e hotéis, em situações sociais casuais, ela vai parecer antiquada.

Expressões essenciais da Conversa 1

Alemão	Significado
Ich habe Hunger!	Estou com fome! (Eu tenho fome.)
Guten Abend, meine Damen.	Boa noite, senhoras.
Ein Tisch für zwei?	Mesa para dois?
Hier ist Ihr Tisch	Aqui está sua mesa
... die Speisekarte.	... o menu.
Möchten Sie bestellen?	Gostariam de pedir?
Wir nehmen zuerst ...	Primeiro vamos querer... (Vamos tomar primeiro)
Wir wissen schon ...	Já sabemos...
was wir möchten.	o que vamos querer.
Was möchten Sie essen?	O que gostariam de comer?
Ich nehme ...	Eu quero... (Eu vou comer)
... Salat mit Hähnchenbrust.	... a salada com peito de frango.
Und zu trinken?	E para beber?
Trinkst du etwas?	Vocês vão beber alguma coisa?
Für mich einen Weißwein, bitte.	Para mim, um vinho branco, por favor.
Kommt sofort!	Agora mesmo! (É pra já!)

CONVERSA 1   119

1 Veja *estou com fome* na lista de expressões. Como se manifesta essa sensação em alemão?

_____

2 Escreva as frases usadas na conversa para fazer pedidos.

_____ _____ _____

3 Encontre e escreva pelo menos dois modos formais diferentes da conversa.

_____ _____ _____

4 Qual é o significado das frases e perguntas a seguir? Escreva em português.

a *Ich weiß schon ...* _____

b *Ich nehme ...* _____

c *Wir wissen schon ...* _____

d *Wir nehmen ...* _____

e *Weißt du ... ?* _____

f *Nimmst du ...?* _____

g *Möchten Sie bestellen?* _____

h *Trinkst du etwas?* _____

> Lembre-se de usar o verbo em alemão **nehmen** para "pegar" para pedir comida ou bebidas (em português utilizamos 'querer').

PRATIQUE

1 Preencha as lacunas com as palavras que faltam em alemão.

a _____ *Sie* _____?
(**Vocês** [formal] **gostariam de pedir**?)

b _____ _____ *einen* _____, *bitte*.
(**Para mim**, um **vinho tinto**, por favor.)

c *Ich* _____ *eine Cola und sie nimmt* _____ *ohne Kohlensäure*.
(Eu vou **querer** uma Coca e ela vai querer **água** sem gás.)

d _____ _____ *nichts, was ich möchte, auf der* _____.
(Eu não consigo **achar** nada que eu queira no **menu**.)

e *Ich* _____, _____ _____ *etwas Leichtes*.
(Eu **acho que vou querer** algo leve.)

f *Hast du* _____ _____?
(Você **já está com fome**?)

g _____ _____, *was* _____ _____.
(**A gente sabe** o que **quer comer**.)

h _____ _____ *mein* _____ *platz!*
(**Aqui é** meu lugar **favorito**!)

> Também recomendo que você leve um dicionário de bolso ou use um dos aplicativos/sites de dicionários indicados na seção Recursos. Você pode querer experimentar algum dos pratos do dia!

Amplie seu vocabulário utilizando as principais expressões para comida e bebida indicadas no quadro a seguir. Antes de ir a um restaurante alemão, não se esqueça de memorizar os nomes dos seus pratos favoritos.

Vocabulário de comida e bebida

Alemão	Significado	Alemão	Significado
Hunger haben Ich habe Hunger	estar faminto / estou com fome	das Essen / die Mahlzeit	comida / refeição
Durst haben / Ich habe Durst	estar com sede / eu tenho sede	lecker	delicioso
essen / ich esse	comer / estou comendo	das Frühstück / Ich frühstücke	café da manhã / estou tomando café da manhã
trinken / ich trinke	beber / eu bebo	das Mittagessen / ich esse zu Mittag	almoço / estou almoçando
das Getränk	(a) bebida	das Abendessen / ich esse zu Abend	jantar / estou jantando
kochen	cozinhar	das Fleisch	carne
Vegetarier, vegetarisches Essen	vegetariano (pessoa), comida vegetariana	das Hähnchen (carne)	frango
glutenfrei / alkoholfrei	sem glúten / sem álcool	das Rindfleisch	carne bovina
mit / ohne	com / sem	das Schweinefleisch	carne de porco
Was empfehlen Sie?	O que você recomenda?	der Fisch	peixe
ich bin allergisch gegen Erdnüsse	**Sou alérgico(a) a amendoim**	die Meeresfrüchte	frutos do mar
Können Sie das ohne ... machen?	Você pode fazer isso sem...?	das Gemüse	legumes
		Früchte	frutas
		Orangensaft	**suco de laranja**

2 Quais são seus pratos favoritos? O que você consegue se imaginar pedindo em um restaurante alemão? Adicione mais itens ao quadro acima para indicar pratos ou bebidas que você gostaria de pedir, em alemão. Depois adicione mais frases que poderia usar para interagir com o garçom.

DICA DE GRAMÁTICA:

a hierarquia dos substantivos compostos

quando se combinam dois substantivos, o último determina o gênero e natureza da palavra recém-criada. Mesmo que *die Orange* seja feminino, *der Saft* (m) (o suco) determina o resultado de combiná-los. Assim, *Orangensaft* é masculino!

TÁTICA DE ESTUDO:

Separe substantivos compostos

Veja o exemplo da palavra *Tier* (animal):

···⟩ *das Haustier* (animal de estimação/ "animal doméstico")

···⟩ *das Faultier* (bicho-preguiça/ "animal preguiçoso")

···⟩ *das Stinktier* (gambá/"animal fedorento")

Nesses exemplos, *Tier* é a parte final da palavra, já que cada um é um tipo de animal, enquanto que *Tierarzt* é um tipo de médico (sabe qual é?). Descobrir frases em alemão a partir dos substantivos compostos pode ser muito interessante. Por exemplo, se você não conhece a palavra "luva" em alemão e deduziu "mão"... "sapato" (*Handschuhe*), acertou!

EXPLICAÇÃO GRAMATICAL: Substantivos compostos

Veja uma parte divertida do alemão: combinar palavras para criar palavras novas!

Você já viu alguns substantivos compostos, como *Telefonnummer* (número de telefone), *Lieblingsschülerin* (aluna favorita), *Mineralwasser* (água mineral), *Hähnchenbrust* (peito de frango) e *Weißwein* (vinho branco). Você também viu *Speisekarte*, e, embora sua tradução seja simplesmente "menu", ela significa "menu de pratos", assim como *Getränkekarte* (menu de bebidas).

Criando as suas próprias palavras em alemão

Para criar substantivos compostos, geralmente junta-se duas palavras que você gostaria de combinar. Assim, se você quiser dizer suco de laranja, combine *Orangen* (laranjas) com *der Saft* (suco) para formar *der Orangensaft*.

Isso também funciona para palavras como:

···⟩ *Arbeitgeber* (empregador/lit. "oferecedor de trabalho")

···⟩ *Arbeitnehmer* (empregado/lit. "tomador de trabalho")

···⟩ *Straßenbahn* (bonde/lit. "trem de rua")

···⟩ *Hauptstadt* (capital/lit. "cidade principal").

Muitas vezes, os substantivos compostos em alemão são muito descritivos, e você até pode improvisar (como Ellen fez na Unidade 3 com *Internet-Dings*) escolhendo palavras que descrevam o que você quer dizer. Se você estivesse estudando português, teria dificuldades ao ouvir a palavra "veterinário" pela primeira vez, pois ela não dá pistas de seu significado. Mas, em alemão, *Tierarzt* (médico de animais) é autoexplicativa, como *Krankenhaus* (casa de doentes) para "hospital".

Falantes de alemão estão muito habituados a criar palavras novas desse jeito, e ninguém vai se espantar se você também criar algumas!

1 Qual seria a tradução das palavras a seguir?

   a der Tomatensaft _____   c der Krankenwagen _____

   b der Sprachschule _____

2 Combine as palavras das colunas para formar substantivos compostos.

a	*Speise*	1	*Nummer (die)*	_____
b	*Haus*	2	*Seite (die)*	_____
c	*Lieblings*	3	*Wein (der)*	_____
d	*Rot*	4	*Karte (die)*	_____
e	*Internet*	5	*Bus (der)*	_____
f	*Reise*	6	*Restaurant (das)*	_____

122 ···⟩ 6 COMA, BEBA E CONVERSE

JUNTE TUDO

1 Utilizando o que aprendeu nesta unidade (e seu dicionário), faça pedidos que apontem seus pratos e bebidas favoritos como se você estivesse em um restaurante.

Peça a entrada, o prato principal, duas bebidas em alemão.

> Du hast Hunger und Durst heute! Felizmente, você conferiu *die Speisekarte* e viu que ela contém todos os seus pratos favoritos!

Kellner:	Möchten Sie bestellen?
Du:	a. _____
Kellner:	Sehr gut. Noch etwas zu essen?
Du:	b. _____
Kellner:	Sie haben aber Hunger heute! Und zu trinken?
Du:	c. _____
Kellner:	Gern!
	(30 Minuten später ...)
Du:	(Chame o garçom de novo.) d. _____
Kellner:	Möchten Sie noch etwas bestellen?
Du:	(Peça outra bebida.) e. _____
Kellner:	Kommt sofort! Sie haben aber Durst heute!
Du:	f. _____
Kellner:	... Hier. Bitte schön!

> *Aber* normalmente significa "mas". Nesta conversa, ele é usado para mostrar surpresa: "Mas você está com fome hoje!" Dessa forma, no meio da frase, *aber* tem o sentido de "uau" e é comum no alemão informal.

2 Use o vocabulário que aprendeu até agora para descrever sua rotina normal de refeições. Fale sobre:

···▷ O que costuma comer (*essen*) ou beber (*trinken*)

···▷ Se você cozinha (*kochen*), janta em um restaurante (*Im Restaurante essen*) ou esquenta a pizza do dia anterior no micro-ondas (*die Pizza von gesrtern in der Mikrowelle warm machen...*).

CONVERSA 2

Na minha opinião...

Ellen e Judith não concordam sobre o próximo local a visitar em Berlim.

🔊 **06.03** Como elas chegam a um acordo?

> **VOCÁBULO: *es gibt* "existe"/"existem"**
> A frase em alemão *es gibt* (lit. "dá-se") significa "existe" e "existem" — não muda nunca. Então, você pode dizer *es gibt ein Buch* (existe um livro) ou *es gibt drei Bücher* (existem três livros). Aprenda *es gibt* como uma frase feita. Você também vai ver *dort sind* na conversa, que significa "ali existe" (local físico).

Ellen: Also, wir müssen natürlich das Haus am Checkpoint Charlie besuchen.

Judith: Nein, dort sind die meisten Touristen! Es gibt doch so viele Museen in Berlin!

Ellen: Ich weiß, dass dort viele Touristen sind, aber es ist ein absolutes Highlight!

Judith: Ich bin nicht einverstanden. Meiner Meinung nach ist das Pergamon Museum besser und dann sind wir schon auf der Museumsinsel ...

Ellen: Ja, dort sind weniger Menschen als im Haus am Checkpoint Charlie, aber es ist nicht so interessant!

Judith: Das stimmt nicht! Die Ausstellung ist einzigartig.

Ellen: Das stimmt schon ... die Ausstellung ist schön, aber ich finde sie ein bisschen langweilig.

Judith: Du weißt, dass viele Berliner nie das Haus am Checkpoint Charlie besuchen.

Ellen: Na ja, ... wir können einen Kompromiss schließen. Wir können morgen das Pergamon Museum besuchen, wenn du das interessanter findest. Wir können zum Haus am Checkpoint Charlie gehen, wenn weniger Touristen da sind, zum Beispiel am Montag.

Judith: Das klingt gut – einverstanden!

DESVENDE

1 Identifique na conversa as informações solicitadas e as escreva aqui em português.

   a Quais são os nomes dos dois museus mencionados na conversa?

_____ _____

124 ···▷ 6 COMA, BEBA E CONVERSE

b Segundo Ellen, qual museu elas devem visitar?
_____

c Qual é a opinião de Ellen sobre o Museu Pergamon?
_____

d Qual frase indica que Ellen e Judith chegam a um acordo?
_____

2 Qual é o significado da frase *es ist ein absolutes Highlight*?
_____

3 Destaque na conversa as frases em alemão correspondentes às expressões a seguir.

a na segunda-feira
b é claro que temos que vistar
c se você acha isso mais interessante
d há muitos turistas
e não é verdade!

4 Veja as frases na conversa e escreva o significado das palavras em negrito.

a *Nein, **dort sind** die meisten Touristen!* _____

b *... aber **es ist ein** absolutes Highlight!* _____

c *... aber **ich finde sie** ein bisschen langweilig.* _____

d *... wenn **weniger Touristen** da sind, ...* _____

e ***Ich weiß, dass** dort viele Touristen sind* _____

OBSERVE

🔊 **06.04** Ouça o áudio e observe o quadro. Preste muita atenção ao modo como as expressões *einverstanden* e *meiner Meinung nach* são pronunciadas.

Em perguntas, você viu que "quando" é **wann**. Quando usado em afirmações sobre um possível futuro, você pode usar **wenn** (que também significa "se").

Expressões essenciais da Conversa 2

Alemão	Significado
Wir müssen natürlich … besuchen.	Claro que precisamos visitar… (Nós precisamos, é claro… visitar.)
dort sind die meisten Touristen	há muitos turistas lá (lá há muitos turistas)
Es gibt doch so viele Museen in …	Mas há tantos museus em… (Há certamente muitos museus em)
Ich weiß, dass dort viele Touristen sind.	Eu sei que há muitos turistas lá.
Ich bin nicht einverstanden.	Eu não concordo.
Meiner Meinung nach …	Na minha opinião…
… ist das Pergamon Museum besser …	… o museu Pergamon é melhor… (é o museu Pergamon melhor)
… und dann sind wir schon …	… e então já estamos… (e então estamos já)
… dort sind weniger Menschen als …	… há menos pessoas lá do que…
… aber es ist nicht so interessant	… mas não é tão interessante
Das stimmt nicht!	Não é verdade!
Die Ausstellung ist einzigartig.	A exposição é especial.
Ich finde sie ein bisschen langweilig.	Eu a acho um pouco monótona. (Eu acho ela um pouco monótona.)
Wir können einen Kompromiss schließen.	A gente pode fazer um acordo. (Nós podemos um compromisso fazer.)
… wenn du das interessanter findest.	… se você acha isso mais interessante.
Am Montag …	Na segunda-feira..
… wenn weniger Touristen da sind …	… quando houver menos turistas lá.
Das klingt gut — einverstanden!	isso parece bom — concordo!

126 ⋯▸ 6 COMA, BEBA E CONVERSE

1 Encontre as palavras usadas para fazer comparações e as escreva a seguir.

a o/a mais _____ **c** melhor _____

b menos _____

2 Como se diz "mais interessante que" em alemão?

_____

3 Com base nisso, como você diria as frases a seguir?

a mais ativo que (ativo = aktiv) _____

b mais bonito que (bonito = schön) _____

c mais legal que (legal = nett) _____

4 Como você escreveria o seguinte em alemão?

a Eu acho _____

b Eu acho a exposição _____

c Eu acho que o museu é melhor _____

d Você acha _____

e Se você acha _____

f Eu sei que _____

g Eu sei que há muitos turistas lá.

_____

5 As expressões a seguir servem para manifestar sua opinião em alemão. Associe as frases em alemão às suas respectivas traduções em português.

a *Das stimmt nicht.*   **1** Parece bom!

b *Meiner Meinung nach, ...*   **2** Claro!

c *Ich bin nicht einverstanden.*   **3** Verdade.

d *Das klingt gut!*   **4** Em minha opinião...

e *Ich finde sie ...*   **5** Eu não concordo.

f *Ich möchte (gern) ...*   **6** Não é verdade.

g *Ich denke, dass ...*   **7** Eu sei que...

h *Natürlich!*   **8** Eu gostaria de...

i *Das stimmt.*   **9** Eu acho que...

j *Ich weiß, dass ...*   **10** Eu acho ...

> **VOCÁBULO: *er/sie/es* para "isso"**
> Geralmente, a palavra que se usa para "isso" em alemão é *es* quando você não estiver se referindo a algo que tem um nome como em *es regnet* (está chovendo). Em outros casos, você ainda pode usar *es*, mas também pode ouvir *er* (ele) ou *sie* (ela) para se referir ao gênero usado em alemão para essa palavra. Aqui, *die Ausstellung* é feminino, então em ***Ich finde sie ...***, *sie* é "ela/coisa". Por outro lado, *das Museum* é neutro, então se diz ***es ist ein absolutes Highlight***! Como você pode ver, "coisas" usam a mesma forma do verbo que *er / sie*.

CONVERSA 2 · **127**

PRATIQUE

1 Use *es gibt* com as terminações das frases dadas.

Exemplo: Não há (horas suficientes no dia). ⋯⫸ **Es gibt nicht genug Stunden am Tag!**

a Há (só três hotéis [*Hotels*] aqui)?

_____

b Não há (vinho na minha casa [*bei mir*]).

_____

c Há (muitas escolas [*viele Schulen*] na Alemanha).

_____

2 Pratique expressar suas opiniões! Para cada frase, use um exemplo do quadro para expressar sua atitude em relação à afirmação dada.

> *Das stimmt!*   *Ich bin einverstanden.*   *Das klingt gut!*
> *Das stimmt nicht!*   *Ich bin nicht einverstanden.*

a *Möchtest du mit Bálint nach Hawaii reisen?* _____

b *Die besten Dinge im Leben sind kostenlos (de graça).* _____

c *Katzen sind intelligenter als Hunde!* _____

d *Der Morgen ist die beste Tageszeit.* _____

e *Frauen fahren besser als Männer.* _____

3 Agora traduza as frases para o alemão para criar algo que expresse sua opinião com precisão. Se você não concordar, adicione *nicht* para tornar a frase verdadeira para você).

a _____ *zu viele Menschen in der Stadt gibt.*
(Eu acho que há muitas pessoas na cidade.)

b _____ *wir weniger Kaffee und mehr Wasser trinken sollten.*
(Eu acho que temos que beber menos café e mais água.)

c _____ *sind Hunde freundlicher als Katzen.*
(Em minha opinião, cachorros são muito mais amigáveis que gatos.)

d _____ *die beste Eissorte natürlich Schokolade ist.*
(Eu sei que o melhor sorvete, claro, é o de chocolate.)

EXPLICAÇÃO GRAMATICAL: Comparações

Felizmente, você está começando a perceber que é fácil fazer comparações em alemão!

Para "maior" ou "menor", adicione -er

É fácil fazer comparações em alemão. Você pode dizer, por exemplo, que algo é "mais", "menos", "maior" ou "menor" do que outra coisa simplesmente adicionando -er à palavra. Embora em português às vezes usemos "mais" (ex.: mais monótono), o alemão é mais direto e quase sempre adiciona -er.

Exemplos: *lustig* (engraçado) + *er* = *lustiger* (mais engraçado)

billig (barato) + *er* = *billiger* (mais barato)

Para "mais que/o maior" ou "menos que/o menor", adicione -ste/-este

Se você quiser dizer que algo é "mais que/o maior" (ex.: o maior, o mais inteligente, o menor), quase sempre você apenas adiciona -ste.

Exemplos: *schnell* (rápido) + *ste* = *der/die/das schnellste* (o mais rápido)

teuer (caro) + *ste* = *der/die/das teuerste* (o mais caro)

schwierig (difícil) + *ste* = *der/die/das schwierigste* (o mais difícil)

Em outras situações, se o adjetivo que estiver usando terminar em *t*, *d*, ou *s*, adicione -este.

Exemplos: *schlecht* (ruim) + *este* = *der/die/das schlechteste* (o pior)

Para "mais" e "menos", use *mehr* e *weniger*

Quando você quiser comparar quantidades ou números, vai usar as palavras em alemão: *mehr* e *weniger*.

Exemplos: *Ich sehe mehr Touristen heute.* (Eu vejo mais turistas hoje.)

Ich habe weniger Geld Heute. (Eu tenho menos dinheiro hoje.)

Para "melhor" e "o melhor", use *besser* e *beste*

O alemão usa palavras únicas para comparar o que é "bom", "melhor" ou "o melhor":

gut (bom)   *besser* (melhor)   *der/die/das beste* (o/a melhor)

Exemplo: *Dieses Café hat der/die/das beste Eis* (sorvete) *in ganz Berlin!*

Para "a maioria" use "meisten

Para falar sobre "a maioria", use *die meisten*:

Exemplo: *Die meisten Leute können ein bisschen Englisch.* (A maioria das pessoas fala um pouco de inglês.)

Para comparações, use *als* como "do que"

Finalmente, quando quiser comparar pessoas ou coisas, use *als*, que funciona como "do que" em português:

Exemplo: *Ich finde Horrorfilme spannender als Actionfilme.*

(Eu acho filmes de terror mais empolgantes do que filmes de ação.)

1 Para praticar, utilize a forma correta de fazer comparações em alemão.

Exemplo: mais simpático (*nett*) → **netter**   o mais simpático→ **der/die/das netteste**

    a menor (*klein*) → _____   o menor → _____

    b mais charmoso (*charmant*) → _____   o mais charmoso → _____

    c mais preguiçoso (*faul*) → _____   o mais preguiçoso → _____

    d mais interessante (*interessant*) → _____   o mais interessante → _____

    e mais difícil (*schwierig*) → _____   o mais difícil→ _____

    f mais fácil (*leicht*) → _____   o mais fácil → _____

2 Use todos os comparativos que você aprendeu para traduzir as frases a seguir.

    a mais livros do que _____   **d** o melhor restaurante _____

    b a cidade mais bonita _____   **e** o pior (*schlecht*) filme _____

    c menos pessoas que _____   **f** é melhor que... _____

3 Preencha com as palavras que faltam.

    a *Deine Stadt ist* _____ _____ *meine Stadt.* (A sua cidade é **menor do que** a minha cidade.)

    b *Deine Stadt ist* _____ _____ *im Land.* (A sua cidade é **a menor** do interior).

    c _____ _____ *Französisch* _____ _____ *Italienisch.* (**Eu acho** francês **mais bonito do que** italiano.)

    d _____ *Deutsch ist* _____ _____ *Sprache.* (**Mas** alemão é o idioma **mais bonito.**)

    e *Ich finde dieses Museum* _____. (Eu acho este museu **maior.**)

    f *Der Film ist* _____ _____. (O filme é **o mais interessante.**)

    g *Dieses Restaurant ist* _____ _____ *das andere.* (Este restaurante é **pior do que** o outro.)

    h *Aber die neue Pizzeria ist* _____ _____ *Restaurant überhaupt.*
    (Mas a nova pizzaria é **o pior** restaurante de todos.)

JUNTE TUDO

1 *Welche Stadt möchtest du besuchen?* Faça uma recomendação a um amigo indicando alguma coisa a fazer em uma cidade que você conhece ou gostaria de visitar. Use o vocabulário que aprendeu na Conversa 2 e o vocabulário pessoal que você procura no dicionário. Tente incluir:

    ⬤ ┈┄ Os lugares que gostaria de visitar (*besuchen*)   **Es gibt so viele Highlights in ...**

    ⬤ ┈┄ Os melhores locais ou experiências, na sua opinião (*das beste*)

    ⬤ ┈┄ Frases com comparações (*mehr/weniger/besser ..., als*)

    ⬤ ┈┄ Frases que expressem sua opinião (*meiner Meinung nach*).

130 ┈┄ 6 COMA, BEBA E CONVERSE

CONVERSA 3

O que você recomenda?

Cultura sempre é um assunto importante nos jantares alemães. Você não precisa citar Shakespeare, mas aprenda algumas frases para intervir nas conversas e dar sua opinião sobre livros, música, arte ou política.

🔊 **06.05** Agora que a discussão foi resolvida, Ellen e Judith estão trocando opiniões sobre músicas e livros. Que frase Ellen usa para dizer "me conte"?

Ellen:	Sag mal, Judith. Ich interessiere mich für deutsche Musik. Was kannst du mir empfehlen?
Judith:	Das ist eine gute Frage! Meiner Meinung nach ist die beste deutsche Musik von Beethoven, Bach und Mozart ... Ich höre Klassik lieber als moderne Musik.
Ellen:	Ich höre gern Tim Bendzko! Er singt „Keine Zeit", oder? Ich möchte seine Songtexte lernen.
Judith:	Du solltest die deutsche Musik besser kennenlernen. Ich gebe dir ein paar Lieder. Kannst du mir dafür ein gutes Buch auf Englisch empfehlen?
Ellen:	Sicher! Ich lese sehr viel. Ich lese gerade ein Buch und morgen gebe ich es dir. Ich bin ganz sicher, du wirst viel Spaß haben!
Judith:	Danke!
Ellen:	Ich danke dir auch!
Judith:	Also, wo ist der Kellner? Lass uns zahlen, Ellen ... Entschuldigung? Die Rechnung bitte!

> **DICA CULTURAL: rachando a conta na Alemanha**
>
> "Rachar a conta", ou o hábito de todos pagarem a própria refeição, é a norma na maioria das situações na Alemanha. Na verdade, pagar separadamente é tão comum que alguns garçons perguntam se você quer pagar *getrennt oder zusammen?* (separado ou junto) mesmo antes de anotar seu pedido.

DESVENDE

1 Que assuntos Ellen e Judith discutem nesta conversa? Destaque os que se aplicam.

viagem, política, relacionamentos, arte, comida, livros, música

2 Responda as perguntas sobre a conversa com uma frase curta em alemão.

a Segundo Judith, qual é a melhor música em alemão? _____

b De que música ela não gosta tanto? _____

c O que Ellen pretende dar a Judith? _____

CONVERSA 3 ⚜ **131**

3 *Mir/dir* aparecem cinco vezes nesta conversa. Destaque cada verbo associado a eles.

4 Como você diria em alemão:

    a Onde está o garçom? _____

    b A conta, por favor! _____

5 Encontre as seguintes frases na conversa.

    a Em minha opinião… _____

    b Gosto de ouvir… mais do que… _____

    c O que você recomenda? _____

OBSERVE

🔊 **06.06 Ouça o áudio e observe o quadro.**

Expressões essenciais da Conversa 3

Alemão	Significado
Ich interessiere mich für …	Estou interessada em…
Was kannst du mir empfehlen?	O que você me recomenda?
Das ist eine gute Frage!	É uma boa pergunta!
Meiner Meinung nach ist die beste …	Na minha opinião, o melhor… é …
Ich höre Klassik lieber als moderne Musik.	Gosto mais de ouvir música clássica do que moderna.
Du solltest … besser kennenlernen.	Você deve saber mais sobre…
Ich gebe dir ein paar Lieder.	Eu lhe darei algumas músicas.
dafür	em troca
Kannst du mir … empfehlen?	Você pode me recomendar… ?
… das Buch, das ich gerade lese.	… o livro que acabei de ler.
Ich bin ganz sicher, du wirst viel Spaß haben!	Tenho toda certeza de que você vai se divertir muito!
Lass uns zahlen.	Vamos pagar.
Die Rechnung bitte!	A conta, por favor!

1 Como você diria o seguinte em alemão?

    a divertir-se _____   **b** em troca _____

132 ⤳ 6 COMA, BEBA E CONVERSE

2 Associe as frases em alemão às suas respectivas traduções em português.

a *Ich höre lieber*   **d** *Lass uns zahlen*   **1** Eu vou lhe dar   **4** Gostaria de
b *Ich möchte*   **e** *Ich bin sicher,*   **2** Tenho certeza   aprender
     lernen   *dass*   de que   **5** Vamos pagar
c *Ich gebe dir*   **3** Prefiro ouvir

3 Identifique as expressões que podem ser usadas para pedir recomendações e as escreva a seguir em alemão.

a Me conte... _____

b O que você recomenda? _____

c Você pode me recomendar... _____

PRATIQUE

1 As expressões polivalentes podem ser adaptadas a várias situações diferentes.

a Expressão polivalente: *Ich bestelle* (Eu vou pedir)

... água mineral. _____

... um táxi. _____

... a conta. _____

... outra bebida. _____

b Expressão polivalente: *Ich möchte ... (etwas) ... besser kennenlernen.*

Sobre o que você gostaria de saber mais? Procure palavras novas que você possa usar com essa expressão polivalente e escreva três frases diferentes.

2 Preencha as lacunas a seguir com as respectivas palavras em alemão.

a *Ich höre* _____ _____ _____ *moderne Musik.*
(Eu ouço **mais música clássica do que** música moderna.)

b *Welches Buch* _____ *deiner* _____ _____ *interessanter?*
(**Na** sua **opinião**, qual livro é mais interessante?)

c *Ein Moment bitte,* _____ _____ _____ *unsere Adresse* _____!
(Um momento, **eu vou lhe** (informal) **dar** nosso endereço!)

CONVERSA 3 **133**

#LANGUAGEHACK:
Deixe sua conversa mais fluente usando conectivos

Suavize suas conversas para falar muito mais

Quando ouve perguntas em alemão, o iniciante fica tentado a responder com uma só palavra. Você gosta deste livro? *Ja.* Como está a comida? *Gut.*

Embora você (ainda) não saiba criar respostas elaboradas em alemão como gostaria, aprenda frases versáteis para usar em vez de respostas curtas.

Os **conectivos de conversação** são expressões polivalentes que incrementam suas frases, turbinam seu alemão e podem ser usados em várias situações. Por exemplo, na Conversa 3, Judith usa o conectivo *das ist eine gute Frage* em sua conversa com Ellen.

Como usar conectivos em conversas

Bons conectivos são versáteis e, sem encher a frase com informações adicionais, ampliam seu sentido. Por exemplo, se alguém perguntar *Wie findest du dieses Restaurant?*, você pode responder com *Danke für dein Interesse. Ich finde dieses Restaurant sehr gut, und du?*

Confira a seguir alguns exemplos de conectivos de conversação para utilizar nos seus diálogos.

Para acrescentar sua opinião
- *um ehrlich zu sein* (para dizer a verdade)
- *meiner Meinung nach* (em minha opinião)
- *unter uns gesagt* (entre nós)
- *leider* (infelizmente)
- *so wie ich es sehe* (me parece que)
- *immer mehr* (cada vez mais)
- *wie du vielleicht weißt* (como você deve saber)
- *soweit ich weiß* (até onde sei)
- *das kommt darauf an* (isso depende)

Para elaborar uma ideia
- *um genau zu sein* (para ser exato)
- *zum Beispiel* (por exemplo)
- *und deswegen ...* (e por isso...)
- *und außerdem* (e além disso...)
- *ohne Zweifel* (sem dúvida)

Para mudar de assunto
- *anderseits* (por outro lado)
- *übrigens* (a propósito)

Aqui estão mais alguns exemplos de como usar conectivos de conversação.

- Quando alguém perguntar, *Wie alt bist du?* (Quantos anos você tem?), você pode dizer:
  Ich bin 41,

ou:

Also ... unter uns gesagt ... leider ... bin ich schon 41!

···≯ Quando alguém perguntar, *Warum lernst du Deutsch?,* você pode dizer: *Ich finde die deutsche Kultur interessant.*

ou:

Meiner Meinung nach ist die deutsche Kultur sehr interessant! Und deswegen lerne ich Deutsch.

Observe que os conectivos de conversação ampliam suas respostas e aumentam a sensação de interação! Para iniciantes, sair da inércia é mais importante para manter o ritmo das conversas do que conhecer muitas palavras.

SUA VEZ: Use o hack

Use os conectivos de conversação para formular respostas mais longas.

Exemplo: *Was meinst du, ist dieses Haus klein?*

 Um ehrlich zu sein, finde ich dieses Haus sehr groß!

a *Wie ist dein Essen?* _____

b *Wo wohnst du?* _____

c *Möchtest du etwas vom Supermarkt?* _____

d *Trinkst du Kaffee?* _____

> **DICA DE GRAMÁTICA:** *ordem das palavras*
> Com vários desses conectivos de conversação , o verbo vem imediatamente após o conectivo.

JUNTE TUDO

1 Desenvolva frases para usar durante uma conversa sobre temas culturais em um jantar. Crie declarações "pessoais" que:

···≯ Descrevam suas músicas, obras de arte ou livros favoritos e por quê (*... ist das schönste Buch, weil ...*)

···≯ Expressem sua opinião (*meiner Meinung nach, ich finde, ...*)

···≯ Incorporem expressões polivalentes (*Ich interessiere mich für ...*)

···≯ Façam comparações (*mehr / weniger ... als, beste*) e usem conectivos de conversação.

CONVERSA 3 ···≯ 135

FINALIZANDO A UNIDADE 6

Confira o que aprendeu

Ouça o áudio e as duas afirmativas em alemão indicadas na gravação. A primeira frase apresenta informações sobre alguém, enquanto a segunda oferece um resumo dessas informações.

🔊 **06.07** Depois de ouvi-las, selecione *richtig* se o resumo estiver correto ou *falsch* se estiver errado.

Exemplo: *Marie denkt, dass Düsseldorf schöner als Köln ist.* (richtig) / *falsch*

Agora ouça e faça o resto.

a Boris denkt, Yoga ist besser als Karate.   *richtig / falsch*
b Sarah findet die Museen in Berlin nicht interessant.   *richtig / falsch*
c Martin denkt, Japanisch ist nicht leicht.   *richtig / falsch*
d Mia findet, dass Online-Unterricht nicht praktisch ist.   *richtig / falsch*
e Alina möchte mit Tania zum Englischkurs gehen
  und Tania findet, das ist eine gute Idee.   *richtig / falsch*

Mostre o que sabe...

Confira o que acabou de aprender. Escreva ou fale um exemplo para cada item da lista e marque os que sabe.

☐ Peça um prato específico usando "Eu quero".
☐ Peça uma bebida específica usando "Eu gostaria".
☐ Use frases voltadas para situações formais:
    ☐ boa noite, em situações formais e informais
    ☐ por favor (formal)
    ☐ obrigado(a).
☐ Diga "eu concordo", "eu discordo" e "na minha opinião".
☐ Elabore uma frase para fazer e outra para pedir recomendações.
☐ Indique as expressões de comparação correspondentes a "mais que", "menos que", "o/a mais" e "melhor que".
☐ Dê dois exemplos de conectivos de conversação.

136 ⋯⋮⟩ 6 COMA, BEBA E CONVERSE

COMPLETE SUA MISSÃO

É hora de completar a missão: convença seu amigo a dar uma chance para o seu restaurante favorito. Crie frases que expressem suas opiniões e expliquem por que você concorda ou discorda de algo. Descreva seu restaurante favorito ou outro estabelecimento ou pesquise restaurantes em um país de idioma alemão que deseje visitar.

PASSO 1: Crie seu script

Para continuar desenvolvendo seu script, crie frases que expressem suas opiniões usando seu vocabulário "pessoal":

- Descreva seu restaurante favorito. Por que você gosta tanto dele? O restaurante serve quais pratos e bebidas? O que você mais gosta de pedir quando vai lá e por quê?
- Convença um dos seus amigos a ir a esse restaurante apontando sua melhor qualidade em relação aos outros restaurantes da cidade (faça comparações!).
- Faça e peça recomendações.
- Inclua expressões polivalentes e conectivos de conversação.

Depois de escrever o script, repita as frases até se sentir confiante.

TÁTICA DE ESTUDO: *investigação de ação* Confira como os alemães descrevem suas próprias experiências com restaurantes que acharam bons (ou não)! Para saber mais, acesse a comunidade online #LanguageHacking.

PASSO 2: O mundo gira em torno de mim!... *online*

Quando estiver à vontade com seu script, acesse a comunidade online e compartilhe sua gravação. Durante o registro e enquanto estiver pensando no que vai dizer, lembre-se de usar conectivos de conversação entre as frases para que seu alemão flua melhor. Com esse exercício, você fixará na memória e viabilizará a utilização dessas frases em situações reais!

É isso mesmo! **Crie frases com informações pessoais** para falar sobre a sua vida e coisas relevantes para você! Fica muito mais fácil estudar um idioma quando falamos sobre o que realmente importa.

FINALIZANDO A UNIDADE 6 · 137

PASSO 3: Aprenda com outros estudantes

Pratique suas habilidades argumentativas com outros hackers da linguagem! Sua tarefa é responder em alemão, pelo menos, três perguntas de pessoas diferentes indicando se concorda ou discorda com cada argumento levantado e por quê. Use as frases *Einverstanden* ou *Das stimmt* para demonstrar que você entende o ponto de vista da outra pessoa.

PASSO 4: Avalie o que aprendeu

Você achou algum ponto fácil ou difícil nesta unidade? Aprendeu palavras ou frases novas na comunidade online? A cada script e conversa, você tem uma percepção mais clara das lacunas a serem preenchidas no script.

EI, HACKER DA LINGUAGEM, VOCÊ ESTÁ INDO MUITO BEM!

Agora você já pode expressar suas opiniões, falar sobre comida, fazer comparações e conversar sobre assuntos interessantes. Foi uma grande evolução. Daqui em diante, a tendência é só melhorar!

A seguir, vamos desenvolver bastante suas habilidades de conversação ao abordarmos o passado.

Du schaffst es!

7 FALE SOBRE ONTEM... SEMANA PASSADA... MUITO TEMPO ATRÁS

Sua missão

Imagine que você resolveu participar de um grupo de estudos de alemão e agora precisa fazer uma apresentação contando histórias pessoais, mas com um detalhe: essas histórias podem ser verdadeiras ou inventadas.

Sua missão é contar uma história que seja verdadeira e inacreditável ou inventar uma história tão convincente que as pessoas não conseguirão saber se ela é verdadeira ou falsa. Narre uma história pessoal ou lição de vida que aprendeu quando estudou algum idioma, mudou para um lugar novo ou correu um grande risco.

Nesta missão, você irá ampliar suas habilidades de conversação, aprendendo a desenvolver vários tópicos para abordar em situações informais e a contar casos curiosos para apimentar seu repertório de alemão!

Treine para a missão

- Fale sobre o passado usando apenas dois elementos: *Ich habe ... gesprochen.*
- Responda perguntas sobre o passado: *Was hast du gestern gemacht? / Ich bin ... gegangen.*
- Indique há quanto tempo algo aconteceu usando *vor*.
- Use o passado para falar sobre a evolução do seu alemão: *Habe ich das Wort richtig gesagt?*

APRENDENDO A TER CONVERSAS MAIS ABRANGENTES NO IDIOMA

Até agora, suas conversas em alemão abordaram eventos que estão acontecendo ou irão ocorrer. Nesta unidade, você vai aprender a descrever vividamente suas ações passadas para que suas conversas fiquem muito mais abrangentes.

#LANGUAGEHACK
Viagem no tempo: use o presente para falar do passado e do futuro.

CONVERSA 1

Quando falamos alemão regularmente com as mesmas pessoas, muitas vezes nos perguntamos: "Sobre o que vou falar?" Usar e entender o passado é uma ótima solução para esse problema. Com ele, você pode contar histórias pessoais e propor diversos tópicos de conversas.

O que você fez semana passada?

Ellen está conversando de novo com Martin, um dos seus instrutores online.

🔊 **07.01** Como Martin pergunta "O que você fez no último fim de semana?"

Martin: Hallo Ellen! Was gibt's Neues? Was hast du am letzten Wochenende gemacht?

Ellen: Judith und ich haben zusammen zu Abend gegessen ... und wir haben **über** unsere Pläne für das Wochenende gesprochen. Gestern haben wir dann das Pergamon Museum gesehen ... und wir haben auch viele andere Sehenswürdigkeiten fotografiert!

Martin: Und, wie war es?

Ellen: Es hat mir Spaß gemacht! Judith weiß viel über Geschichte und Politik; man kann richtig gut mit ihr plaudern! Und wir gehen morgen ins Haus am Checkpoint Charlie!

Martin: Du hast doch Judith erst vor einer Woche getroffen, oder?

Ellen: Das stimmt.

Martin: Ich habe das Pergamon Museum in Berlin einmal vor vier Jahren besucht.

Ellen: Hat es dir gefallen?

Martin: Es war okay ... vor allem das Café im Museum hat mir gefallen! Dort habe ich eine leckere Torte gegessen!

VOCÁBULO: usando _über_ e _vor_

Quando falamos sobre locais, *vor* significa "em frente a" e *über* significa "acima". Mas eles têm outros significados importantes:

···▸ *vor* é usado como "há" e vem antes do tempo, e não depois: *vor neun Wochen* (há nove semanas)

···▸ *über* é usado como "sobre" para temas de conversa: *Er spricht über sein Auto.* (Ele está falando sobre seu carro.)

DESVENDE

1 Destaque na conversa as frases correspondentes a:

a último fim de semana

b jantamos juntas

c Ontem, vimos...

d O que você achou?

e uma vez há quatro anos

f Foi legal.

g Comi uma torta gostosa lá.

h falamos sobre nossos planos para o fim de semana

2 Qual é a opinião de Martin sobre o Museu Pergamon?

a É divertido.   b Nada mal.   c É um de seus museus favoritos.

140 ···▸ 7 FALE SOBRE ONTEM... SEMANA PASSADA... MUITO TEMPO ATRÁS

3 *Richtig oder falsch?* Selecione a resposta correta.

a Judith e Ellen só visitaram o museu ontem. *richtig/falsch*

b Judith sabe muito sobre história e política. *richtig/falsch*

c Ontem, Ellen foi ao Museu Checkpoint Charlie. *richtig/falsch*

d Ellen conheceu Judith uma semana atrás. *richtig/falsch*

4 Qual é o significado da frase *richtig gut*? _____

5 Quais são as palavras em alemão para:

a ontem _____ b hoje _____ c amanhã _____

OBSERVE

🔊 **07.02** Ouça o áudio, observe o quadro e repita de acordo com a gravação.

> **VOCÁBULO:** *gefallen*
> Embora você possa esperar ver *gern* quando discutir do que gostou ou não, outra forma de expressar "eu gostei de" é *das hat mir gefallen* (isso me agradou).

Expressões essenciais da Conversa 1

Alemão	Significado
Was gibt's Neues?	Quais são as novidades?
Was hast du am letzten Wochenende gemacht?	O que você fez no último fim de semana? (O que você no último fim de semana fez?)
Judith und ich haben zusammen zu Abend gegessen	Judith e eu jantamos juntas
Wir haben über unsere Pläne für das Wochenende gesprochen.	Falamos sobre nossos planos para o fim de semana. (Nós sobre nossos planos para o fim de semana falamos.)
Gestern haben wir ... gesehen.	Ontem, nós vimos... (Ontem, vimos nós...)
wir haben ... fotografiert	fizemos fotos (de)... (nós... fotografamos)
... auch viele andere Sehenswürdigkeiten	... muitos outros passeios, também (também muitos outros passeios)
Es hat mir Spaß gemacht!	Eu me diverti! (Para mim divertido foi.)
Judith weiß viel über ...	Judith sabe muito sobre...
wir gehen morgen ins ...	amanhã nós iremos para... (nós vamos amanhã para)
Man kann richtig gut mit ihr plaudern!	A gente pode conversar com ela muito bem! (A gente pode muito bem com ela conversar.)
Du hast doch Judith erst vor einer Woche getroffen.	Você conheceu Judith há uma semana. (Você mesmo Judith há uma semana conheceu.)
Ich habe das Museum einmal vor vier Jahren besucht.	Eu visitei o museu uma vez há quatro anos. (Eu fui ao museu uma vez há quatro anos visitar.)
Hat es dir gefallen?	Você gostou? (Foi para você divertido?)
Es war okay	Foi legal
Dort habe ich eine leckere Torte gegessen!	Eu comi uma torta gostosa lá!

CONVERSA 1 141

1 **Encontre os exemplos de passado na lista de expressões e escreva-os em alemão.**

a O que você fez no fim de semana? _____

b Judith e eu jantamos juntas. _____

c Nós conversamos sobre nossos planos para o fim de semana. _____

2 **Destaque cada uma das expressões a seguir nas frases em alemão que escreveu no Exercício 1.**

a último fim de semana   b juntas   c sobre nossos planos para o fim de semana

3 **Use as traduções literais da lista para completar as seguintes frases no tempo passado no quadro. A primeira já está feita.**

Infinitivo	Alemão — frase no passado	Significado
	Was hast du gemacht?	O que você fez?
machen (fazer)		Nós fizemos... (planos).
		Eu me (diverti)!
zu Abend essen (jantar)		Nós jantamos.
essen (comer)		Eu comi.
sprechen (falar)		Nós conversamos
sehen (ver)		Nós vimos...
treffen (encontrar)		Você encontrou (ela).
fotografieren (fotografar)		Nós fotografamos...
besuchen (visitar)		Eu visitei...
gefallen (gostar)		Você gostou (disso)?
		Eu gostei (disso)!

4 **Veja o quadro do Exercício 3. O que os verbos no passado têm em comum? Anote os padrões que encontrar.**

_____

5 **Vor (atrás/há) funciona como *seit* (desde) quando se refere a quantidade de dias, meses ou anos. Com base nisso, use *vor* para completar as frases a seguir.**

a *Was hast du* _____ _____ _____ *gemacht?* (O que você fez **há três dias**?)

b _____ _____ _____ *habe ich meine Eltern besucht.* (**Há quatro dias** eu visitei meus pais.)

c *Der Film hat* _____ _____ _____ *begonnen.*
(O filme começou **dez minutos atrás**.)

d *Ich habe ihn* _____ _____ _____ *in München getroffen.*
(Eu o encontrei **há seis meses** em Munique.)

e *Ich habe* _____ _____ _____ *schon in diesem Restaurant gegessen.*
(Eu já comi nesse restaurante **há dois anos!**)

EXPLICAÇÃO GRAMATICAL: Formando o passado com *haben*

Com verbos regulares — siga dois passos fáceis

Formar o passado em alemão realmente é muito fácil com muitos verbos. Estas são as regras:

Passo 1: Comece com o presente do *haben* (ter), que agora você já conhece bem: *ich habe, du hast, er/sie/es hat, wir haben, ihr habt, sie/Sie haben*.

Passo 2: Acrescente o verbo desejado, mas modifique um pouco a sua grafia, o que geralmente consiste em *ge* + a forma *er/sie*.

Exemplo: *spielen* → *ge*spiel**t**

Passo 3: Junte-os para criar *ich habe gespielt* (eu joguei). Assim, você agora sabe dizer *ich habe gefragt* (eu perguntei), *du hast gesagt* (você disse), *ich habe gewohnt* (eu morei), e mais!

Exceções

Todas as regras têm exceções, e nem todos os verbos em alemão seguem esse padrão. Veja algumas das formas mais importantes que não seguem essa regra:

> Se você disser *ich habe gesagt*, pode traduzir como "Eu disse" ou até "Eu estava dizendo". Normalmente, não se faz essa diferença, de modo que aprender uma versão lhe dá três modos de se expressar!

> **PRONÚNCIA: *geschrieben***
> É fácil não perceber a mudança na grafia aqui, mas lembre que há uma diferença clara na pronúncia de *ei* e *ie*: em *schreiben*, o som da vogal rima com "ai", enquanto em *geschrieben* ele rima com "li".

Quadro de exceções de tempos verbais

Padrão	Infinitivo	Passado	Infinitivo	Passado	Infinitivo	Passado
	sehen (ver)	gesehen (viu)	geben (dar)	gegeben (deu)	essen (comer)	gegessen (comeu)
	trinken (beber)	getrunken (bebeu)	finden (encontrar)	gefunden (encontrou)	wissen (saber)	gewusst (soube)
	treffen (encontrar)	getroffen (encontrou)	helfen (ajudar)	geholfen (ajudou)	sprechen (falar)	gesprochen (falou)
(irregular)	nehmen (pegar)	genommen (pegou)	schreiben (escrever)	geschrieben (escreveu)	denken (pensar)	gedacht (pensou)

CONVERSA 1 · **143**

Embora esses verbos sejam irregulares, você pode ver alguns padrões que facilitam sua memorização. Por exemplo, *sprechen* (falar) mudando para *gesprochen* (falou). Que outros padrões você vê?

Tempo passado sem *ge-*

Algumas formas de passado não usam *ge-* (como em *ich habe ... besucht*, que você viu na Conversa 1). Geralmente, não se adiciona *ge-* ao passado quando o verbo começa com:

Também não se adiciona *ge-* se as últimas letras do verbo no infinitivo forem *-ieren*. Você também viu isso quando Ellen disse **wir haben fotografiert** (nós fotografamos).

> **be-** ex.: bekommen (obter) → *ich habe bekommen* (eu obtive)
> Também, *bestellen* (encomendar), *beginnen*, *besuchen* (visitar).

> **er-** ex.: erklären (explicar) → *sie hat es erklärt* (ela explicou...)
> Também, *erfahren* (vivenciar).

> **ent-** ex.: entscheiden (decidir) → *ich habe entschieden* (eu decidi)
> Também, *entdecken* (descobrir).

> **ge-** ex.: gefallen (agradar) → *es hat mir gefallen* (me agradou/ eu gostei de).

> **ver-** ex.: verstehen (compreender) → *Hast du verstanden?* (Você compreendeu?)
> Também, *vergessen* (esquecer), *vermissen* (faltar).

1   Preencha as lacunas a seguir usando o passado dos verbos indicados.

a   Er _____ vor zwei Jahren Spanisch _____. *(lernen)*

b   _____ ihr gestern Pläne _____? *(machen)*

c   _____ du heute schon Deutsch _____? *(üben)*

d   _____ Sie ein Buch von Tolkien _____ ? *(lesen)*

e   Marius und Maria _____ einen Film im Kino _____. *(sehen)*

f   Stefan _____ ihr einen Kuss _____. *(geben)*

g   Wir _____ gestern ganz viel _____. *(fotografieren)*

h   Ich _____ im Sommer meinen Bruder _____. *(besuchen)*

2   Pratique usando os verbos irregulares no passado para descobrir como a história a seguir se desenrola!

a   Stefan und ich _____ gestern in einem Restaurant zu Abend _____ *(essen)*.

b   Dabei _____ er zu viel Alkohol _____ *(trinken)*.

c   Ein Taxifahrer _____ mir _____ *(helfen)*, Stefan ins Taxi zu tragen.

d   Der Taxifahrer _____ bei Stefan einen Zettel mit einer Nummer _____ *(finden)*.

e   Was _____ Stefan _____ *(schreiben)*? Eine Telefonnummer?

f   _____ er eine andere Frau _____ *(treffen)*?

g   Ich _____ mein Handy _____ *(nehmen)*, die Nummer getippt (digitei) und mit einer Frau _____ *(sprechen)*.

h   Sie _____ nicht _____ *(wissen)*, dass Stefan mein Freund ist.

i   Ich _____ nie _____ *(denken)*, dass Stefan sich für andere Frauen interessiert!

PRATIQUE

1 Agora você pode criar novos tipos de sentenças completas! Escreva em alemão:

a O restaurante é ótimo. Almocei lá há dois dias.

_____

b Falei com Martin sobre a Alemanha.

_____

c Ela visitou seu irmão em Dublin.

_____

2 Pense na frase *Hat es dir gefallen?* (Você gostou de...?) da Conversa 1. Com base no uso de *dir*, como você traduziria essas frases?

a Ele gostou de...? _____

b Ela gostou de...? _____

c Eu gostei de...! _____

d Nós não gostamos de... _____

JUNTE TUDO

Was gibt's Neues? Was hast du gestern/am letzten Wochenende gemacht?

Vamos usar o passado, que você acabou de aprender, e criar frases "pessoais" voltadas para conversas reais. Responda as perguntas em alemão com base em suas experiências. Diga:

⋯⟩ O que você fez, o que comeu...

⋯⟩ Quem você viu, com quem falou...

⋯⟩ Sobre o que conversaram...

CONVERSA 1 ⋯ **145**

CONVERSA 2

Quando você começou a estudar alemão?

Outra excelente forma de aumentar a abrangência das suas conversas é aprender a falar em alemão sobre sua evolução no idioma! Você com certeza vai ouvir essas perguntas, portanto prepare suas respostas em alemão. Depois de colocarem a conversa em dia, Ellen e Martin estão falando sobre o que Ellen tem feito para melhorar seu alemão.

🔊 **07.03** Como Martin pergunta "Você teve tempo para estudar esta semana?"

Martin: Und, hast du diese Woche Deutsch gelernt?

Ellen: Ja, ich habe ein bisschen gelernt. Ich habe ein paar neue Wörter gelernt und mit Judith ein paar Sätze geübt.

Martin: Ausgezeichnet! Hast du deine Hausaufgaben gemacht?

Ellen: Ja. Hier sind sie.

Martin: Hast du dazu Fragen?

Ellen: Ja! Was ist der Unterschied zwischen 'Apartment' und 'Wohnung'? Habe ich 'Wohnung' richtig gesagt?

Martin: Es gibt keinen Unterschied! Und ja, du hast es richtig gesagt. Ich muss sagen, dass du eine ausgezeichnete Schülerin bist. Wann hast du begonnen, Deutsch zu lernen?

Ellen: Ich habe erst vor ein paar Monaten begonnen. Letzten Sommer habe ich entschieden, ein Jahr *lang* zu reisen, also habe ich ein Ticket gekauft und bin nach Düsseldorf geflogen, und dann bin ich nach Berlin gereist.

Martin: Stimmt, ich habe das vergessen – du hast mir das schon erzählt!

VOCÁBULO: use *lang* para "um período de tempo"
Ein Jahr lang pode ser usado como "todo um ano", mas é usado com mais frequência para descrever um período de tempo em que normalmente você diria "por". Assim, aqui ele significa "por um ano".

146 ⇢ 7 FALE SOBRE ONTEM... SEMANA PASSADA... MUITO TEMPO ATRÁS

DESVENDE

1 As frases a seguir são *falsch*. Destaque as palavras que as tornam incorretas e escreva o substituto correto em alemão.

   a Ellen estudou muito alemão durante o fim de semana. _____

   b Ellen começou a aprender alemão só há algumas semanas. _____

   c Ellen viajou (de avião) para Berlim em janeiro. _____

2 Leia a conversa e responda as perguntas.

   a Como Judith ajudou Ellen a melhorar seu alemão nesta semana?

   _____

   b Qual é o significado da frase *ich habe das vergessen — du hast mir das schon erzählt!*?

   _____

   c Que frase Ellen usa para conferir sua pronúncia?

   _____

> Você notou o substantivo composto **Hausaufgaben?** Tente deduzir seu significado pelo contexto da conversa e pelas palavras que o compõem, *Haus* (casa) e *Aufgaben* (tarefas).

3 Use o contexto para descobrir o significado dessas palavras/frases.

   a *Unterschied* _____

   b *ich habe entschieden* _____

   c *Hausaufgaben* _____

   d *zwischen* _____

4 Destaque na conversa pelo menos dez verbos no passado.

OBSERVE

🔊 **07.04** Ouça o áudio e observe o quadro.

Expressões essenciais da Conversa 2

Alemão	Significado
Hast du diese Woche Deutsch gelernt?	Você estudou alemão esta semana?
Ich habe ... geübt.	Eu estudei...
ein paar neue Wörter	algumas palavras novas
ein paar Sätze	algumas frases
Ausgezeichnet!	Excelente!
Hast du deine Hausaufgaben gemacht?	Você fez seu dever de casa?
Hast du dazu Fragen?	Você tem (alguma) pergunta a respeito?
Was ist der Unterschied zwischen ...?	Qual é a diferença entre...?
Habe ich 'Wohnung' richtig gesagt?	Eu disse "Wohnung" direito? (Eu "Wohnung" direito disse?)
Ich muss sagen, dass ...	Preciso dizer que...
Wann hast du begonnen, ...	Quando você começou...
Letzten Sommer habe ich entschieden, ...	No verão passado, eu decidi...
ein Jahr lang zu reisen	viajar por um ano
also habe ich ein Ticket gekauft	então comprei uma passagem
und bin nach Düsseldorf geflogen	e viajei para Düsseldorf
und dann bin ich nach Berlin gereist	e então viajei para Berlim
Ich habe das vergessen.	Eu esqueci que.
Du hast mir das schon erzählt.	Você já disse isso.

1 Encontre essas frases polivalentes na lista de expressões e escreva-as em alemão.

   a Eu disse... direito? _____

   b Preciso dizer que... _____

   c Você me disse isso. _____

2 Há um uso de "você tem" na conversa que aplica o tempo presente. Qual é? (Dica: procure uma frase sem o segundo verbo).

   Alemão: _____ *Português:* _____

148 ┅⟩ 7 FALE SOBRE ONTEM... SEMANA PASSADA... MUITO TEMPO ATRÁS

3 Há dois verbos no passado na conversa, sendo que um começa com *ent-* e outro, com *ver-*, que, assim, não usam *ge-*. Quais são eles? _____ _____

4 Use a lista de expressões para ajudá-lo a reconhecer as frases no passado em alemão. Escolha a frase correta na lista e escreva-a junto à correspondente em português.

du hast gemacht	*ich habe gelernt*	*ich habe entschieden*
du hast mir erzählt	*ich habe geübt*	*ich habe gekauft*
du hast begonnen	*ich bin geflogen*	*ich habe vergessen*
du hast gesagt	*ich bin gereist*	

a eu aprendi/estudei _____

b eu voei _____

c eu pratiquei _____

d eu comprei _____

e eu viajei _____

f eu esqueci _____

g eu decidi _____

h você fez _____

i você me disse _____

j você disse _____

k você começou _____

EXPLICAÇÃO GRAMATICAL: Use o verbo *sein* para expressar movimento

Na maioria das vezes, você vai usar *haben* para falar sobre o passado, mas as coisas mudam com verbos que expressam movimento ou "transformação". Por exemplo:

Eu **fui** = *ich bin gegangen*

Nós **voamos** = *wir sind geflogen*

Eu **fiquei** = *ich bin geworden*

Eles **nasceram** = *sie sind geboren*

Nesses casos, você usará *sein* (ser) no lugar de *haben*, mas fora isso seguirá os mesmos passos! Por exemplo, para traduzir "Markus viajou para a Itália ontem":

sein (ser) + *ge* + *reist* → *gereist* (**viajou**)

Markus ist + *ge*reist → *Markus ist gestern nach Italien **gereist**.*

Veja alguns dos verbos mais importantes que são formados assim no passado:

Infinitivo	gehen (ir)	fahren (ir/dirigir)	kommen (vir)	fliegen (voar)	laufen (correr)	werden (tornar-se)
Passado	gegangen (foi)	gefahren (dirigiu)	gekommen (veio)	geflogen (voou)	gelaufen (correu)	geworden (tornou-se)

1 Experimente! Use *sein* + *ge-* para formar uma frase no passado com "eu dirigi":

_____

2 Usando o que aprendeu sobre *haben* e *sen*, destaque a resposta correta em alemão para formar o passado.

a *Ich bin/habe mit dem Bus gefahren.* (Eu fui de ônibus.)

b *Er ist/hat diesen Film gewählt.* (Ele escolheu este filme.)

c *Bist/Hast du nach Italien geflogen?* (Você voou para a Itália?)

d *Wir sind/haben ins Kino gegangen.* (Nós fomos para o cinema.)

e *Habt/Seid ihr mit dem Auto gefahren?* (Vocês viajaram de carro?)

3 Preencha as lacunas com o tempo passado usando *haben* ou *sein*, prestando atenção à ordem das palavras.

a *Vor drei Monaten _____ _____ nach Kanada _____.*
(Há três meses, **eu viajei** para o Canadá.)

b *_____ _____ das Museum sehr interessant _____!*
(**Achei** o museu muito interessante!)

c *Heute Morgen _____ _____ mit dem Zug _____.*
(Esta manhã **eu fui** de trem.)

4 Use o que aprendeu sobre o passado para completar as Seções 1 e 2 do quadro com os verbos-chave em alemão. (Deixe o restante em branco, por ora.)

Quadro de verbos no passado

1. Verbos regulares	Passado	2. Verbos irregulares	Passado	3. Verbos "pessoais"	Passado
eu falei	**ich**	eu fui	**ich**		
eu disse	**ich**	eu pensei	**ich**		
eu fiz	**ich**	eu voei	**ich**		
eu comprei	**ich**	eu esqueci	**ich**		
eu pratiquei	**ich**	eu decidi	**ich**		
eu aprendi/ estudei	**ich**	eu soube	**ich**		
		eu comi	**ich**		
		eu comecei	**ich**		

150 ⋯▶ 7 FALE SOBRE ONTEM... SEMANA PASSADA... MUITO TEMPO ATRÁS

JUNTE TUDO

1 Use o passado para descrever uma viagem que fez para outra cidade. Com base nas suas experiências, crie frases que descrevam fatos da sua vida e responda as perguntas a seguir:

> ···› *Wann bist du nach dieser Stadt gefahren? (Ich bin vor … nach …)*

> ···› *Warum hast du entschieden, nach … zu fahren? (Ich habe entschieden, nach … zu fahren, weil …)*

> ···› *Hat es dir gefallen? Warum? (Es hat mir (nicht) gefallen, weil ich …. habe / bin …)*

2 Imagine que você esteja conversando com alguém em alemão e menciona casualmente algo que já fez ou algum lugar a que já foi. A outra pessoa então diz: *Toll! Was hast du genau gemacht?* (Legal! O que você fez exatamente?)

3 Crie frases em alemão para descrever algum lugar a que já foi, um filme que viu ou qualquer outra coisa, mas tente usar novos verbos e incluir o máximo de detalhes que puder. Escreva:

> ···› **Detalhes específicos sobre o que aconteceu: quem fez o quê?** *(Sie haben … gelernt.)*

> ···› **Detalhes específicos das conversas: quem disse o quê?** *(Die Tochter hat gesagt, …)*

> ···› **Detalhes sobre o local a que você foi, quando voltou…** *(Ich bin … gegangen.)*

CONVERSA 2 ···› **151**

CONVERSA 3

Você sabia...?

Ellen e Martin continuam falando sobre a evolução do alemão de Ellen. Preste atenção nas palavras e frases que já conhece.

🔊 **07.05** Qual frase Ellen usa para perguntar "Você sabia?"

> **Ellen:** Habe ich dir schon erzählt, dass ich Deutsch ein Jahr lang gelernt habe, als ich 13 Jahre alt war?
>
> **Martin:** Wirklich? Ich habe gedacht, du bist Anfängerin.
>
> **Ellen:** Ich habe alles vergessen, was ich in der Schule gelernt hatte. Deshalb glaube ich, dass ich noch Anfängerin bin.
>
> **Martin:** Warum hast du nichts gelernt?
>
> **Ellen:** Mein Lehrer hat nur Grammatik unterrichtet. Wir haben nie wirklich Deutsch gesprochen.
>
> **Martin:** Ich glaube, man muss so viel wie möglich sprechen.
>
> **Ellen:** Ich habe geglaubt, dass meine Aussprache schrecklich war! Ich wollte keine Fehler machen und ich war zu nervös, um zu sprechen.
>
> **Martin:** Du hast keinen starken Akzent! Du sprichst gut und du kannst schon so viel auf Deutsch sagen.
>
> **Ellen:** Danke, das ist nett von dir!

*Você vai usar **als** (quando) para descrever algo no passado; e, como **wenn, dass** etc., ela manda o verbo para o fim!*

Anfangen significa "começar", o que cria a palavra alemã Anfänger(in) para "iniciante".

Para não exagerar no uso de sehr, recorra a outros intensificadores, como so (que significa "bem", "tanto", "tão") e zu para "demais" (zu viel "demais", zu nervös "nervoso demais").

152 ⋯▶ 7 FALE SOBRE ONTEM... SEMANA PASSADA... MUITO TEMPO ATRÁS

DESVENDE

1 *Richtig oder falsch?* Selecione a resposta correta.

　a　Ellen estudou alemão na escola por um ano.　　　*richtig/falsch*

　b　Eles sempre falavam em alemão na aula.　　　*richtig/falsch*

　c　O professor de Ellen disse que sua pronúncia era horrível.　　　*richtig/falsch*

2 Destaque na conversa os cognatos (e quase cognatos) correspondentes às expressões a seguir.

　a　nervoso　　　　b　gramática

3 Destaque as seguintes frases em alemão na conversa.

　a　Eu já lhe contei que...?
　b　Eu esqueci tudo.
　c　Por que você...?
　d　Eu não queria cometer erros.
　e　A gente deveria falar o máximo possível.
　f　Eu ficava nervosa demais para falar!
　g　Quando eu tinha 13 anos...

4 O que significa a palavra composta *Aussprache*?
_____

OBSERVE

Ao dizer "tudo que", a palavra usada para "que" normalmente é **was** em alemão. Se você se lembrar disso, será fácil reconhecer muitas outras frases: *Ich weiß alles, was ich gelernt habe* (Eu sei tudo que aprendi), *Wir haben alles, was wir brauchen* (Nós temos tudo que precisamos), *Ich verstehe alles, was du sagst* (Eu entendo tudo que você fala).

DICA DE GRAMÁTICA: *nichts* para *"qualquer coisa" ou "nada".* Tanto "eu tenho alguma coisa" quanto "eu tenho nada" se traduzem como *Ich habe nichts* em alemão.

DICA DE GRAMÁTICA: *unterrichtet para "ensinou" Como as palavras com* be- e ver-, que não usam ge- no passado, palavras que começam com *unter-* muitas vezes também formam o passado sem ge-, como *unterrichtet* (ensinou).

🔊 **07.06** Ouça o áudio e observe o quadro.

Expressões essenciais da Conversa 3

Alemão	Significado
Habe ich dir schon erzählt …	Eu já te contei…
dass ich Deutsch gelernt habe	que estudei alemão
als ich 13 Jahre alt war	quando eu tinha 13 anos
Ich habe gedacht …	Eu pensei que…
… du bist Anfängerin.	… você fosse iniciante (é iniciante).
… dass meine Aussprache schrecklich war!	… que minha pronúncia era horrível! (que minha pronúncia horrível era!)
Ich habe alles vergessen.	Eu esqueci tudo.
was ich in der Schule gelernt hatte	que aprendi na escola
Warum hast du nichts gelernt?	Por que você não aprendeu nada? (Por que você nada aprendeu?)
Mein Lehrer hat nur Grammatik unterrichtet.	Meu professor só ensinou gramática.
Wir haben nie wirklich Deutsch gesprochen.	Nós nunca falamos alemão.
so viel wie möglich	tanto quanto possível
Ich wollte keine Fehler machen.	Eu não queria cometer erros.
Ich war zu nervös, um zu sprechen.	Eu ficava nervosa demais para falar.
Du hast keinen starken Akzent!	Você não tem um sotaque muito forte! (Você tem não forte sotaque.)
Du kannst schon so viel auf Deutsch sagen.	Você já fala muita coisa em alemão.
Das ist nett von dir.	É gentileza sua!

154 ⋯▶ 7 FALE SOBRE ONTEM… SEMANA PASSADA… MUITO TEMPO ATRÁS

1 As frases a seguir podem ser adaptadas e usadas em várias situações diferentes. Encontre-as na lista de expressões e escreva-as.

a Eu já lhe contei _____

b Eu pensei que _____

c Eu esqueci _____

d Eu tinha _____

e Quando eu tinha 13 anos _____

2 Escreva a tradução em alemão de:

a nada _____   f realmente _____

b tudo _____   g tanto _____

c apenas _____   h também _____

d nunca _____   i em _____

e já _____   j de _____

3 Observe como as palavras "que" e "o que" são usadas na lista de expressões. Complete as frases com as palavras que faltam.

a _____ _____ _____, ich habe dir die Antwort schon gesagt.
   (**Eu pensei** [que] já tinha lhe dito a resposta.)

b _____ _____ _____, _____ ich sagen wollte!
   (**Eu esqueci o que** queria dizer!)

c _____ _____ _____, _____ sie … war.
   (**Eu pensei que** ela era…)

d _____ _____ _____ schon _____, _____ …
   (**Eu** já **lhe contei que**…?)

4 Preencha as lacunas com *alles* ou *nichts*.

a *Ich habe* _____ *vergessen.* (Eu esqueci **tudo**.)

b *Ich werde* _____ *sagen, Ehrenwort!* (Eu não vou dizer **nada**, eu juro!)

c _____, *was ich will, ist ein Urlaub in Hawaii.*
   (**Tudo** [que] quero é passar férias no Havaí.)

CONVERSA 3 155

EXPLICAÇÃO GRAMATICAL: *War* (era) — *hatte* (tinha) — *wollte* (queria) — *musste* (tinha que)

Como você tem que usar *haben* e *sein* para falar sobre o passado, como você diz "ter" e "ser" no passado, como em "eu tinha" e "eu era"? Felizmente, é fácil. O alemão usa traduções de uma só palavra para isso no passado:

Sein: ich war (eu era), du warst, er/sie war, wir waren, ihr wart, sie waren
Haben: ich hatte (eu tinha), du hattest, er/sie hatte, wir hatten, ihr hattet, sie hatten

Você pode usar essas palavras como o esperado e, na verdade, você já as viu em frases como: *Es war okay* (Era legal) e *ich hatte gelernt* (Eu aprendi).

Verbos auxiliares no passado

Alguns dos verbos auxiliares que você viu na Unidade 3 também têm formas especiais no passado e, geralmente, não se combinam com *haben* e *sein* no passado. Felizmente, porém, seu uso não é complicado:

Wollen: ich wollte (Eu queria), du wolltest, er/sie wollte, wir wollten, ihr wolltet, sie wollten
Müssen: ich musste (Eu tinha que), du musstest, er/sie musste, wir mussten, ihr musstet, sie mussten

PRATIQUE

1 Volte e adicione: "eu era", "eu tinha", "eu queria" e "eu tinha que" em seu quadro de verbos no passado.

2 Complete as frases em alemão no passado.

a _____ *ein Taxi nehmen.* (**Ele teve que** tomar um táxi.)

b _____ *nichts zu tun.* (**Eu** não **tinha** nada para fazer.)

3 Como você diria estas frases em alemão?

a Ele tinha 31 anos quando conheceu sua mulher. _____

b Eu queria conversar com você sobre a Alemanha. _____

c Eu queria estudar alemão em Hamburgo. _____

4 Use "quando eu era" para criar diferentes frases que descrevam uma experiência passada. Use ideias do quadro de palavras ou outras pessoais.

> *in Brasilien* (no Brasil)
> *auf dem Weg zum Theater*
> (a caminho do teatro)
>
> *18 Jahre alt* (18 anos)
> *Manager bei der Firma Zamenhof*
> (gerente da companhia Zamenhof)

Exemplo: <u>**Als ich** jünger **war**, habe ich gedacht, dass Deutsch zu schwer war.</u>
<u>Jetzt denke ich das nicht!</u>
(**Quando eu era** mais jovem, achava o alemão muito difícil. Agora não penso mais isso!)

a _____

b _____

5 Agora use a frase *Habe ich dir schon erzählt ...?* com *dass* (que) ou *wie* (como) para criar uma frase sobre seu passado.

Exemplo: <u>**Habe ich dir schon erzählt**, dass ich immer Astronaut werden wollte?</u>
(Eu já lhe contei que sempre quis ser astronauta?)

_____

6 Use as palavras que você aprendeu nesta unidade para preencher as lacunas em alemão.

a *Kannst du mir sagen, was der* _____ _____ *den zwei* _____ *ist?*
(Você pode me dizer qual é a **diferença entre** as duas **palavras**?)

b _____ _____ *nur deutsche* _____ *in der* _____ _____.
(**Nós** só **aprendemos gramática** na **escola**.)

c _____ *ist meine* _____? _____ _____ *einen* _____ _____?
(**Como** está minha **pronúncia**? **Eu tenho** um **sotaque forte**?)

7 Teste seu conhecimento de verbos irregulares no passado completando as frases.

a _____ *du mich* _____? *Ich* _____ _____, _____ *ich Hunger habe!*
(**Você me entendeu**? Eu **disse que** estou com fome!)

b *Ich habe* _____ _____ _____, _____ *wir*
_____ _____ *im Restaurant waren.*
(**Eu comi muito quando** estivemos no restaurante na semana passada!)

c _____ _____ *die ganze Woche nur über Grammatik*
_____. _____ _____ *so ... interessant!*
(**Ela só falou de gramática** a semana toda! **Foi** tão... interessante!)

d _____ _____ *das Wort* _____. _____ _____ _____
sollte ich eine Eselsbrücke benutzen!
(**Eu esqueci** a palavra. **Na próxima vez**, vou usar técnicas de memorização!)

e _____ _____ _____ *sehr* _____. *Danke!*
_____ _____ *meinen Hund nach dir* _____!
(**Você me ajudou muito**. Obrigado! Eu dei **seu nome** ao meu cachorro!)
(dar o nome = benannt)

A palavra alemã para "mnemônica', **Eselsbrücke**, significa literalmente "ponte do asno". Ela vem da ideia de que os asnos são tão relutantes em atravessar mesmo o menor dos córregos, que uma ponte precisa ser construída para eles. A ponte do asno — assim como a mnemônica — simplifica algo que parece impossível!

CONVERSA 3 **157**

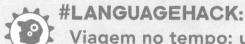

#LANGUAGEHACK:
Viagem no tempo: use o presente para falar do passado e do futuro

Aprender um idioma é um processo. Portanto, o iniciante deve ter em mente que não precisa aprender tudo de uma vez!

Mas os aspectos mais divertidos dos idiomas são sua flexibilidade, fluidez e criatividade! Vamos explorar esses aspectos descobrindo vários modos inventivos para se expressar no passado, mesmo que ainda não saiba a gramática ou o vocabulário para isso.

1 Use *ich habe* ...

Esse é o jeito mais comum de formar o passado em alemão, que você viu sendo usado várias vezes! Para formar o passado com "eu tenho", simplesmente diga *ich habe* usando uma forma de passado e pronto. Embora alguns verbos exijam que você use *ich bin* em seu lugar (como *ich bin gegangen,* "eu fui"), como iniciante, está tudo bem se você usar *ich habe* na maioria das vezes enquanto aprende a forma no passado.

Assim, você não fica limitado a usar apenas "eu tenho" sobre o passado. Vamos ser criativos. Por que não?

2 Viaje no tempo com o presente

Quando aprendeu verbos auxiliares, você viu que *ich werde* pode ser usado para "eu vou", indicando algo que acontecerá no futuro. Mas uma boa alternativa também usada com frequência para se referir a um evento futuro é utilizar um indicador de tempo! Observe a diferença entre:

Ich werde gut Deutsch sprechen. (Eu vou falar bem alemão.)

e

In einem Monat spreche ich gut Deutsch!
      (Em um mês, eu vou falar bem alemão.)

3 Conte uma história!

Depois de aprender a usar indicadores de tempo, você pode se basear neles para formar o passado "contando histórias". Por exemplo, você já contou uma história como esta?

> "Então, outro dia, lá estou eu... cuidando da minha vida, quando alguém aparece, e você não vai adivinhar o que acontece..."

Esse tipo de narrativa é excelente porque, embora descreva claramente um evento que ocorreu no passado, a frase inteira está no *presente*: "lá estou eu", "alguém aparece". Utilize esse recurso em alemão! Para que esse estilo de narrativa funcione, você só precisa:

···▹ Dar detalhes que contextualizem a situação de modo a deixar claro que se trata de uma história. Você pode usar indicadores de tempo, mas outros detalhes também funcionam: diga onde você está, quando aconteceu ou o que está fazendo.

···▹ Então simplesmente diga o que aconteceu usando o presente!

Exemplos:

> *Es ist letzten Montag und ich esse die beste Currywurst in Berlin ...*
> (É segunda-feira passada, e eu estou comendo a melhor salsicha de curry de Berlim...)

> *Also ich bin auf dem Markt und kaufe Tomaten ...*
> (Então, eu estou no mercado [e estou] comprando tomates...)

4 Recorra ao "alemão Tarzan"!

Se tudo o mais falhar, o mundo não vai acabar se você só conseguir se lembrar do infinitivo. Embora você não vá querer usar isso com frequência, as pessoas vão entender o sentido do que disser, mesmo que só consiga sair algo como:

> "Gestern ... ich ... essen Pizza." (Ontem... eu... comer pizza.)

Lembre sempre que falar errado é muito melhor do que não dizer nada. E, na verdade, essa é uma oportunidade de ser corrigido por um falante solidário de alemão!

> Aconselho que você tente melhorar um aspecto importante de suas habilidades de comunicação por vez. Comece pelas mais importantes, depois aperfeiçoe as demais. As pessoas vão perceber que você é iniciante e desculpar o erro!

CONVERSA 3 ··· **159**

> Embora esse hack seja muito útil, só deve ser usado quando você não se lembrar do tempo passado abordado nesta unidade. Recorra ao hack até se sentir confiante para se expressar no passado!

SUA VEZ: Use o hack

1 Use indicadores de tempo para dizer em alemão:

a Eu estou assistindo ao filme agora. _____

b Eu vou assistir ao filme amanhã. _____

c Eu assisti ao filme na semana passada. _____

2 Como você tentaria contar a seguinte história sugerida se não conseguisse lembrar o passado desses verbos?
Vor drei Tagen ... den Zug nehmen ... sehen ... einen Wolf !

_____

3 Crie frases "pessoais" para descrever ações que ocorreram em diferentes datas. Diga algo que fez:

a uma semana atrás _____   c dois anos atrás _____

                                      d ontem _____
b sábado passado _____

Agora, diga o que irá fazer:
e na próxima quarta-feira _____
f daqui a um ano _____

JUNTE TUDO

1 Pense em uma situação na qual você ficou nervoso ao falar alemão com alguém. Use o que aprendeu nesta unidade para descrever esses momentos: o que você está pensando, fazendo ou dizendo. Pesquise no dicionário e inclua:

···▸ Pelo menos, três dos verbos a seguir no passado: *denken, sprechen, lernen, machen, vergessen.*

···▸ Um indicador de tempo específico (*Am letzten Wochenende ...*).

···▸ A descrição de algo que fez para superar o nervosismo (*Ich habe entschieden, langsam zu sprechen ...*).

FINALIZANDO A UNIDADE 7

Confira o que aprendeu

1. 🔊 **07.07** Ouça o primeiro áudio de treino, em que um alemão, Jan, descreve o encontro com Mark, um turista que está visitando a Alemanha.

   Tome notas ou ouça o áudio várias vezes.

2. 🔊 **07.08** Agora, ouça o segundo áudio, que traz perguntas sobre Jan. Responda em alemão.

Mostre o que sabe...

Confira o que acabou de aprender. Escreva ou fale um exemplo para cada item da lista e marque os que sabe.

- ☐ Diga as frases a seguir no passado:
  - ☐ "eu pensei" e "eu disse"
  - ☐ "eu aprendi" e "eu decidi"
  - ☐ "eu era" e "eu tinha", "eu queria" e "eu tinha que"
  - ☐ "quando eu era..."
  - ☐ "eu já contei que..."
- ☐ Elabore uma frase usando *vor* que expresse há quanto tempo fez algo.
- ☐ Diga os indicadores de tempo correspondentes a:
  - ☐ "certa vez" e "ontem"
  - ☐ "semana passada" e "amanhã"

COMPLETE SUA MISSÃO

É hora de completar sua missão: faça uma cara de paisagem e comece a contar a sua história. Se puder, tente impressionar a comunidade language hacking.

PASSO 1: Crie seu script

Ich habe gedacht ... Ich habe gelernt ... Ich habe gesprochen.

Desenvolva seus scripts com informações sobre seu passado. Use o "vocabulário pessoal" e as frases no passado que aprendeu nesta unidade para descrever uma importante lição de vida que aprendeu em algum momento da sua trajetória. Inclua:

> *Talvez sobre uma situação constrangedora em que usou uma palavra errada em alemão ou sobre um momento em que superou um problema pessoal e se sentiu bastante motivado.*

- ⋯⟫ Indicadores de tempo para descrever quando o fato em questão aconteceu (*vor ...*).
- ⋯⟫ Vários verbos no passado e suas diversas formas para descrever o que pensou, o que queria e o que aprendeu, entre outras informações.
- ⋯⟫ O máximo de detalhes possível! (Recorra ao #languagehack da viagem no tempo se tiver dificuldades.)

Depois de escrever o script, repita as frases até se sentir confiante.

PASSO 2: Não fique invisível! Use o idioma em contextos sociais reais... *online*

> *Durante o aprendizado, a pesquisa destaca a importância do* **contexto social** *para o estudo do idioma!*

Quando você estiver à vontade com o seu script, acesse a comunidade online, encontre a missão da Unidade 7 e compartilhe sua gravação.

PASSO 3: Aprenda com outros estudantes

> *Quais são as sábias palavras dos outros hackers da linguagem? Você consegue identificar as histórias verdadeiras e as* falsch?

Sua tarefa é assistir a, pelo menos, dois vídeos gravados por outros hackers. Em seguida, faça três perguntas complementares para tentar dar continuidade à conversa, para ajudá-los a preencher as lacunas em seus scripts e descobrir se o que eles dizem está *richtig oder falsch*.

PASSO 4: Avalie o que aprendeu

EI, HACKER DA LINGUAGEM, QUE TAL ESSA GRANDE MUDANÇA, HEIN?

Agora você consegue falar sobre qualquer coisa no passado! Pode até mesmo relembrar os velhos tempos, em que não dominava o alemão.

A seguir, você vai incluir ainda mais detalhes nas suas conversas e descrever ações específicas da sua rotina.

Dein Deutsch klingt schon super!

162 ⋯⟫ 7 FALE SOBRE ONTEM... SEMANA PASSADA... MUITO TEMPO ATRÁS

8 JÁ FAZ UM TEMPO!

Sua missão

Imagine a seguinte situação: um dos seus amigos alemães tem um blog sobre rotinas de pessoas altamente produtivas (como os leitores deste livro!) e pede que você colabore com um artigo.

Sua missão é escrever, em alemão, algumas boas dicas de produtividade para o blog. Descreva sua rotina, do café da manhã até a hora de dormir. Fale sobre o que está dando certo e o que gostaria de mudar.

O objetivo desta missão é desenvolver sua capacidade de conversar sobre temas cotidianos e trivialidades em alemão.

Treine para a missão

- Aprenda a falar sobre seus passatempos e hábitos diários.
- Use frases versáteis para expressar suas opiniões e percepções: *es ist wichtig zu, ich sehe, dass ...*
- Aprenda o que dizer ao reencontrar pessoas conhecidas: *es ist lange her, ich freue mich, dich zu sehen*.
- Use expressões com *machen*, como *Sport machen*.
- Formule frases com base nos meios de transporte, como *die U-Bahn nehmen, Fahrrad fahren*.
- Descreva hipóteses com *ich würde*.

APRENDENDO A DESCREVER SEU DIA A DIA NO IDIOMA

Em regra, os iniciantes no estudo do alemão sentem dificuldades em conversas mais específicas, mas você já pode se considerar um iniciante de alto nível! Portanto, aprenda alguns truques para adicionar mais detalhes às suas conversas com poucos acréscimos ao seu vocabulário. Nesta unidade, vamos dividir uma conversa típica em partes e desenvolver uma estratégia mais complexa para que a sequência flua naturalmente.

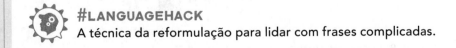

#LANGUAGEHACK
A técnica da reformulação para lidar com frases complicadas.

CONVERSA 1

Já faz um tempo!

Depois das cortesias iniciais de praxe, para onde a conversa deve ir?

🔊 **08.01** Ellen e Jakob se encontram para almoçar em um café. Como eles já se conhecem, não precisam usar as expressões e cumprimentos iniciais. Então, quais frases Jakob e Ellen usam para "quebrar o gelo" da conversa?

> **Jakob:** Hallo Ellen! Ich freue mich, dich zu sehen!
>
> **Ellen:** Ja, es ist lange her!
>
> **Jakob:** Und ich höre, dass dein Deutsch viel besser geworden ist. Also, erzähl mal, was gibt's Neues?
>
> **Ellen:** Na ja, ich habe zurzeit viel zu tun. Vor kurzem habe ich angefangen, zu kochen. Ich mache einen Kochkurs!
>
> **Jakob:** Echt? Und was hast du bisher gelernt?
>
> **Ellen:** Letztes Mal haben wir gelernt, wie man einen Apfelkuchen macht. Im Kochkurs sieht alles so einfach aus, aber es klappt nie, wenn ich es zu Hause versuche.
>
> **Jakob:** Komisch, das Problem habe ich nicht ... Meine Mikrowellen-Pizza schmeckt immer! Spaß beiseite, **bleib am Ball**! Es ist nur eine Frage der Zeit ... und der Übung! Es ist wichtig, zu üben.
>
> **Ellen:** Ich weiß! Ich lerne schnell. Heute lerne ich, wie man einen **Bienenstich macht!**

Para não ter que improvisar na hora, prepare-se para essas situações criando frases estratégicas para iniciar, quebrar o gelo e manter o ritmo de qualquer conversa.

Muitas expressões em alemão podem ser muito diferentes do português, mas **Bleib am Ball!** (não deixe a bola cair!) funciona nos dois idiomas!

DICA CULTURAL:
Bienenstich
A torta "picada de abelha" é feita com amêndoas caramelizadas sobre massa doce e recheada com creme de baunilha. Dizem que ela é tão gostosa que o confeiteiro que a inventou atraiu uma abelha que o picou, daí o nome.

164 ⇢ 8 JÁ FAZ UM TEMPO!

DESVENDE

1 Destaque as frases em que Ellen diz:

   a Ela está tendo aulas de culinária.

   b O que ela e sua classe aprenderam a fazer na última aula.

   c O que ela vai aprender a fazer hoje.

2 Use o que aprendeu para completar com as palavras que faltam em português.

   a Jakob acha que o alemão de Ellen ficou_____.

   b Na última aula, Ellen aprendeu a fazer_____.

   c Jakob brinca e diz que sua _____ sempre é boa.

3 Como se diz "Estou feliz por vê-lo de novo" em alemão?
   _____

4 Responda as perguntas a seguir em alemão.

   a *Was hat Ellen vor kurzem angefangen?*
   Sie _____

   b *Was macht Ellen heute?*
   Sie _____

5 Destaque na conversa as expressões correspondentes a seguir:

   a Alguma novidade?   b Já faz um tempo.   c no momento/atualmente

OBSERVE

🔊 **08.02** Ouça o áudio e observe o quadro. Preste muita atenção à pronúncia destas frases:

Ich freue mich, dich zu sehen!   *vor kurzem*   *Spaß beiseite*

CONVERSA 1 165

Expressões essenciais da Conversa 1

Alemão	Significado
Ich freue mich, dich zu sehen!	Estou feliz por vê-lo de novo!
Es ist lange her!	Já faz um tempo!
ich höre, dass ...	Eu vejo que...
dein Deutsch viel besser geworden ist	seu alemão ficou muito melhor (seu alemão muito melhor ficou)
Erzähl mal, was gibt's Neues?	Diga, quais são as novidades? (Conte, o que há de novo?)
Ich habe zurzeit viel zu tun.	Eu estou muito ocupada no momento (Eu tenho agora muito a fazer)
Vor kurzem habe ich angefangen ... zu kochen!	Recentemente, comecei... a cozinhar! (Há pouco tempo comecei a cozinhar)
Ich mache einen Kochkurs!	Estou fazendo um curso de culinária!
Und was hast du bisher gelernt?	E o que você aprendeu até agora?
letztes Mal ...	da última vez...
wir haben gelernt, wie man ... macht	nós aprendemos a fazer... (nós aprendemos como uma... fazer)
alles sieht so einfach aus	tudo parece tão fácil
aber es klappt nie	mas nunca dá certo
wenn ich es zu Hause versuche	quando eu tento fazê-lo em casa (se em casa eu tento)
komisch	estranho
Meine Mikrowellen-Pizza schmeckt immer.	Minha pizza de micro-ondas sempre fica boa. (tem gosto bom sempre)
Spaß beiseite	deixando as brincadeiras de lado
Bleib am Ball!	Continue tentando! (Não deixe a bola cair!)
Es ist wichtig, zu üben.	É importante praticar.
Es ist nur eine Frage ...	É só uma questão de...
der Zeit ... und der Übung!	de tempo... e de prática!
Ich lerne schnell.	Eu aprendo depressa.
Heute lerne ich, wie man einen Bienenstich macht!	Hoje vou aprender a fazer uma torta "picada de abelha"!

Assim como "fazer", *machen* também significa "realizar". *Wie praktisch!*

VOCÁBULO:
"parecer"
Es sieht ... aus significa "parece com" ou "tem o aspecto de". A expressão vem do verbo *aussehen*, que é formado pelas palavras *aus* (fora) e *sehen* (ver), porque você vê a aparência pelo seu exterior! Faz sentido, não?

166 ⋯ 8 JÁ FAZ UM TEMPO!

1 Que duas frases novas você pode usar para cumprimentar alguém que não vê há muito tempo?

_____ _____

2 Confira como essas expressões são ditas em alemão e escreva-as usando as traduções literais na lista de expressões para ajudá-lo.

a atualmente _____

b eu estou muito ocupada

_____

c recentemente _____

d eu comecei a _____

e da última vez _____

f nós aprendemos a

_____

3 Preencha as lacunas a seguir com as respectivas expressões.

a *Was hast du* _____ _____? (O que você **aprendeu até então**?)

b *Ich werde es* _____ *lernen!* (*Eu vou aprender* **rápido**!)

c *Zu Hause* _____ _____ _____ ! (Em casa **nunca dá certo!**)

d _____ _____ _____ _____ _____ *der Zeit.* (**É só uma questão** de tempo.)

4 Determine que palavra falta em cada uma das frases.

a *Es ist wichtig, gut* _____ *essen.* (É importante comer bem.)

b *Meine Freundin hat angefangen, Architektur* _____ *studieren.*
(Minha amiga começou a estudar arquitetura.)

c *Es ist gesünder, zu Hause* _____ *kochen.* (É mais saudável cozinhar em casa.)

5 *Viel zu tun* é um bloco que você pode combinar com muitas outras palavras. Assim, como você diria em alemão:

a Ainda há muito a fazer! _____

b Meus pais estão muito ocupados. _____

6 Observe a frase em alemão para "Nós aprendemos a fazer" e "Hoje eu vou aprender a fazer". Com base nisso, diga em alemão.

a *Wie* _____ _____ *Apfelkuchen?* (Como se faz torta de maçã?)

b *Wir* _____ _____, _____ _____ *Tango* _____.
(Nós aprendemos a dançar tango. (tanzen = dançar)

c _____ _____ _____ *ich* _____, _____ _____ *russische Buchstaben* _____. (No ano passado, aprendi a escrever o alfabeto russo.)

CONVERSA 1 **167**

EXPLICAÇÃO GRAMATICAL: Verbos "separáveis" (misturar e combinar) em alemão

Na Conversa 1, você viu a frase:

*Alles **sieht** so einfach **aus**.*   (Tudo **parece** tão fácil.)

que usa o verbo *aussehen* (parecer [com]), **separado em duas partes:** *aus* (fora) e *sehen* (ver). Veja isso também na frase:

*Ich **wache** um 7 Uhr **auf**.*   (Eu **acordo às** 7h.)

Aqui você vê o verbo *aufwachen* (acordar) "separado" em duas partes: *auf* (para cima) e *wachen* (acordar). Eles são **verbos separáveis.** Quando você vir qualquer uma dessas preposições ligadas ao início de um verbo, ela pode mudar o seu significado:

> *an* (em), *auf* (para cima), *aus* (fora), *mit* (com), *weg* (embora/longe), *zu* (para), *zurück* (de volta/para trás)

> Como essas palavras costumam ter um significado próprio, você pode usá-las para ajudá-lo a descobrir o significado de palavras novas. Por exemplo, você pode deduzir com facilidade que *mitarbeiten*, que combina *mit + arbeiten*, significa "trabalhar com" ou "cooperar".

Por exemplo, *machen* (fazer) pode mudar para *aufmachen* (abrir) ou *zumachen* (fechar). A ordem normal das palavras em alemão é aplicada quando se usam esses verbos: o verbo principal é enviado para o fim da frase. (A menos que esteja no infinitivo, então, eles permanecem ligados).

1 Experimente! Deduza o significado desses verbos separáveis.

a *ausflippen*   b *aufgeben*   c *zurückgeben*   d *ausgehen*

2 Tente descobrir como dizer as seguintes frases em alemão:
Exemplo: (anfangen) Quando você vai começar? → **Wann fängst du an?**

a (*ankommen*) Eu geralmente chego ao meio-dia. (*am Mittag* = ao meio-dia)

_____

b (*ausgehen*) Eu saio com Peter toda sexta-feira.

_____

c (*aufwachen*) Eu sempre acordo às 6h.

_____

d (*mitkommen*) Você vem junto hoje?

_____

e (*aufmachen*) Você pode abrir a porta? (*die Tür* = a porta)

_____

168 ···⫶ 8 JÁ FAZ UM TEMPO!

Passado de verbos separáveis

Como você usaria esses verbos combinados no passado? No passado, eles ficam "meio" separados, e as letras *ge-* são adicionadas entre a parte principal do verbo (preposição) e o resto das palavras.

aufmachen (abrir) → *auf* + *ge-* + (macht) = *aufgemacht* (**abriu**)

(presente) → (preposição + ge-) + (resto da palavra) = (passado)

3 Reveja o quadro e tente completar as formas que faltam.

Prefixo do verbo	Verbos separáveis	Significado	Passado	Significado
an ("em", "para")	anfangen	começar	a.	
	ankommen	chegar	b.	
	anrufen	telefonar	.	
auf ("para cima", "em")	aufmachen	abrir	aufgemacht	abriu
	aufräumen	arrumar	d.	
aus ("fora")	ausgehen	sair	e.	
	aussehen	parecer-se (com)	f.	
mit ("com")	mitgehen	ir junto com (alguém)	mitgegangen	foi com
	mitkommen	vir junto	mitgekommen	veio junto
	mitarbeiten	cooperar	g.	
weg ("longe")	wegbleiben	ficar longe	h.	
	weglaufen	fugir	i.	
zu ("para")	zuhören	prestar atenção	j.	
zurück ("de volta/para trás")	zurückrufen	chamar de volta	k.	
	zurückkommen	voltar	l.	

4 Forme o passado das frases abaixo.

Exemplo: Ele voltou três dias atrás. *(Er ist) (zurück + kommen) (vor drei Tagen)*

→ Er ist vor drei Tagen zurückgekommen.

a Nós saímos na sexta-feira com Hans. (*Wir sind*) (*aus + gehen*) (*am Freitag mit Hans*)

_____

b Ela abriu a loja às oito. (*Sie hat*) (*auf + machen*) (*um acht Uhr den Laden*)

_____

c Ele me telefonou ontem. (*Er hat*) (*an + rufen*) (*ihn gestern*)

_____

CONVERSA 1 ⋯ **169**

PRATIQUE

1 Preencha as lacunas com as palavras dadas para formar frases completas.

a *Wir haben* _____ _____ _____, *weil wir diese Woche* _____ *haben.*
(Nós temos **muito a fazer**, porque **começamos** nesta semana.)

b __ _____ *habe ich Maria* _____. *Sie* __ _____, *in der Schule* _____ *arbeiten.*
(**Recentemente eu vi** Maria. Ela **começou a** trabalhar na escola.)

c _____ _____ *ist sie* _____. (**Na última vez,** ela **veio junto**.)

d *Sie hat* _____ _____. __ *sie krank?* (Ela **parecia estranha. Ela estava** doente?)

e _____ *hat sie nicht* _____. (**Até agora,** ela não **cooperou**.)

f *Kannst du mich* _____? (Você pode me **ligar de volta**?)

2 Descreva duas coisas que você (ou nós!) aprendeu combinando seus verbos "pessoais" com os verbos *haben + gelernt: haben + gelernt, wie man* + (qualquer habilidade ou atividade)

Exemplo: ich habe gelernt, wie man surft (*Eu aprendi a* surfar.)

_____   _____

3 Observe o exemplo e reformule as frases em alemão.

Exemplo: *Ich spreche* **seit** *zwanzig Minuten mit Markus am Telefon. (anrufen)* (Eu falei com Markus ao telefone **por** 20 minutos.) → ***Ich habe vor zwanzig Minuten Markus angerufen****.* (Eu falei com Markus 20 minutes **atrás**.)

a *Ich wohne seit einer Woche in Berlin. (ankommen)*
Ich bin _____ einer Woche in Berlin _____.

b *Ich lerne seit 2013 Deutsch. (anfangen)*
Ich habe _____ _____ Jahren _____, Deutsch zu lernen.

c *Er kennt mich seit einer Woche. (treffen)* Er hat mich _____ einer Woche _____.

d *Das Restaurant ist seit einer Stunde offen. (aufmachen)*
Er hat das Restaurant _____ _____ einer Stunde _____.

TÁTICA DE CONVERSA: Aprenda frases padrão para cada "etapa" da conversa

É comum ficarmos nervosos quando não sabemos o que falar. Daí vem a facilidade de encontrar alguém pela primeira vez, pois basta fazer sua apresentação. Mas depois de conhecer e cumprimentar a pessoa, é necessário manter o ritmo da conversa. As conversas normalmente seguem um mesmo padrão. Portanto, ao compreender essa estrutura, você pode dividir a conversa em partes, preparar frases para cada etapa e manter o ritmo do diálogo. Assim, nunca ficará parado, pensando no que dizer em seguida.

Anime a conversa

Nos primeiros momentos da conversa, utilize cortesias mais extensas para ganhar tempo e organizar seus pensamentos. Por exemplo:
- *Lange nicht gesehen!*   (Já faz um tempo [lit. muito tempo não vemos]!)
- *Ich freue mich, dich zu sehen!*   (Estou feliz por vê-lo de novo!)

Inicie a conversa

Proponha um assunto para dar a partida na conversa. Prepare frases que instiguem a outra pessoa a falar por alguns minutos:
- *Sag mal, was gibt's Neues?*   (Diga, alguma novidade?)
- *Du siehst (gut/müde/glücklich/traurig) aus …*   (Você parece [bem/cansado/feliz triste…])
- *Ich sehe, (du hast dich nicht verändert).*   (Vejo que… você não mudou.)

Conduza a conversa

Quando chegar a sua vez de falar novamente, escolha as frases necessárias para conduzir a conversa e apresentar um novo assunto.
- *Also, vor kurzem habe ich angefangen …*   (Bem, recentemente, comecei a…)
  - *… als Sekretärin zu arbeiten, … einen Kochkurs zu machen etc.*
- *In letzter Zeit habe ich…*   (Ultimamente eu tenho estado…)

Estimule a conversa

Demonstre seu interesse com expletivos como *interessant!* ou *echt?* Além disso, você também pode elaborar com antecedência uma pergunta um pouco mais específica para que a outra pessoa desenvolva o assunto e prolongue a conversa. Por exemplo:
- *Und wie findest du es?* (Então, você gostou?)
- *Und, macht es Spaß?*   (Então, é divertido?)
- *Und was denkst du?*   (E o que você achou?)

Inclua detalhes na conversa

Lembre-se de que, para aproveitar melhor a conversa, você pode desenvolver um assunto simples com informações mais detalhadas, como quando, onde e como algo aconteceu. Por exemplo, para descrever viagens recentes, você pode dizer *Ich reise zurzeit viel für meine Arbeit*. Por que não desenvolver o tema com informações descritivas (Quando? O quê?):
- *Das letzte Mal* (quando) *bin ich … acht Stunden geflogen* (o quê) …
- *Das war für eine Konferenz …* (por que) *… in Kanada* (onde?)

Observe no quadro a seguir como manter o ritmo de uma conversa:

Hacker da linguagem A	Hacker da linguagem B
Aquecimento da conversa Es ist lange her! Ich freue mich dich zu sehen!	**Aquecimento da conversa** Vielen Dank für/Danke für …!
	Continuação da conversa Nicht viel. Alles ist wie immer
Início da conversa Sag/Erzähl mal, was gibt's Neues? Ich sehe … (du hast dich nicht verändert/du hast jetzt eine Freundin …) Erzähl mir von dir!	**Assuntos para a conversa** Also, vor kurzem habe ich angefangen, … Im Moment mache ich … Als wir letztes Mal/das letzte Mal gesprochen haben, habe ich… Exemplo: … als Sekretärin gearbeitet …/… einen Kochkurs gemacht … /etc.
Extensões da conversa Und, gefällt es dir? Und wie findest du es? Wie interessant! Erzähl mir mehr!	**Detalhes da conversa** Letztes Mal (quando?) … zu Hause (Onde?) habe ich … Apfelkuchen (O quê?) Heute (Quando?) … Bienenstich (O quê?)

1   Na Conversa 1, Ellen descreve seu passatempo, cozinhar, e prossegue dando mais detalhes. Reveja a conversa para identificar os detalhes dados por Ellen.

a   (quando?) *Das letzte Mal* (o quê?)

_____

c   (quando?) *Heute* (o quê?)

_____

b   (o quê?) *Ich mache* (onde?)

_____

2   Releia a lista de expressões e destaque os seguintes componentes na Conversa 1:

a   dois aquecimentos da conversa

b   dois inícios da conversa

c   dois assuntos da conversa

d   uma extensão da conversa

3   Crie dois modos de iniciar uma conversa usando os verbos *wissen*, *kennen* ou *sehen* em sua forma correta.

a   Eu sei que (você vem da Inglaterra) _____

b   Você conhece (o novo namorado de Sara)? _____

c   Você já viu (este filme)? _____

JUNTE TUDO

1 Qual é o seu passatempo? Escolha um que você gostaria de descrever. Use as frases *Vor kurzem habe ich angefangen ...* ou *Im Moment, ...* além de palavras encontradas no dicionário para criar dois de seus próprios modelos de conversa.

_____

_____

2 Crie um script para descrever seu passatempo a um amigo. Comece com um modelo de conversação, mas adicione detalhes sobre o assunto no decorrer do texto. Inclua:

⋯▸ Detalhes que indiquem por que/quando você começou a praticar a atividade em questão (*Vor kurzem, anfangen*)

⋯▸ Detalhes do que você fez na última vez (*Letztes Mal, wenn ich versuche ...*)

⋯▸ Informações sobre o que você aprendeu ou realizou até o momento (*Bisher*)

⋯▸ As expressões *Es ist ... zu* ou *Ich bin ..., dass* (exemplo: *interessant ...*) em algum ponto da sua descrição.

CONVERSA 1 ⋯▸ **173**

CONVERSA 2

Sua rotina

O que você faz normalmente durante o dia? Como é sua semana?

🔊 **08.03** Ellen e Jakob falam sobre seus hábitos cotidianos. Como Ellen diz "foi estranho da primeira vez"? O que a ajudou a entrar no ritmo?

> **Jakob:** Mir scheint, alles läuft gut für dich in Berlin!
>
> **Ellen:** Ja, danke. Zuerst war es komisch, aber jetzt habe ich Routine. Morgens, vor der Arbeit, gehe ich gemütlich in der Stadt spazieren.
>
> **Jakob:** Ich auch. Normalerweise gehe ich nachmittags mit dem Hund im Park Gassi. Ab und zu fahre ich Fahrrad.
>
> **Ellen:** Ich fahre überall Fahrrad! Ich nehme nicht die U-Bahn – ich brauche frische Luft.
>
> **Jakob:** Ich nehme auch nur selten die U-Bahn, weil ich oft mit dem Auto zur Arbeit fahre.
>
> **Ellen:** Und mittags esse ich immer im gleichen Restaurant – hier haben sie nämlich die beste Gulaschsuppe.
>
> **Jakob:** Meistens koche ich zu Hause, aber manchmal experimentiere ich ein wenig und gehe in ein neues Restaurant. Hier bin ich zum ersten Mal.
>
> **Ellen:** Du warst noch nie in meinem Lieblingsrestaurant hier? Du solltest unbedingt etwas essen! Ich lade dich ein!

VOCÁBULO: *morgen* **para "amanhã" e "manhã"**
Morgen significa "amanhã" (como em *ich habe morgen Zeit* "Eu tenho tempo amanhã"), mas *der Morgen* também significa "a manhã" e, aqui, *Morgens* é usado como "pela manhã". Para "amanhã de manhã", diga *Morgen früh* (amanhã cedo).

Esta palavra em alemão se traduz mais ou menos como "agradável", "alegre", "tranquilo" e descreve um ambiente caloroso e simpático, principalmente quando você está se divertindo em locais como um *Biergarten*.

Aqui vemos outro prefixo separável do verbo: *ein*. É a parte separável equivalente a "dentro" e tem um significado implícito (aqui, convidar para "entrar"). Ex: *Ich lade dich ein*, neste contexto, significa "Eu convido você", e é um modo de dizer "É por minha conta".

174 ┈┈> 8 JÁ FAZ UM TEMPO!

DESVENDE

1 Quem faz o quê? Marque o quadro correto.

	dá uma caminhada antes do trabalho	anda de bicicleta	usa o carro	sempre almoça em um restaurante	às vezes experimenta um restaurante novo	prepara o almoço em casa
Ellen						
Jakob						

2 Qual é a frase em alemão correspondente a "Me parece que..."? Escreva-a aqui. Na sua opinião, essa frase serve para iniciar, animar ou prolongar uma conversa?_____

_____

3 Veja os pares de palavras. Tente deduzir quais frases significam "de manhã" e "de tarde":

   Abend   (noite)   ┄┄▷   **abends**   (de noite)

   Montag (segunda-feira) ┄┄▷ **montags** (às segundas)

a *Morgen*   (manhã) ┄┄▷ _____ (de manhã)

b *Nachmittag* (tarde) ┄┄▷ _____ (de tarde)

4 Responda as perguntas em alemão.

a *Was macht Ellen vor der Arbeit morgens?*
  Sie _____

b *Wann geht Jakob normalerweise mit dem Hund Gassi?*
  Er _____

c *Wo fährt Ellen Fahrrad?*
  Sie _____

d *Wie oft nimmt Jakob die U-Bahn?*
  Er _____

e *Warum nimmt Ellen die U-Bahn nicht?*
  Weil sie _____

f *Wie fährt Jakob oft zur Arbeit?*
  Er _____

CONVERSA 2 **175**

OBSERVE

🔊 **08.04** Ouça o áudio e observe o quadro.

Expressões essenciais da Conversa 2

Alemão	Significado
Mir scheint ...	Parece que (para mim)...
alles läuft gut für dich!	tudo está indo bem para você!
Zuerst war es komisch,	Foi estranho no início
Morgens, vor der Arbeit	De manhã, antes do trabalho
gehe ich gemütlich in der Stadt spazieren	eu passeio pela cidade (vou pela cidade passear)
normalerweise	normalmente
nachmittags	de tarde
gehe ich mit dem Hund im Park Gassi	eu passeio com meu cachorro no parque. (vou eu com o cachorro no parque passear)
ab und zu ...	de vez em quando... (vez ou outra)
Ich fahre überall Fahrrad!	Eu ando de bicicleta por toda parte!
Ich nehme nicht die U-Bahn.	Eu não pego o metrô.
Ich brauche frische Luft.	Eu preciso de ar fresco.
selten	raramente
Weil ich oft mit dem Auto zur Arbeit fahre.	Pois eu geralmente vou trabalhar de carro. (Porque eu geralmente com o carro para o trabalho vou.)
Und mittags esse ich immer ...	E na hora do almoço sempre como...
im gleichen Restaurant	no mesmo restaurante
manchmal experimentiere ich ein wenig	às vezes, eu experimento um pouco
meistens koche ich zu Hause	geralmente cozinho em casa
Du warst noch nie in meinem Lieblingsrestaurant hier?	Você nunca esteve em meu restaurante favorito?
Ich lade dich ein!	É por minha conta!

> **VOCÁBULO:**
> **"de manhã"**
> Como alternativa a *jeden Morgen* (cada manhã) você pode apenas dizer *morgens*, que significa "de manhã", mas quando você fala sobre sua rotina, fica claro que você quer dizer "todas as manhãs".
> Isso se aplica a outras palavras, como *mittags* (na hora do almoço), *montags* (às segundas-feiras), *dienstags* (às terças-feiras) e assim por diante.

> **VOCÁBULO: quantas vezes**
> Você também pode usar qualquer número + *mal* (vezes) para descrever *Wie oft* ... (quantas vezes) você faz algo; ex.: *einmal*, *zweimal*, *dreimal*. Se você pedir a alguém que faça alguma coisa "muitas vezes", pode até usar *zigmal* (n vezes).

1 Transforme a frase *(Mir scheint) alles läuft gut für dich!* em uma pergunta.

_____

> Isso pode ser usado para iniciar uma conversa.

2 Agora, consulte a conversa e preencha o quadro com as "expressões de detalhes" que respondem as seguintes perguntas: Quando? Com que frequência? Por quê?/Como? Onde?

Detalhes da conversa

HORA		MANEIRA	LUGAR
Quando?	Com que frequência?	Por quê?/Como?	Onde?
de manhã 1 _____	normalmente 5 **normalerweise**	de carro 13 _____	no parque 15 **im Park**
de tarde 2 **nachmittags**	geralmente 6 _____	a passeio 14 _____	na cidade 16 _____
na hora do almoço/ meio-dia 3 _____	de vez em quando 7 _____		por toda parte 17 _____
antes do trabalho 4 _____	raramente 8 _____		no trabalho 18 _____
	com frequência 9 _____		no mesmo (restaurante) 19 _____
	sempre 10 _____		em casa 20 _____
	às vezes 11 _____		
	nunca 12 _____		

Ordem das palavras: Mantenha o ritmo em alemão!

Em alemão, a ordem das palavras em frases descritivas segue um padrão específico (que foi convenientemente destacado para você no quadro!). No alemão, geralmente o **tempo** vem primeiro (quando/com que frequência), seguido pelo **modo** (porque/como) da sentença e, finalmente, do **lugar** (onde). Se você pensar em manter o ritmo em alemão, vai se lembrar da ordem Tempo-Modo-Lugar!

CONVERSA 2 ❖⋯ 177

3 Use detalhes do quadro para criar as frases que Ellen e Jakob usam. Use a ordem correta das palavras.
Exemplo: Jakob passeia com o cachorro. [onde?] [quando?] [com que frequência?] gehe/mit dem Hund/ich/Gassi

⇢ **Normalerweise** gehe ich **nachmittags** mit dem Hund **im Park** Gassi.

a Ellen dá um passeio. [quando?] [como?]/[onde?] [quando?]

spazieren/ich/gehe

_____

b Jakob anda de bicicleta. [com que frequência?]   fahre/Fahrrad/ich

_____

c Ellen anda de bicicleta. [onde?]   Fahrrad/fahre/ich

_____

d Jakob vai para o trabalho. [com que frequência?] [onde?] [como?] *fahre/ich*

_____

e Ellen almoça. [quando?] [onde?] [com que frequência?]   esse/ich

_____

f Jakob cozinha. [onde?] [com que frequência?]   ich/koche

_____

4 Consulte as "expressões de detalhes" do quadro para criar frases que respondam: Quando? Com que frequência? Por quê/Como? Onde?

bei meinen Eltern (na casa de meus pais)	*mit dem Motorrad* (de motocicleta)
mein Spezialfrühstuck mit Eiern (meu café da manhã especial com ovos)	*jedes Jahr* (todo ano)
mitten in der Nacht (no meio da noite)	*nach Hause* ([para] casa)
	zum Laden (para a loja)

a Eu fui de motocicleta à loja no meio da noite.

_____

b Todos os anos eu preparo meu café da manhã especial com ovos na casa de meus pais!

_____

EXPLICAÇÃO DE VOCABULÁRIO: Usando *machen* para descrever o que você faz

O verbo *machen* significa "fazer" ou "realizar" em alemão. Devido à sua versatilidade, você pode usar a estrutura *machen* + substantivo para descrever muitas atividades e nem vai ter que aprender muitos verbos novos. Confira algumas expressões comuns formadas com o verbo *machen*:

Atividades, passatempos e deslocamentos

Alemão	Significado	Alemão	Significado
Musik machen	tocar música	*das Abendessen machen*	fazer (cozinhar) o jantar
Sport machen	exercitar-se	*Kaffee machen*	fazer café
ein Spiel machen	jogar um jogo	*Übungen machen*	exercitar-se (fazer exercícios)
einen Spaziergang machen	dar um passeio	*eine Reise machen*	fazer uma viagem
ein Foto machen	fazer uma foto	*einen Besuch machen*	visitar (alguém)

PRATIQUE

1 Preencha as lacunas para completar a história em alemão.

a *Ich _____ gern _____ — _____ von der Couch zum Kühlschrank und _____.*
(*Eu gosto de **dar passeios — geralmente** do sofá até a geladeira e de volta ao sofá!*)

b *_____, aber _____ lasse ich meinen Mann das _____.* (**De vez em quando eu faço café de manhã,** mas **normalmente** eu faço meu marido **fazê-lo**!)

c *Ich liebe hausgemachten Kuchen … _____ den hausgemachten Kuchen aus dem Haus meiner Nachbarin!*
(*Eu adoro bolo caseiro… **de tarde, geralmente como** o bolo caseiro da casa da minha vizinha!*)

d *Ich bin ein blitzschneller Athlet! _____, als ich _____, war ich schon _____ fertig.*
(*Eu sou uma atleta super-rápida. Na **última vez** em que **me exercitei**, terminei **cinco minutos depois**!*)

e *_____ jedem Fußball_____ bin ich total ausgepowert. _____ meine Lieblingsmannschaft verliert!*
(**Depois** de cada **jogo** de futebol, fico totalmente exausto. **Principalmente se** meu time preferido perde!)

VOCÁBULO: *mais sobre machen*!
O alemão também usa *machen* para outras frases, como em português:

···⟩ *das Bett machen* (fazer a cama)

···⟩ *einen Fehler machen* (cometer um erro)
Machen também é usado em algumas frases no sentido de "ficar":

···⟩ *mach's gut!* (fique bem!)
E há outras frases em que o significado é totalmente diferente:

···⟩ *(das) macht nichts!* (não importa)

···⟩ *jemandem Mut machen* (encorajar/estimular alguém)

CONVERSA 2 ···⟩ **179**

2 Crie frases novas descrevendo sua rotina diária ou semanal. Use pelo menos três expressões de detalhes do quadro e empregue a ordem de palavras que aprendeu.

_____

_____

_____

Você constrói coisas? Corre todo dia? Canta, dança, escreve softwares ou levanta pesos? Esta é sua chance de descrever partes reais de sua vida em alemão!

3 Você tem algum passatempo? Pesquise-os no dicionário e crie duas frases simples que descrevam o que você gosta de fazer.

Exemplo: Ich spiele Violine.

_____

4 Em seguida, adicione detalhes às suas frases básicas.

   a *Was machst du gern?* Escolha um de seus passatempos como "referência" para adicionar detalhes.
   Exemplo: Ich fahre Fahrrad, Ich spiele Klavier …

   _____

   b Em seguida, use expressões de detalhes para descrever quando, como, onde etc., você pratica a atividade.
   Exemplo: Ich spiele Klavier am Wochenende bei meinen Eltern.

   _____

   c *Wie findest du das?* Use a frase zuerst war es …, aber jetzt … para descrever o que você acha dele.
   Exemplo: Zuerst war es schwierig, aber jetzt habe ich viel Spaß!

   _____

5 *Wo ist dein Lieblingsort?* Agora, pense em um de seus lugares favoritos perto de você.

   a Escreva uma frase simples a respeito dele em alemão.
   Exemplo: Ich gehe gern in die Bibliothek.

   _____

b Use a frase *Ich gehe in ..., um ...* para explicar por que você costuma ir ao local e com que frequência.
   Exemplo: Ich gehe oft in die Bibliothek, um Bücher zu lesen!

   _____

c *Warst du noch nicht in (Stadt)?* Use a frase *Ich war noch nie in ...* para descrever um lugar onde nunca esteve, mas a que gostaria de ir algum dia.
   Exemplo: Ich war noch nie in Sydney!

   _____

JUNTE TUDO

Crie um script para descrever seu dia e desenvolva essas informações sobre sua rotina "básica" adicionando detalhes. Se possível, inclua:

- Informações que indiquem como você vai para o trabalho/escola diariamente.
- Seus passatempos, interesses e outras atividades.
- Informações que indiquem com que frequência, quando, onde, por que e como você realiza suas tarefas diárias.

CONVERSA 2   **181**

CONVERSA 3

Saia à noite

Quando sua conversa terminar, você deve ter frases engatilhadas para marcar o próximo encontro!

🔊 **08.05** Como Jakob pergunta "O que você vai fazer depois"?

> **Jakob:** Was machst du danach? Ich möchte mit Freunden in den Park gehen, um Fußball zu spielen. Möchtest du mitkommen?
>
> **Ellen:** Ich würde schon gerne, aber leider habe ich schon vor, mit jemandem einkaufen zu gehen. Ich würde etwas später kommen, wenn ihr dann noch spielt.
>
> **Jakob:** Ich weiß nicht, wie lange wir spielen werden, aber ich mache heute Abend bei mir zu Hause eine kleine Party. Du solltest auch kommen!
>
> **Ellen:** Cool, das mache ich auf jeden Fall! Was sollte ich mitbringen? Und um wie viel Uhr?
>
> **Jakob:** Ich würde sagen um 20 Uhr. Ein Dessert wäre pertekt. Du machst doch heute Nachmittag einen Bienenstich, vielleicht könntest du den mitbringen?
>
> **Ellen:** Das ist eine clevere Idee! Und wo wohnst du?
>
> **Jakob:** Meine Wohnung ist in der Nähe vom Bahnhof, gegenüber vom Kaufhof.
>
> **Ellen:** Könntest du die Adresse aufschreiben?
>
> **Jakob:** Klar! Und wenn du dein Handy bei dir hast, kann ich es dir auf der Karte zeigen!

VOCÁBULO: *heute Nachmittag*
Para dizer "esta tarde", o alemão diz *heute Nachmittag* (hoje à tarde). E também: *heute Morgen* (esta manhã) e *heute Abend* (esta noite).

DICA CULTURAL: *O que levar*
Se for convidado para um jantar ou encontro à noite na casa de um alemão, leve um presente para demonstrar seu apreço pelo convite! Quando o evento incluir refeições ou aperitivos, não leve comida ou vinho (a menos que seja orientado a fazer isso), pois seu anfitrião pode ter planos especiais para a ocasião. Sempre é uma boa ideia levar chocolates, flores ou outro tipo de presente interessante. Você pode perguntar ao seu anfitrião o que deve levar, como Ellen faz aqui.

DESVENDE

1 *Richtig oder falsch?* Selecione a resposta certa.

a Depois, Jakob vai beber com seu irmão. *richtig/falsch*

b Jakob convida Ellen para ir com ele e, depois, ir a uma confraternização. *richtig/falsch*

c Ellen já planejou ir à aula de culinária. *richtig/falsch*

182 ⤑ 8 JÁ FAZ UM TEMPO!

2 Você pode deduzir o significado das frases com base nas palavras que já sabe?

a *Möchtest du mitkommen?* _____

b *Was sollte ich mitbringen?* _____

c *Könntest du die Adresse aufschreiben?* _____

d *Ich würde gerne.* _____

OBSERVE

🔊 **08.06** Ouça o áudio e observe o quadro.

Expressões essenciais da Conversa 3

Alemão	Significado
Was machst du danach?	O que você vai fazer mais tarde?
Möchtest du mitkommen?	Você gostaria de vir?
Ich würde schon gerne, aber leider ...	Adoraria, mas infelizmente...
... habe ich schon vor, mit jemandem einkaufen zu gehen.	... eu já tenho planos para fazer compras com alguém.
Ich würde etwas später kommen, ...	Fico livre mais tarde...
... wenn ihr dann noch spielt.	... se você ainda estiver jogando, então.
Ich mache heute Abend .... eine kleine Party.	Terei uma confraternização... hoje à noite...
bei mir zu Hause	em minha casa
Du solltest auch kommen!	Você deveria ir!
Das mache ich auf jeden Fall!	Irei, sim!
Was sollte ich mitbringen?	O que eu levo?
Um wie viel Uhr?	A que horas?
Ich würde sagen um 20 Uhr.	Eu diria às 20h.
Ein Dessert wäre perfekt.	Uma sobremesa seria perfeito.
Vielleicht könntest du den mitbringen?	Talvez você possa levar isso?
Meine Wohnung ist in der Nähe vom Bahnhof.	Meu apartamento fica ao lado da estação de trem. (na vizinhança da estação)
Könntest du die Adresse aufschreiben?	Você pode escrever o endereço para mim?
Wenn du dein Handy bei dir hast, ...	Se você estiver com o celular...
... kann ich es dir auf der Karte zeigen!	... eu posso mostrar no mapa!

VOCÁBULO: *bei* como "na casa de"
Bei em alemão funciona exatamente como "chez" em francês: ambos podem significar "na casa de". Assim, *bei mir* significa "na minha casa", *bei dir* "na sua casa", *bei Judith*, "na casa de Judith", e assim por diante. *Zu Hause* significa "em casa". Nesta conversa, embora *bei mir* funcionasse bem, *zu Hause* é acrescentado para ter mais clareza.

VOCÁBULO: *Karte*
Karte é uma palavra em alemão que você vai ver muito. Sozinha, ela significa "carta" ou "bilhete", mas é muitas vezes usada em substantivos compostos, onde o contexto deixa o significado claro, de modo que os alemães nem sempre se incomodam em dizer a palavra inteira. *Karte* é muito usada para *Speisekarte* ("menu", como você viu na Unidade 6), *Geburtstagskarte* (cartão de aniversário), *SIM-Karte* (cartão SIM), *Spielkarte* (carta de baralho) e *Kinokarte* (ingresso de cinema). A lista é enorme! Aqui, a palavra é usada em *Landkarte* (mapa).

CONVERSA 3 **183**

1. Encontre expressões de detalhes que os falantes usam para expandir seus pensamentos. Veja a primeira linha da conversa e escreva as expressões de detalhes sobre Jakob em alemão:

   a Aonde ele vai? **Er geht** _____

   b Por que ele vai? **Um** _____

   c Com quem ele vai? **Mit** _____

2. Essa conversa fala de planos. Veja a lista de expressões e note as diferentes frases que poderia usar para...

   ···⟫ ... convidar alguém para uma confraternização ou para fazer algo com você. Diga em alemão:

   a O que você vai fazer...? _____   **c** Você gostaria de vir? _____

   b Vou dar uma pequena festa...   **d** Você também deveria vir!
   _____   _____

   ···⟫ ... aceite (ou recuse) um convite. Diga em alemão:

   e Irei, sim! _____   **g** ... mas infelizmente... _____

   f Eu adoraria! _____   **h** Eu já planejei ... _____

3. Ache os seguintes detalhes na lista de expressões e destaque-os.

a mais tarde	**d** esta noite	**g** perto da estação	**j** com alguém
b um pouco depois	**e** às 20h	**h** meu apartamento	
c então	**f** na minha casa	**i** fazer compras	

4. Encontre as frases em alemão para pedir e dar detalhes.

   a O que devo levar? _____

   b A que horas? _____

   c Você pode escrever o endereço? _____

   d Eu posso mostrá-lo no mapa. _____

5. Essa conversa usa uma forma verbal nova, que pode ser empregada para falar sobre planos futuros, o que você "iria" ou "poderia" fazer. Observe o quadro e use a lista de expressões para completar as colunas da direita e da esquerda . Procure a forma verbal em alemão que corresponde à tradução em português e escreva-a.

Verbo	Exemplo	Significado
möchtest (você gostaria/quer)	Möchtest du mitkommen?	**Você gostaria de vir?**
(seria)	Ein Dessert wäre perfekt.	
(eu iria)	Ich würde schon gerne. Ich würde kommen. Ich würde sagen, ...	
(você poderia)	Vielleicht könntest du den mitbringen? Könntest du ... aufschreiben?	

184 ···⟫ 8 JÁ FAZ UM TEMPO!

EXPLICAÇÃO GRAMATICAL: Formando o condicional com *würde* (iria)

Para se referir a uma possibilidade futura (ou seja, uma hipótese) em alemão, você simplesmente usa *würde* (seria) + infinitivo do verbo que quer usar. Você pode usar a forma condicional com quase qualquer verbo, e a terminação dessa forma é quase a mesma que a do tempo presente.

ich würde, *du würdest, er würde, wir würden, ihr würdet, sie würden.*

A única exceção é que a forma **er/sie-** termina em -e, e não em -t.

Exemplos: *Ich würde* heute Abend ausgehen, aber ich bin zu müde.
(Eu sairia hoje à noite, mas estou cansado demais.)
Würdest du mitkommen?   (Você viria comigo?)

Embora se use *würde* com a maioria dos verbos em alemão, alguns usam uma alternativa (como no passado que você viu). Os três mais importantes são: *hätte* (teria), *wäre* (seria), *könnte* (poderia/seria capaz).

Formas condicionais

haben (ter)	hätte (teria)	Ich hätte morgen Zeit.	Eu teria tempo amanhã.
sein (ser)	wäre (seria)	Das wäre toll!	Isso seria ótimo!
können (poder/ser capaz)	könnte (poderia)	Könntest du mir helfen?	Você poderia me ajudar?

Experimente! Preencha as lacunas com o condicional (sufixo "ia").

a Ich _____ gern in Deutschland _____. (Eu adoraria morar na Alemanha.)

b Ich _____ ein großes Haus in Berlin. (Eu teria uma grande casa em Berlim.)

c Leider _____ es zu weit weg von meinen Eltern. (Infelizmente, estaria longe de meus pais.)

d Ich _____ sie nicht oft besuchen. (Eu não poderia visitá-los com frequência.)

PRATIQUE

1 Use diferentes frases para fazer planos em alemão.

a O que eu vestiria? (vestir = *anziehen*) _____

b A que horas termina? (terminar = *aufhören*) _____

c A que hora devo chegar? _____

2 Pratique usando diferentes frases para convidar alguém a fazer algo. Utilize as sugestões indicadas em português para completar a frase original em alemão de dois modos diferentes.

Exemplo: *Essen wir _____ im chinesischen Restaurant?*
(esta tarde) (segunda-feira) (logo) (às 19h) (próxima semana)

⋯⃗ **Essen wir heute / Montag Nachmittag im chinesischen Restaurant?**

a *Was machst du _____* (depois disso) (mais tarde) (às 17h) (esta noite) (amanhã)

_____

b *Ich möchte _____ Freizeit Sport machen. Kommst du mit?*
(depois disso) (mais tarde) (às 17h) (esta noite) (amanhã)

_____

c _____ *du mitkommen?* (gostaria) (ir) (pode)

_____

d _____ *dir helfen?* (poderia) (ir) (amanhã cedo)

_____

3 Formule frases para aceitar ou recusar um convite. Complete a frase original em alemão de duas formas diferentes.

a *Das wäre _____.* (legal) (perfeito) (surpreendente) (divertido) (impossível) (muito tarde)

_____

b *Ich würde sehr gern, aber _____.* (infelizmente...) (eu já tenho planos) (Estou ocupado)

_____

4 Para praticar, determine o significado dos verbos condicionais a seguir e escreva as expressões correspondentes em português.

a *Du würdest vorbereiten ...* _____   c *Ich würde ... reisen.* _____

b *Das wäre ...* _____   d *Du könntest ...* _____

5 Diga em alemão:

a Você gostaria de estudar alemão comigo? _____

b Você poderia me perguntar da próxima vez? _____

c Eu sairia, mas está tarde demais. _____

#LANGUAGEHACK:
A técnica de reformulação para lidar com frases complicadas

Você está acostumado a se expressar na sua língua materna usando recursos complexos e diversificados, mas isso não é possível logo no início do aprendizado de um novo idioma. Parte do processo de aprender uma nova língua consiste em se acostumar (e ficar à vontade) com essa restrição. Então, como transmitir ideias e sentimentos complexos contando apenas com as noções básicas de um idioma?

Nem tudo está perdido! Para se expressar, você só precisa reformular um pouco suas frases e encaixar as ideias em estruturas mais simples, usando palavras e expressões com as quais se sinta mais confortável. Vamos ver como podemos fazer isso.

Descubra a ideia principal

- Primeiro, reconheça que as regras para se expressar com a eloquência de um falante nativo (em geral) não se aplicam a você. Aquela linguagem sutil na sua cabeça, a vontade de transmitir um certo tom e distinção... Às vezes, você deve deixar tudo isso de lado.
- "Desculpe... Sem querer, eu ouvi você falar alemão... Posso praticar um pouco com você? Espero não estar incomodando..."
- Depois, defina a principal ideia a ser transmitida e então simplifique-a. Sua ideia inicial pode ser:
- "Você fala alemão? Eu também! Vamos conversar."
- Finalmente, "pegue carona" em uma expressão semelhante que dê conta do recado: *Sprichst du Deutsch? Ich auch! Sprechen wir!*

De volta ao básico

Em geral, a ideia central a ser transmitida costuma ser bastante simples.
Exemplo: *Er wohnt jetzt in Berlin, also in der Stadt, wo er seine Frau, die Anna heißt, getroffen hat.* (Agora ele mora em Berlim, a cidade em que ele conheceu sua mulher, que se chama Anna.)

- *Er wohnt jetzt in Berlin. Dort (lá) hat er Anna getroffen. Sie ist seine Frau.*
(Ele mora em Berlim agora. Ele conheceu Anna lá. Ela é sua mulher.)

Use verbos auxiliares para simplificar a frase.

Vamos pensar em outra estrutura de frase complicada: *Es macht Spaß, Filme auf Deutsch anzusehen!*
Quando você encontrar frases complicadas com verbos separáveis ou *zu*, pode usar verbos auxiliares para simplificá-las. Por exemplo: *Ich sollte Filme auf Deutsch ansehen. Das macht Spaß!*

> Divida uma linha de pensamento com palavras de referência para separar uma ideia em frases pequenas, mas deixando claro que elas giram em torno da mesma ideia. Você pode apresentá-las como uma sequência de eventos. As palavras de referência mais fáceis de usar são **dort**, **hier** e **dann** ("lá", "aqui" e "então"), ou **er**, **sie**, **es** e **sie** ("ele", "ela" "isso" e "eles"). Não tenha receio de repetir palavras-chave (como Anna) se você não conseguir achar uma referência mais fácil!

CONVERSA 3 187

SUA VEZ: Use o hack

1 Pratique sua habilidade de reformulação agora. Para cada frase a seguir, escreva uma alternativa (mais curta) em alemão, para transmitir uma ideia parecida com a original sem recorrer a operações gramaticais sofisticadas. Fique à vontade para formular as frases como quiser, mas tente transmitir a ideia da forma mais simples e eficiente possível.

*Lembre-se de que essa é uma **habilidade**, ou seja, a melhor forma de desenvolvê-la é praticando.*

Exemplo: Provavelmente, não conseguirei sair com você.

→ <u>Ich kann nicht mit dir ausgehen</u>. (Eu não posso sair com você.)

a Estou tão feliz por termos conseguido vir ao restaurante juntos.

_____

b Eu gostaria muito se você quisesse dançar comigo.

_____

c Eu prefiro ir ao supermercado mais tarde.

_____

2 Em cada uma dessas frases, o português usa formas que você ainda não aprendeu em alemão. Uma versão mais simples em alemão foi iniciada para você — preencha as lacunas para completar as frases mais simples.

a Como fala alemão muito bem, ele conseguiu um emprego muito interessante na Alemanha.
Er spricht _____. *Deshalb hat er jetzt* _____. _____
sehr interessant.

b Depois de terminar os estudos, ele viajou para Valência, onde ele começou a estudar espanhol.
Zuerst hat er sein Studium abgeschlossen. Dann ist er _____.
_____ *hat er angefangen* _____.

3 Use verbos auxiliares para mudar cada frase para uma forma mais simples.

a *Es ist wichtig, sie morgen anzurufen (telefonar). Du* _____ *sie anrufen. Das ist wichtig.*

b *Es ist gesund, spät aufzustehen (levantar). Man* _____ *spät aufstehen. Das ist gesund!*

c *Es ist unmöglich (impossível), neu anzufangen. Wir* _____ *nicht neu anfangen.*

JUNTE TUDO

1 Imagine que um amigo alemão foi visitá-lo para pedir sugestões e você quer descrever para ele a melhor forma de aproveitar o dia durante a sua estada na cidade. Tente incluir na sua recomendação:

···⟩ A primeira coisa que ele deve fazer (*Zuerst könntest du ...*)

···⟩ Os locais que vocês irão visitar e por quê (*Ich würde ... besuchen*)

···⟩ As atividades que realizarão juntos (*Wir könnten ein Taxi nehmen, um ... zu ...*)

···⟩ Outras dicas de um bom conhecedor (*Ich glaube, das beste Museum wäre ...*).

2 Imagine que você foi convidado para participar de uma aventura exótica (como descer o Rio Amazonas de caiaque, percorrer a Trilha Inca ou escalar o Monte Everest) e tem muitas dúvidas! Crie um script em alemão e fale sobre esse convite usando afirmações e perguntas. Recorra ao dicionário sempre que precisar.

···⟩ Diga quando vai ter tempo livre para viajar. (*Ich könnte ... fahren ...*)

···⟩ Pergunte os detalhes da viagem: qual é o local, quando começa, quando termina. (*Wann beginnt die Reise?*)

···⟩ Pergunte o que deve levar. (*Sollte ich ... mitbringen?*)

···⟩ Descreva como você acha que a viagem será. (*Ich glaube, das wäre ...*)

CONVERSA 3 ···⟩ **189**

FINALIZANDO A UNIDADE 8

Confira o que aprendeu

1. 🔊 **08.07** Ouça o áudio de treino, em que uma alemã descreve sua rotina e as coisas que deseja fazer. Fique à vontade para tomar notas e ouvir novamente a gravação.

2. 🔊 **08.08** Agora, ouça as perguntas sobre o primeiro áudio e responda em alemão.

Mostre o que sabe...

Confira o que acabou de aprender. Escreva ou fale um exemplo para cada item da lista e marque os que sabe.

- ☐ Escreva uma frase curta que descreva um de seus passatempos.
- ☐ Indique três detalhes diferentes sobre seu passatempo.
- ☐ Use *machen* para falar sobre duas atividades diferentes.
- ☐ Reconheça o significado de preposições como *auf*, *zu* e *aus*.
- ☐ Use verbos separáveis no presente e no passado (ex.: *anfangen/ angefangen*).
- ☐ Formule três frases que descrevam sua rotina usando as expressões alemãs correspondentes a:
    - ☐ "com frequência" e "geralmente"
    - ☐ "às vezes" e "de vez em quando"
    - ☐ "sempre" e "nunca"
- ☐ Diga "eu seria/estaria" e "eu poderia" em alemão.

COMPLETE SUA MISSÃO

É hora de completar sua missão: escrever uma excelente dica de produtividade para o blog do seu amigo. Para isso, analise sua rotina e suas tarefas habituais. Se puder, leia alguns blogs alemães sobre produtividade e atenção plena para se inspirar.

PASSO 1: Crie seu script

Continue a desenvolver seu script com as frases que aprendeu nesta unidade e seu "vocabulário pessoal". Prepare-se para responder as perguntas mais frequentes:

- Fale sobre diferentes aspectos da sua vida e rotina semanal.
- Descreva um local a que vai, como chega lá e o que faz.
- Inclua detalhes que indiquem frequência, onde, por que e como.
- Descreva algo que gostaria de fazer, mas ainda não fez.
- Descreva algo que você gosta na sua rotina e o que poderia ser melhor.

> Para completar a missão, pesquise na internet usando os termos **produktiver sein** ou **effektiver arbeiten**. Acesse a comunidade #LanguageHacking e veja as dicas sobre como pesquisar!

PASSO 2: Aprenda com seus erros e com os dos outros... *online*

Essencialmente, se você comete erros, está aprendendo, e ao falar o idioma, pode identificar melhor e corrigir esses lapsos por conta própria. Além disso, é possível aprender com os erros dos outros hackers da linguagem. Portanto, leia as correções e comentários dos membros da comunidade. Você vai ver como seus erros são comuns para a grande maioria dos estudantes.

É hora de completar a missão. Compartilhe suas dicas de produtividade com a comunidade! Você também pode se beneficiar das muitas sugestões gratuitas disponíveis e aumentar sua eficiência. Então, acesse a comunidade online e encontre a missão da Unidade 8. Use esse espaço para aprender a integrar o estudo do alemão à sua rotina.

> Quando estamos aprendendo um novo idioma, **é inevitável cometer erros**. Parte do charme de falar um segundo idioma está em perceber que as pessoas são bem menos críticas do que imaginamos!

> Use o espaço da comunidade para aprender a integrar o estudo do alemão à sua rotina.

FINALIZANDO A UNIDADE 8 **191**

PASSO 3: Aprenda com os outros estudantes

Você recebeu dicas de produtividade dos outros hackers da linguagem? Quais? Depois de enviar seu clipe, confira como os outros membros da comunidade descrevem suas rotinas. **Sua tarefa é comunicar a pelo menos três pessoas o que você achou mais interessante na rotina delas.**

Lembre-se de utilizar expressões para iniciar, continuar e estimular a conversa. Por exemplo, *Ich sehe, dass du ...* (Eu vejo que você...)

PASSO 4: Avalie o que aprendeu

EI, HACKER DA LINGUAGEM, VOCÊ JÁ ESTÁ QUASE LÁ!

Nesta unidade, abordamos sua estratégia de preparação para os tipos de conversas mais frequentes no idioma. Todos os scripts que você criou até agora estão orientados a esse objetivo.

Nas Missões 9 e 10, você aprenderá mais estratégias e ficará surpreso com o alto nível da sua primeira conversa...

Nur Mut!

9 DESCREVA!

Sua missão

Imagine que você pretende atuar como guia turístico em uma cidade de idioma alemão, mas antes precisa comprovar que é capaz de descrever um lugar em detalhes e fazer recomendações de locais para se divertir e coisas a fazer.

Sua missão é falar com um morador local e descrever uma cidade que conhece bem (ou que deseja conhecer!). Pesquise e crie uma breve descrição das principais atividades e locais, mas não diga o nome da cidade. Deixe as outras pessoas *adivinharem*! **Descreva os locais mais interessantes, explique suas características**, e indique como a cidade pode atender a **diferentes tipos de turistas**.

O objetivo desta missão é desenvolver suas habilidades de comunicação para que você se expresse com mais criatividade e descreva detalhadamente pessoas, lugares e objetos conhecidos.

Treine para a missão

- Descreva lugares, paisagens e o local em que você mora — *Ich wohne auf dem Land*.
- Diga do que você sente falta usando o verbo *vermissen*.
- Descreva o clima e o ambiente — *es ist warm*.
- Descreva as pessoas e suas personalidades — *abenteuerlustig, traditonell*.
- Aprenda frases importantes para fazer compras — *billiger, im Angebot, bar bezahlen*.

APRENDENDO A DESCREVER O MUNDO À SUA VOLTA NO IDIOMA

Você está bem perto da sua primeira conversa em alemão! Depois de aprender a falar sobre as pessoas mais importantes na sua vida e suas atividades, agora vamos descrever suas personalidades e características. Com esse novo vocabulário, é possível se expressar de forma mais criativa em alemão; quando não se lembrar da palavra certa, basta *descrever*!

#LANGUAGEHACK
Aproveite seus momentos secretos para fazer uma imersão contínua no alemão.

DICA CULTURAL: o Spree

Um jeito ótimo de ver Berlim é em um cruzeiro pelo rio *Spree*, que atravessa a cidade.

Vocábulo: *an* como "em" ou "sobre"

An (em) com em *an der Tür* (na porta) também é usada para lugares que você imagina, em frases que envolvam "pensar" ou "lembrar". Nesta conversa, *an* é usada com *denken*, que significa "pensar em".

TÁTICA DE CONVERSA: *ordem das palavras para ênfase*

A ordem das palavras em alemão permite que você dê ênfase a diferentes palavras, dependendo de como as coloca em uma frase. Por exemplo, a afirmação *Es gibt Kaufhäuser in jeder Stadt* (Há lojas de departamento em todas as cidades) é escrita aqui como *Kaufhäuser gibt es in jeder Stadt*, que enfatiza o caráter global das lojas de departamentos: "Lojas de departamentos — elas estão em todo lugar" (elas não têm nada de especial). Mas se você disser *In jeder Stadt gibt es Kaufhäuser*, implicaria "Cada cidade tem lojas de departamentos!" (não importa se você vai para essa ou outra cidade).

CONVERSA 1

Descreva a cidade

Os estrangeiros perguntam de onde você vem e destacam as diferenças entre os dois países. Portanto, vamos prepará-lo para essas conversas e criar um script para descrever vários lugares.

🔊 **09.01** Prestes a voltar para o Reino Unido, Ellen pensa em coisas de que tem saudades na sua terra natal. Ela descreve sua cidade para Jakob durante uma caminhada às margens do rio *Spree* em um dia de sol. Qual palavra Ellen usa para dizer que está "voltando" para o Reino Unido?

Ellen: Ich fliege bald nach England zurück. Das ist meine letzte Woche in Berlin!

Jakob: Wie schade! Hast du Heimweh?

Ellen: Ich liebe Berlin, aber weißt du, dass ich eigentlich auf dem Land wohne? Ich vermisse das Meer und auch den Strand und die Wälder bei mir. Aber ich werde oft an Berlin und an die freundlichen Leute hier denken.

Jakob: Ich weiß. Ich werde dich auch vermissen! Hmm, ich habe eine Idee … warum kaufst du nicht ein paar Geschenke für deine Familie, bevor du fliegst? Die werden dich auch an deine Zeit in Berlin erinnern.

Ellen: Das ist eine sehr gute Idee! Ich liebe Shopping! Wo sollte ich die Geschenke kaufen?

Jakob: Hmm … das kommt darauf an. Warst du schon im KaDeWe? Das ist ein riesiges historisches Kaufhaus. Es ist viel schöner als ein Einkaufszentrum.

Ellen: Ich weiß nicht … Kaufhäuser gibt es in jeder Stadt. Heute scheint die Sonne und es ist warm, also möchte ich den Tag lieber draußen verbringen.

Jakob: Aber das KaDeWe ist ein absolutes Highlight! Das gibt es nur in Berlin! Lass uns doch jetzt für eine Stunde ins KaDeWe gehen und danach können wir auf dem Ku'damm spazieren gehen.

Ellen: … und wenn wir müde sind, setzen wir uns in ein nettes Café und essen ein Eis.

Jakob: Perfekt! Los geht's!

194 ⸱⸱⸱ 9 DESCREVA!

DESVENDE

1 Todas as frases a seguir são *falsch*. Sublinhe as palavras incorretas em cada uma delas e escreva a expressão correta em alemão.

a É o último dia de Ellen em Berlim. _____

b Ellen e Jakob planejam dançar. _____

c Ellen viajará com frequência para Berlim. _____

d Eles planejam caminhar pelo Ku'damm antes de ir ao KaDeWe. _____

> A essa altura, você já deve ter um vocabulário extenso e consistente em alemão. Portanto, é muito importante atuar ativamente para preencher as lacunas. **Destaque todas as palavras novas que encontrar**, e tome nota para adicioná-las depois ao seu script ou material de estudo.

2 Com base no contexto, escreva o significado das frases a seguir.

a *Wie Schade!* _____

b *Ich fliege bald nach England zurück.* _____

c *Heute scheint die Sonne und es ist warm...* _____

d *... also möchte ich den Tag lieber draußen verbringen.*

_____

3 Responda as perguntas em alemão.

a *Wann fliegt Ellen nach England zurück?* _____

b *Was vermisst Ellen?* _____

c *Wie findet Ellen Jakobs Idee?* _____

d *Was kauft Ellen für ihre Familie?* _____

e *Möchte Ellen unbedingt ins Kaufhaus gehen? Warum / Warum nicht?*

_____

f *Was machen Ellen und Jakob, wenn sie müde sind?* _____

4 Com base no contexto e nas palavras que você sabe, encontre as frases em alemão na conversa e escreva-as.

a na zona rural _____

b ar livre _____

c a praia e as florestas _____

d loja de departamentos famosa

_____

e o mar _____

CONVERSA 1 **195**

OBSERVE

🔊 09.02 Ouça o áudio e observe o quadro. Repita em voz alta e tente imitar os falantes.

Você viu casos em que o alemão usa haben (ter) quando diríamos "estar" em português, como ich habe Hunger (eu estou com fome) e du hast recht (você está com a razão). Aqui, Jakob quer saber se Ellen tem saudades, perguntando: Hast du Heimweh? (Literalmente: "Você tem saudades de casa"?)

Palavra por palavra, esta frase pode ser um pouco complicada, mas é melhor aprendê-la como um bloco para o jeito alemão de dizer "depende".

Expressões essenciais da Conversa 1

Alemão	Significado
Ich fliege bald nach England zurück.	Eu vou voltar para a Inglaterra em breve.
Wie schade!	É uma pena!
Hast du Heimweh?	Você sente saudades?
auf dem Land	na zona rural
Ich vermisse das Meer	sinto falta do mar
und auch den Strand	e também da praia
und die Wälder bei mir	e das florestas perto de minha casa
Aber ich werde oft an Berlin und an die freundlichen Leute hier denken.	Mas vou pensar em Berlim e nas pessoas simpáticas daqui com frequência!
Warum kaufst du nicht ein paar Geschenke für deine Familie, bevor du fliegst?	Por que você não compra alguns presentes para sua família antes de viajar?
Die werden dich auch an deine Zeit in Berlin erinnern!	Eles também vão lembrar você de sua estada em Berlim!
Wo soll ich die Geschenke kaufen?	Onde devo comprar os presentes?
das kommt darauf an	isso depende
Es ist viel schöner als …	Ela é muito mais bonita que...
Heute scheint die Sonne und es ist warm.	hoje o sol está brilhando e faz calor.
also möchte ich den Tag lieber draußen verbringen	então eu prefiro passar o dia ao ar livre
Lass uns doch … gehen	Vamos...
und wenn wir müde sind, setzen wir uns in ein nettes Café	e, se ficarmos cansados, vamos nos sentar em um café legal
Los geht's!	Então vamos!

196 ⸱⸱⸱⸱ 9 DESCREVA!

1 Encontre a primeira frase de cada item na lista e escreva-a em alemão. Em seguida, use-a para traduzir a segunda frase correspondente.

a Eu sinto falta _____
Vou sentir falta desta cidade. _____

b Vou voltar _____
Antes de voltar para casa _____

c Vou pensar em_____
Quando eu pensar no tempo que passei aqui
_____

d Eles vão lembrar você _____
Isso me lembra a praia. _____

e Se ficarmos cansados, podemos nos sentar.
_____
Se você está cansado, por que não vai dormir?
_____

> Vocábulo: *(sich)* *erinnern* – *"lembrar (-se)"/"recordar"*
> Em alemão, *erinnern* significa "lembrar", mas *sich erinnern*, "lembrar-se", também é um jeito comum de dizer "recordar"! Por exemplo:
>
> ···⟩ *Ich erinnere mich nicht, was ihre Name ist* (Eu não me lembro do nome dela),
>
> ···⟩ *Kannst du mich an deine Adresse erinnern?* (Você pode me lembrar de seu endereço?)

2 Reveja a conversa e a lista de expressões. Nas frases a seguir, a que se referem as palavras em negrito?

Exemplo: *__Die__ werden dich auch an deine Zeit in Berlin erinnern....*
···⟩ Die Geschenke

a *__Das__ ist eine sehr gute Idee!*
_____

b *__Es__ ist viel schöner als ein Einkaufszentrum.*
_____

c *__Das__ gibt es nur in Berlin!*
_____

3 Associe as frases em alemão com as traduções em português corretas.

a *Lass uns doch*   **1** Isso depende

b *Los geht's!*   **2** Vamos...

c *Wie Schade!*   **3** Que pena!

d *Das kommt darauf an*   **4** Então vamos!

CONVERSA 1 ···⟩ **197**

4 Uma boa técnica de memorização é aprender o vocabulário em "grupos" de palavras, ou seja, expressões semelhantes de uma mesma categoria. Use o dicionário e preencha os espaços numerados no quadro.

Vocabulário de paisagem e natureza

Alemão	Significado	Alemão	Significado
1.	zona rural	der Wald	a floresta
die Berge	2.	die Bäume	4 .
der See	o lago	3.	o sol
die Stadt	a cidade		

Vocabulário da cidade

Alemão	Significado	Alemão	Significado
5.	o banco	6.	a delegacia de polícia
das Geschäft	a loja	7.	a igreja
das Einkaufszentrum	o shopping center	das Rathaus	8.
die Apotheke	9.	10.	o estádio
die Bäckerei	a padaria	das Kaufhaus	a loja de departamentos
die Straße	11.	der Park	o parque
das Museum	o museu	12.	a biblioteca

PRATIQUE

1 Pesquise novas palavras para descrever o local onde você mora e a respectiva paisagem ao redor. Você mora perto do mar? No subúrbio? Em uma quitinete apertada? Inclua seu "vocabulário pessoal" no quadro de vocabulário para paisagem e natureza.

2 Use o vocabulário que pesquisou para descrever o local em que
   você mora.

Exemplo: Eu moro…   Perto da minha casa há…

_____

_____

3 Agora, faça o mesmo em relação a um membro da família ou amigo.

Exemplo: Ele/ela mora perto…   Em sua rua há…

_____

_____

EXPLICAÇÃO DO VOCABULÁRIO: Descreva o clima

Wie ist das Wetter?— (Como está o tempo?)

Para descrever o clima, use a expressão *es ist*. Na maioria das vezes,
basta dizer *Es ist* + descrição.

Es ist … *schön* (bom) / *schlecht* (ruim) / *heiß* (quente) / *kalt* (frio) / *kühl*
(fresco) / *warm* (agradável) / *wolkig* (nublado) / *sonnig* (faz sol) /
windig (venta)

Duas exceções importantes são:

  Es regnet (está chovendo) e *Es schneit* (está nevando).

1 Para praticar, crie novas frases em alemão para descrever o clima.

   a Está bom hoje. _____

   b O tempo está ruim. Que pena! _____

2 Use *Es ist* para elaborar duas frases que descrevam o clima no seu
   contexto atual. _____   _____

JUNTE TUDO

Crie um script para descrever o local onde você mora ou um lugar
que adoraria conhecer com o maior número de detalhes possível.
Empregue palavras descritivas (adjetivos e substantivos) e responda as
perguntas a seguir:

···⟩ Como é a paisagem do local?

···⟩ Em geral, como é o clima do local? Há alguma exceção? Qual?

···⟩ Ao deixar o local, do que você mais sentiria falta?

Você já tem mais
habilidade de falar
sobre seu ambiente,
então vamos colocá-la
em ação!

  Ich wohne …

_____

_____

CONVERSA 1 ···⟩ **199**

CONVERSA 2

Descreva personalidades

Agora vamos aprender um conjunto totalmente novo de palavras descritivas que caracterizam pessoas e suas personalidades.

🔊 09.03 Ellen e Jakob estão fazendo compras e conversam sobre os presentes que Ellen comprará para sua família, com base em suas personalidades. Quais palavras Ellen usa para descrever sua irmã, seu irmão e seus pais?

DICA CULTURAL:
einkaufen (fazer compras)
Embora a *Ku'damm* ou a *Friedrichstraße* sejam locais maravilhosos para visitar, prefiro fazer compras nos *Flohmärkte* (mercados de pulgas) no *Mauerpark* e na *Boxhagener Platz*, que ocorrem todo domingo. Adoro *feilschen* (barganhar) e fazer bons negócios lá. É mais divertido do que pagar um preço fixo e uma excelente ocasião para praticar números em alemão!

Ellen: Dieses Kaufhaus ist wirklich beeindruckend! Es gibt so viele Geschäfte!

Jakob: Weißt du schon, was du kaufen möchtest?

Ellen: Ich möchte für mich viele Sachen kaufen, aber ich weiß nicht, was ich für meine Familie kaufen soll!

Jakob: Na, kannst du sie beschreiben?

Ellen: Das ist schwierig – meine Schwester zum Beispiel ist abenteuerlustig und sie möchte wirklich eines Tages nach Deutschland kommen. Soll ich ihr ein typisches Souvenir von Berlin kaufen?

Jakob: Du könntest ihr einen bunten Buddy-Bären und Schokolade kaufen, oder? Und für uns auch eine Tafel Schokolade!

Ellen: Klar! Dann zu meinem Bruder. Ähm ... er ist jung, deshalb glaube ich, dass ein Souvenir superlangweilig für ihn wäre. Was soll ich jemandem kaufen, der nur Videospiele toll findet?

Jakob: Du kannst ein Zubehör für seine Spiele finden! Elektronische Geräte sind oft billiger hier, weißt du?

Ellen: Ah ja, das erinnert mich daran – sein Kopfhörer ist alt ... Er braucht einen neuen. Und zum Schluss, meine Eltern sind eher traditionell und sie haben mir schon gesagt, ich soll ihnen eine Tasche aus Berlin mitbringen.

Jakob: Das war klug von Ihnen! Vielleicht sollten wir ihnen zwei Taschen kaufen, in blau und schwarz!

DESVENDE

1 *Richtig oder falsch?* Escolha a resposta correta.

   a Ellen está comprando presentes para os amigos.   *richtig/falsch*

   b Jakob ajuda Ellen com ideias para presentes.   *richtig/falsch*

   c Ellen sabe exatamente o que comprar.   *richtig/falsch*

2 Responda as perguntas a seguir em alemão.

   a Was wird Ellen ihrer Schwester kaufen?
   einen _____ und _____.

   b Warum? Was sagt Ellen über sie? Sie ist _____.

   c Was würde Ellens Bruder über ein typisches Souvenir denken?
   Dass ein Souvenir _____.

   d Was sagen Ellen und Jakob über Ellens Eltern?
   Sie sind _____, und sie sind
   _____.

   e Was sagt Jakob über elektronische Geräte in Deutschland?
   Sie _____.

3 Encontre e destaque as seguintes frases. Em seguida, escreva a palavra em negrito em alemão.

   a isso me **lembra** _____

   b ela **realmente** quer _____

   c uma lembrancinha **seria** _____

   d e **finalmente** _____

   e meus pais são *muito* conservadores _____

   f muito **chata** _____

CONVERSA 2   201

OBSERVE

🔊 **09.04** Ouça o áudio e observe o quadro.

Expressões essenciais da Conversa 2

Alemão	Significado
Dieses Kaufhaus ist wirklich beeindruckend!	Esta loja de departamentos é impressionante!
Es gibt so viele Geschäfte!	Há tantas lojas!
Kannst du sie beschreiben?	Você pode descrevê-los?
Das ist schwierig.	Isso é difícil.
meine Schwester ist abenteuerlustig	minha irmã é aventureira
ein typisches Souvenir	uma lembrancinha típica
einen bunten Buddy-Bären kaufen	comprar um Urso-Buddy colorido
eine Tafel Schokolade	uma barra de chocolate
er ist jung	ele é jovem
superlangweilig	muito chata
Was soll ich jemandem kaufen, …?	O que eu posso comprar para alguém…?
sein Kopfhörer ist alt	seus fones de ouvido são velhos
Elektronische Geräte sind oft billiger hier	Eletrônicos costumam ser mais baratos aqui
das erinnert mich daran	Isso me lembra
er braucht einen neuen	ele precisa de um novo
und zum Schluss	e, finalmente
meine Eltern sind eher traditionell	meus pais são muito tradicionais
zwei Taschen, in blau und schwarz	duas bolsas, uma azul e outra preta

DICA CULTURAL:
Buddy-Bär
Ao andar por Berlim, você vai ver interessantes esculturas de ursos de fibra de vidro que se tornaram ícones da cidade.

1 Encontre os adjetivos na conversa e escreva-os aqui.

a impressionante _____   h novo _____
b aventureira _____   i conservador _____
c típica _____   j preto _____
d colorido _____   k inteligente _____
e jovem _____   l difícil _____
f chato _____   m azul _____
g velho _____   n barato _____

202 ⟶ 9 DESCREVA!

> **DICA DE GRAMÁTICA:** *Altere o gênero e o número dos adjetivos*
> Em alemão, os adjetivos concordam com os substantivos a que se referem, como no português.
> Quando o substantivo for feminino (*die/eine* Blume), o adjetivo correspondente também será (*eine*
> *rote* Blume). O mesmo ocorre no masculino, neutro e plural. Adjetivos também mudam em alemão
> conforme os artigos "o/a" ou "um/uma" e até conforme sua posição na frase.
> *Rote* Blumen sind schön. (Flores vermelhas são bonitas.)
> *Ich habe die roten Blumen im Geschäft gekauft.* (Eu comprei as flores vermelhas na floricultura.)
> *Ich habe dem Mädchen eine rote Blume gegeben.* (Eu dei uma flor vermelha à garota.)
> *Ich kaufe keine roten Blumen mehr.* (Eu não compro mais flores vermelhas.)

2 Outra técnica eficiente de memorização consiste em aprender pares de antônimos. Complete as
frases a seguir com os adjetivos da lista de expressões ou pesquise em um dicionário.

   a *Das ist nicht _____, das ist _____.* (Isso não é **fácil**, isso é **difícil**.)

   b *Das ist nicht _____, das ist _____.* (Isso não é **único**, isso é **comum**.)

   c *Sie sind nicht _____, sie sind _____.* (Eles não são **bobos**, eles são **inteligentes**.)

   d *Sie sind nicht _____, sie sind _____.* (Eles não são **modernos**, eles são **tradicionais**.)

   e *Sie ist nicht _____, sie ist _____.* (Ela não é **aventureira**, ela é **tímida**.)

   f *Er ist nicht _____, er ist _____.* (Ele não é **velho**, ele é **jovem**.)

TÁTICA DE CONVERSA: Um atalho para usar adjetivos antes de substantivos com facilidade

Terminações de adjetivos costumam mudar de acordo com o substantivo que acompanham.
No início, pode parecer intimidante aprender essas regras, e não vai melhorar muito suas
habilidades de conversação. Felizmente, há duas dicas úteis para lembrar!

Adivinhe -e ur -en: *-e* e *-en* são as terminações de adjetivos mais comuns, e, se você estiver
em dúvida, basta escolher uma e você não só será compreendido, mas terá grandes chances
de acertar!

Reformule sua frase: mas lembre que se você mudar a frase de modo que nenhum substantivo
se relacione ao adjetivo, você não vai ter que aplicar nenhuma terminação a ele!

Por exemplo, em vez de *Ich habe die **neuen** Bücher gekauft.* (Eu comprei os livros novos.), você
pode dizer:

···▷ *Ich habe die Bücher gekauft, die **neu** sind.* (Eu comprei os livros, que são novos.), ou

···▷ *Ich habe Bücher gekauft, und sie sind **neu**.* (Eu comprei livros, e eles são novos.)

Muito mais fácil!

1 Reescreva essas frases em alemão sem as terminações dos adjetivos:

Exemplo: *Das ist ein gutes Buch.* → Ich finde, das Buch ist gut. (Eu acho este livro bom!)

a *Hier gibt es keine schönen Gebäude.* →
(Os prédios aqui não são bonitos.) _____

b *Der riesige Bahnhof ist neu.* → (A estação de trem é enorme e nova.)
_____

c *Du hast eine nette Freundin.* → (Sua amiga é simpática.) _____

d *Ich möchte die bunten Buddy-Bären kaufen.* →
(Eu quero comprar os "ursos-buddy", que são coloridos.) _____

PRATIQUE

1 Complete o quadro com os adjetivos que faltam (em sua forma básica), de acordo com a tradução correspondente. Se necessário, pesquise-os no dicionário.

Descreva pessoas

Alemão	Significado	Alemão	Significado
1.	tímido(a)	abenteuerlustig	2.
3.	feio(a)	4.	lindo(a)/bonito(a)
alt	5.	6.	jovem
komisch	7.	8.	típico(a)
9.	desagradável	sympathisch	simpático(a)
pessimistisch	10.	11.	otimista
12.	orgulhoso(a)	bescheiden	13.
14.	engraçado(a)	ernst	15.
dumm	16.	intelligent	17.
arrogant	18.	19.	inteligente/esperto(a)
normal	20.	21.	amigável

2 Crie novas frases com adjetivos que descrevam seu contexto. Pesquise palavras no dicionário, se precisar!

a *Ich bin* _____
    Meine Arbeit ist _____

b *Mein Vater / Freund / Bruder ist* _____
    Sein Haus ist _____

c *Meine Mutter / Schwester / Freundin ist* _____

JUNTE TUDO

Crie um script para descrever as personalidades de duas pessoas importantes para você. Pesquise novas palavras descritivas para usar agora e em suas conversas futuras.

- ⋯▸ Descreva duas pessoas diferentes de sua vida.
- ⋯▸ Use adjetivos para descrever suas personalidades.
- ⋯▸ Inclua ordens diferentes de palavras.
- ⋯▸ Use a tática de conversa para evitar adjetivos quando possível (mas não se preocupe com terminações de adjetivos se não conseguir evitá-los).

Exemplo: <u>Meine Schwester ist komisch/meine komische Schwester.</u>

CONVERSA 3

Parece com...

Depois de aprendermos a caracterizar pessoas e lugares, vamos criar um novo vocabulário para descrever objetos.

🔊 **09.05** Ellen está procurando fones de ouvido para seu irmão e pede a ajuda de Jakob. Qual frase Ellen usa para perguntar "Este é bom?"

Ellen: Dieses Geschäft verkauft anscheinend Kopfhörer.

Jakob: Für welche Art von Videospielen braucht dein Bruder Kopfhörer?

Ellen: Für Online-Games ... passt der hier?

Jakob: Nein – der rote ist zum Joggen. Mir scheint, der grüne wäre für deinen Bruder am besten. Der hat auch die beste Qualität.

Ellen: Woher weißt du das denn?

Jakob: Ich kenne die Marke – er sieht hochwertig aus. Dein Bruder wird ihn sicher toll finden. Normalerweise ist er teuer, aber heute ist er im Angebot und kostet er nur die Hälfte! Dein Bruder wird ihn sicher toll finden!

Ellen: Diesen Preis kann ich nicht bar zahlen – ich muss mit meiner Kreditkarte zahlen.

Jakob: Das ist kein Problem, sie akzeptieren Kreditkarten. Gehen wir zur Kasse? Dein Bruder wird sicher denken, du bist die coolste Schwester der Welt!

DESVENDE

1 As afirmativas a seguir são *falsch*. Destaque as palavras incorretas e escreva a frase correta em alemão.

　a　O irmão de Ellen precisa de um novo fone de ouvido para correr.
　　　_____

　b　O fone de ouvido não é caro.
　　　_____

　c　Ellen vai pagar em dinheiro.
　　　_____

2 Destaque os dois métodos de pagamento mencionados na conversa.
　_____

3 Responda as perguntas a seguir em alemão.

　a　Qual é o melhor fone de ouvido para praticar corrida?
　　　der _____

　b　Qual é o melhor fone de ouvido para o irmão de Ellen?
　　　der _____

4 No contexto da conversa, como você diria "metade" e "em promoção" em alemão?
　_____

OBSERVE

🔊 09.06 Ouça o áudio e observe o quadro.

Expressões essenciais da Conversa 3

Alemão	Significado
Dieses Geschäft verkauft anscheinend Kopfhörer.	Parece que esta loja vende fones de ouvido (Esta loja vende aparentemente fones de ouvido)
Für welche Art von Videospielen braucht dein Bruder Kopfhörer?	Seu irmão usa o fone de ouvido para qual tipo de jogo?
für Online-Games	para jogos online
Passt der hier?	Este é bom? (É bom este aqui?)
der rote ist zum Joggen	o vermelho é parra corrida
Mir scheint, der grüne wäre für deinen Bruder am besten.	Acho que o verde é o melhor para o seu irmão
Der hat auch die beste Qualität.	A qualidade também é superior (Ele tem também a melhor qualidade)
Woher weißt du denn das?	Como você sabe? (De onde sabe você então isso?)
Ich kenne die Marke.	Eu conheço a marca
er sieht hochwertig aus	ele parece muito bom
Normalerweise ist er teuer	Normalmente é caro
heute ist er im Angebot	hoje está em promoção
heute kostet er nur die Hälfte	hoje custa a metade do preço
Ich kann nicht bar bezahlen.	Não posso pagar em dinheiro
Ich muss mit meiner Kreditkarte zahlen.	Preciso pagar com meu cartão de crédito.
Sie akzeptieren Kreditkarten.	Eles aceitam cartões de crédito
Gehen wir zur Kasse?	A gente vai para o caixa?
Du bist die coolste Schwester der Welt!	Você é a irmã mais legal do mundo!

Em alemão, para expressar ideias como "o grande", "o azul" ou "os pequenos", basta usar *der/die/das* etc. antes do adjetivo: *der rote* (o vermelho), ou *der grüne* para "o verde".

1 **Que frase você pode usar para...**

⋯⟩ **dizer como é algo?**

a *Dein Bruder* _____ *wie ein Gamer* _____! (Seu irmão parece gostar de videogames!)

⋯⟩ **perguntar "de onde" (ou "como aconteceu")?**

b _____ *kennst du sie?*
(De onde você o conhece?)

⋯⟩ **dizer "que tipo"**

c _____ _____ *von Geschenk brauchst du?*
(De que tipo de presente você precisa?)

⋯⟩ **dizer que você precisa de algo para**

d *Ich brauche es* _____ *meine Schwester.*
(Eu preciso disso para minha irmã.)

208 ⋯⟩ 9 DESCREVA!

2 Para descrever um item a um lojista, você pode usar as frases a seguir. Escreva as expressões correspondentes em alemão.

a este aqui   _____

b o vermelho   _____

c o verde   _____

d o melhor   _____

3 Quando não souber o nome de um item, indique a marca. Use marcas ← internacionais para fazer as perguntas indicadas a seguir:

> *Você já conhece muitas **marcas alemãs famosas**. Aproveite essas informações para descrever o objeto que deseja.*

a *Verkaufen/Haben Sie* _____*?*   (marca de sapato)

b *Ich möchte ein* _____*.*   (marca de tecido)

c *Ich nehme eine* _____*.*   (marca de refrigerante)

d *Ich möchte einen* _____ *kaufen.*   (marca de computador)

e *Kann ich mit deinem* _____ *zur Arbeit fahren?*   (marca de carro)

4 Escreva as expressões em alemão correspondentes às indicadas a seguir:

a um pouco caro   _____

b pagar em dinheiro   _____

c pagar com cartão de crédito   _____

d o caixa   _____

PRATIQUE

1 Crie novas perguntas em alemão para usar em um contexto de compras.

a Quanto custa a preta?   _____

b A qualidade é boa?   _____

c Posso levar agora?   _____

d Você aceita cartões de crédito?   _____

e Só posso pagar em dinheiro.   _____

f Que tipo de cabo você tem? (*Kabel*)   _____

g Está em promoção?   _____

h Onde fica o caixa?   _____

2 Preencha as lacunas a seguir com as respectivas palavras em alemão.

a *Kann ich die* _____ *ansehen?* (Posso ver o **vermelho**?)

b *Ich kenne die* _____ *nicht.* (Eu não conheço a **marca**.)

c *Ich werde an der* _____ *bezahlen.* (Eu pagarei no **caixa**.)

d *Ich möchte die* _____ *links.* (Eu quero a **grande** à esquerda.)

CONVERSA 3 ·⟨··· **209**

3 Preencha o quadro com as respectivas traduções.

Descrição de objetos

Adjetivo	Significado	Cor	Significado
lang(e)	1.	gelb(e)	amarelo
kurz(e)	**curto**	rot(e)	vermelho
breit(e)	**largo**	blau(e)	azul
leichte(e)	2.	weiß(e)	branco
schwer(e)	3.	grün(e)	verde
dick(e)	**grosso**	schwarz(e)	perto
dünn(e)	**fino/magro**	grau(e)	cinza
		braun(e)	marrom

TÁTICA DE CONVERSA: Use a expressão ˝o/a...!˝

É possível adaptar essa expressão de infinitas formas para falar sobre um item sem dizer o seu nome!

Preencha as lacunas com as palavras que faltam para descrever um objeto de que está falando.

"O(s)/a(s)...!"

Alemão	Significado	Alemão	Significado
der hier	este	**der da**	aquele
der/die/ as Schwarze hier	o preto	1. die	o branco
der/die/das Kleine hier	o pequeno	2. das	o grande
der/die/das Neue hier	o novo	3. die	o velho
der/die/das Billigere hier	o menos caro	4. die	o mais caro
der/die/das Linke hier	o da esquerda	5. die	o da direita
der/die/das Andere hier	o outro	6. der	o bonito

JUNTE TUDO

Was suchst du? (O que você procura?)

Descreva algo que deseja comprar, que procura ou perdeu, mas sem dizer o nome do objeto. Escreva:

···‣ Como é, para o que serve ou para que tipo de pessoa vai ser dado.

···‣ Qual é a marca ou cor do objeto.

···‣ "Este", "aquele" ou "o/a".

···‣ Outros adjetivos descritivos do seu repertório!

Ich suche …

#LANGUAGEHACK:
Aproveite seus momentos secretos para fazer uma imersão contínua no alemão

Em vez de pensar nos meses e anos necessários para aprender alemão, uma estratégia muito eficiente de aprendizagem é considerar os *minutos*.

Os minutos que você passa estudando o idioma diariamente são o fator mais importante. Nem todos têm algumas horas por dia para dedicar ao alemão, mas todo mundo tem alguns minutos. Mesmo que você tenha uma vida ocupada, ainda pode encontrar "momentos secretos" durante o dia para praticar.

> Não ignore o valor desses pequenos instantes. Eles realmente dão resultado e, mais importante, são uma excelente forma de superar a inércia durante a aprendizagem.

Na fila do supermercado, esperando uma carona, sentado no ônibus, trem ou táxi, esperando um amigo atrasado... todos esses são momentos perdidos em nossos dias. Mas também são ocasiões perfeitas para estudar alemão.

Em vez de separar "blocos de estudo" na sua agenda, por que não incluir essa prática na sua vida e criar o hábito de estudar o idioma?

Imersão em alemão, em qualquer lugar

Ao ler a história de Ellen, talvez você tenha pensado: "Bem, ela tem muita sorte de ter a oportunidade de ir à Alemanha para melhorar seu alemão com um período de imersão!" Mas graças à tecnologia, você pode criar um ambiente de imersão em alemão morando em qualquer lugar do mundo.

Há várias formas de criar um contexto de imersão em casa:
- Entre em contato com outros estudantes (como já vem fazendo em nossa comunidade online!) para praticar seu alemão em chamadas de vídeo/áudio regulares.
- Ouça um streaming de rádio ao vivo ou assista a um vídeo alemão (ou de outro país de língua alemã) na internet.

> **TÁTICA DE ESTUDO:**
> **Estude no dia a dia**
> Quando estudo um idioma, uso algumas ferramentas, como um aplicativo para aprender vocabulário no dia a dia e durante esperas. Sempre levo meu smartphone, que utilizo para estudar a qualquer momento e memorizar nem que seja uma ou duas palavras. Veja sugestões em nossos Recursos!

> ⋯➤ **Jogue** *Videospiele*, Mude a configuração do idioma para alemão em seus jogos!
>
> ⋯➤ Você também pode mudar o idioma dos sites que visita com mais frequência para o alemão e fazer o mesmo com os sistemas operacionais do seu computador e smartphone.

SUA VEZ: Use o hack

1 Confira nossas recomendações de aplicativos e recursos online. Escolha alguns itens para rodar no seu computador ou smartphone e fique preparado para seus momentos secretos.

2 Verifique nos sites, aplicativos, jogos, navegadores e sistema operacional que você mais utiliza se há uma opção para mudar o idioma para alemão. Como você já está acostumado com a interface e sabe onde clicar e tocar, por que não mudar o idioma logo de uma vez?

Fique tranquilo ao usar esse método, pois você sempre pode retornar à configuração original se achar difícil demais. Basta procurar **Sprache or Spracheinstellung under Configuration** *(às vezes chamados Einstellungen ou Optionen).*

CONVERSA 3 ⋯➤ **213**

FINALIZANDO A UNIDADE 9

Confira o que aprendeu

1. 🔊 **09.07** Ouça o áudio de treino em que uma pessoa descreve o contexto e as pessoas próximas a ela. Fique à vontade para tomar notas e ouvir a gravação mais de uma vez.

2. 🔊 **09.08** Agora ouça as perguntas sobre o primeiro áudio e responda em alemão.

_____

_____

_____

_____

Mostre o que sabe...

Confira o que acabou de aprender. Escreva e fale um exemplo para cada item da lista e marque os que sabe.

- ☐ Diga algo de que você sente falta usando *vermissen*.
- ☐ Elabore duas frases que descrevam o local onde você mora.
- ☐ Diga "está quente", "está frio" e "está chovendo" em alemão.
- ☐ Crie uma frase com um adjetivo para descrever a personalidade de um membro da sua família. Lembre-se de utilizar a ordem e o gênero corretos.
- ☐ Use três adjetivos diferentes para descrever suas roupas favoritas em alemão. Utilize a ordem e o gênero corretos.
- ☐ Pergunte em alemão, "Posso pagar em dinheiro?" e "Posso pagar com cartão de crédito?"

COMPLETE SUA MISSÃO

É hora de completar a missão: fale como um nativo e use suas habilidades de descrição para indicar os melhores lugares na cidade para alguém de fora. Descreva os detalhes e as características de diferentes lugares, pessoas e objetos.

PASSO 1: Crie seu script

Crie um script para caracterizar lugares, pessoas e objetos detalhadamente. Descreva:

- Como é sua cidade favorita.
- O tipo de paisagem próxima.
- O clima típico do local.
- As casas, apartamentos ou vizinhança.
- A personalidade das pessoas que moram no local.
- Incorpore os verbos novos que aprendeu (*vermissen, zurückfliegen, kaufen*).
- Escreva os adjetivos de acordo com o gênero e número dos objetos descritos.

Depois de escrever o script, repita as frases até se sentir confiante.

Estude **todos os dias, mesmo que só um pouco.** Você vai aprender mais se dividir seu treino.

PASSO 2: Devagar se vai ao longe... *online*

Este é o seu último treino antes de falar pessoalmente com um alemão de verdade! Quando estiver à vontade com seu script, vá em frente e pratique! Acesse a comunidade online, encontre a missão da Unidade 9 e compartilhe sua gravação para receber feedback e incentivos.

PASSO 3: Aprenda com outros estudantes

Como os outros hackers da linguagem descrevem suas cidades? Depois de enviar seu clipe, confira o que os demais membros da comunidade estão dizendo. Quais cidades eles escolheram para descrever? Quais deles você contrataria como guia turístico? Sua tarefa é fazer mais duas perguntas sobre cada cidade.

PASSO 4: Avalie o que aprendeu

Você aprendeu alguma palavra ou frase nova no espaço da comunidade? Encontrou um lugar novo para adotar como sonho de consumo? Identificou alguma lacuna nos seus scripts? Quais?

EI, HACKER DA LINGUAGEM, TUDO PRONTO?

Você acabou de aprender a fazer vários tipos de descrições e preencheu algumas lacunas no seu alemão. Eu sei que, agora, você está pronto para a última missão, não é mesmo?

Bist du bereit? Los geht's!

10 SUA PRIMEIRA CONVERSA

Mais importante: aprendeu a usar vários #languagehacks e táticas de conversa para desenvolver ainda mais as frases do seu repertório.

Sua missão
Você trabalhou duro e chegou até aqui com uma base sólida em alemão.

Agora, sua missão é conversar diretamente com um falante nativo em uma chamada de vídeo pela internet.

O objetivo desta missão é desenvolver sua confiança e as habilidades necessárias para criar expressões essenciais à sua primeira conversa em alemão, mesmo que você não se considere preparado para a ocasião.

Treine para a missão
- Use o que aprendeu durante o curso na sua primeira conversa.
- Selecione as expressões essenciais para a conversa.
- Trabalhe na sua postura: supere o nervosismo e não se preocupe com a gramática!
- Encontre um parceiro para praticar o idioma e marque sua primeira conversa!

APRENDENDO A CONVERSAR NO IDIOMA

Prepare-se para utilizar todo o vocabulário e, com a mesma atenção, todas as táticas de conversa que você aprendeu nas nove unidades do curso. Agora você vai conversar pela primeira vez em alemão com um falante real!

Conversar cara a cara com um nativo pode ser intimidante, mas tenho um truque para lidar com essa situação: marco minhas primeiras conversas em um novo idioma com um parceiro online. Isso diminui a pressão e, como vantagem adicional, permite a realização de pesquisas rápidas de palavras e frases em serviços de tradução e dicionários online. Então, vamos aprender a montar uma estratégia para suas primeiras conversas!

#LANGUAGEHACK
Faça anotações para ligar o "piloto automático" na sua primeira conversa.

SUA PRIMEIRA CONVERSA

HACKEANDO:
Embarque no "feitiço do tempo" para atingir a fluência
Felizmente, na internet você pode **ter** inúmeras "primeiras conversas" com diferentes pessoas até criar segurança. Depois comece a conversar com as mesmas pessoas para explorar novos territórios.

🔊 **10.01** Ouça este exemplo de "primeira" conversa entre um hacker da linguagem (HL) e sua parceira. Ao ouvir a gravação, sublinhe as palavras e frases que pretende usar em sua primeira conversa com um nativo.

Ingo: Hallo!
HL: Hallo, wie heißt du?
Ingo: Ich heiße Ingo. Und du?
HL: Ich heiße Benny.
Ingo: Freut mich, dich kennenzulernen, Benny. Sag mal, wo wohnst du?
HL: Ich bin Ire, aber jetzt wohne ich in New York.
Ingo: Ah, wie interessant! Irland. Ich war noch nie in Irland. Aber ich war einmal in New York, als ich 20 Jahre alt war. Warst du schon einmal in Deutschland?
HL: Nein, noch nicht. Eines Tages will ich wirklich nach Deutschland reisen ... Es tut mir leid – ich habe erst vor ein paar Wochen angefangen, Deutsch zu lernen. Kannst du ein bisschen langsamer sprechen?
Ingo: Na klar! Es tut mir wirklich leid.
HL: Du bist sehr geduldig! Danke, dass du mit mir sprichst. Also, seit wann unterrichtest du schon Deutsch?

Recomendo que você use esta frase mesmo que já saiba o nome do seu parceiro. Afinal, o objetivo da conversa é aprender a utilizar as frases do seu repertório!

218 ···▶ 10 SUA PRIMEIRA CONVERSA

APLIQUE SUAS TÁTICAS DE CONVERSA

O que devo dizer?

Cada conversa tem uma "fórmula", ou seja, frases que aparecem frequentemente. Abordamos esse ponto diversas vezes ao longo do livro e mostramos como você pode se beneficiar da natureza previsível das conversas.

Imagine que você esteja conversando em alemão pela primeira vez com um falante nativo. Nesse caso, o ritmo da conversa será um pouco diferente. Leia os comandos indicados entre parênteses e preencha as lacunas a seguir com as respectivas frases.

Ingo: Guten Tag, freut mich, Sie kennenzulernen.

HL: (Cumprimente seu parceiro de idioma.)

1. _____

Ingo: Ich heiße Ingo. Und Sie?

HL: (Informe seu nome e pergunte se vocês podem se falar usando *du*.)

2. _____

Ingo: Natürlich, wenn du möchtest!

HL: (Agradeça por ele conversar com você.)

3. _____

Ingo: Kein Problem — es macht Spaß. Warum lernst du denn Deutsch?

HL: (Responda a pergunta sobre o motivo de aprender alemão.)

4. _____

Ingo: Sehr gut! Sprichst du noch andere Sprachen?

HL: (Diga se você fala ou não outros idiomas.)

5. _____

Ingo: Mein kanadischer Schüler hat mir gesagt, dass die Sprache sehr schwer ist!

HL: (Diga que não entendeu e peça a ela para repetir devagar.)

6. _____

Ingo: Natürlich. Ich habe einen Schüler aus Kanada. Er findet die Sprache sehr schwer.

Depois de conferir esses dois exemplos de uma primeira conversa em alemão, prepare-se para encarar um diálogo de verdade.

#LANGUAGEHACK:
Faça anotações para ligar o "piloto automático" na sua primeira conversa

Tenho certeza de que você vai se sair bem na conversa, mesmo que não se considere preparado para a ocasião. Sei disso porque você vai consultar suas anotações.

Antes das minhas conversas online, costumo anotar as palavras e frases que pretendo usar em cada sessão. Como a primeira conversa será pela internet, posso consultar minhas anotações diretamente (em papel, outra janela do computador ou outro dispositivo) a qualquer momento.

Você também pode adotar essa prática e dispor de frases prontas, planejadas e escritas para consultar enquanto conversa em alemão. Assim, nunca ficará sem saber o que falar. Se isso ocorrer, é só respirar fundo e consultar suas anotações.

Vamos preparar suas anotações. Separe as notas em quatro partes:

1. Expressões essenciais
2. Frases essenciais
3. Perguntas que pretendo fazer
4. Frases "pessoais"

> Fique à vontade para fazer essas consultas. Isso não é uma prova, é uma conversa. Pense nas suas anotações como um estabilizador ou rodinhas de segurança. Seu objetivo é facilitar a transição entre estudar alemão e falar alemão. Consultar suas anotações é uma excelente forma de sair da inércia e dominar a expressão verbal em menos tempo.

Expressões essenciais

As expressões essenciais são palavras que você pretende usar em todas as conversas. Geralmente, são cumprimentos, despedidas, perguntas frequentes e respostas preparadas com antecedência.

No quadro a seguir, há algumas sugestões. Preencha as outras linhas com suas próprias frases.

Expressões essenciais

(Consulte as Unidades 1–3 para se inspirar)

Cumprimentos	Despedidas
Hallo! Wie geht's?	Bis zum nächsten Mal!
Hallo, schön, dich zu treffen!	Ich muss jetzt gehen.

Você não precisa pensar em todas as palavras ou respostas possíveis. **Deixe que o idioma diga o que você deve aprender.** Ao usar seu repertório atual (amplo ou limitado) para acompanhar o ritmo natural da conversa, você vai identificar rapidamente as frases (pessoais) que (ainda!) não estão no seu script.

(Consulte as Unidades 1–6 para se inspirar.)

Perguntas típicas	Respostas preparadas
Wie heißt du?	
Woher kommst du?	
Wo wohnst du?	
Wo arbeitest du?	
Warum lernst du Deutsch?	
Sprichst du noch andere Sprachen?	

APLIQUE SUAS TÁTICAS DE CONVERSA **221**

Frases essenciais

(Consulte a Unidade 3 para se inspirar.)

Na hora da conversa, você estará com a cabeça cheia. Então, fique tranquilo caso precise usar **palavras isoladas para se fazer entender**. Sempre acrescente *bitte* no final da frase para que seu parceiro saiba que você não quis ser mal-educado!

Frases completas	Ou curtas!
Kannst Du (bitte) einen Moment warten?	Moment bitte! Moment!
Kannst du das (bitte) aufschreiben?	Schreiben … bitte?
Kannst du das (bitte) wiederholen?	Wiederholen?
Kannst du (bitte) langsamer sprechen?	Langsamer …?
Ich verstehe nicht.	Wie bitte?
Kannst du das (bitte) noch einmal sagen?	Nochmal?

Perguntas que pretendo fazer

Crie algumas perguntas para fazer durante a conversa, a fim de aliviar a tensão e passar a palavra para a outra pessoa. Esse é um ótimo recurso para lidar com momentos silenciosos em diálogos:

No início do quadro a seguir, há boas opções. Preencha as outras linhas com mais perguntas. Faça, por exemplo:

Falar alemão com alguém novo é uma oportunidade para **aprender sobre sua vida**, idioma e cultura! Costumo me preparar antes quando há algo específico que desperte minha curiosidade.

- Perguntas sobre a vida no país da outra pessoa (*Ist es jetzt kalt in Deutschland?*)
- Perguntas sobre a língua alemã (*Das Wort 'dagegen' – was bedeutet das?*)
- Perguntas sobre a vida, trabalho e passatempos da outra pessoa (*Was machst du gern am Wochenende?*).

Perguntas planejadas

(Consulte as Unidades 2–9 para se inspirar.)

Wie ist das Wetter in ...?

Wie sagt man auf Deutsch ...?

Frases "pessoais" para pôr em prática

Essas frases tratam de assuntos específicos que você pretende abordar, ou seja, temas como seus interesses, o que tem feito ultimamente, quais são seus planos para o futuro e pessoas próximas a você.

Em sua primeira conversa, se você praticou as frases e expressões essenciais, o que vier depois é lucro! Em conversas pela internet, estabeleço como meta utilizar um certo número de frases novas em cada sessão. Se quiser adotar essa prática, escolha de duas a cinco frases, o que já é muito para uma primeira conversa. Você pode falar sobre:

- Algo do seu interesse (*Ich liebe Science-Fiction!*)
- Algo que você fez hoje ou recentemente (*Ich habe einen Artikel über deutsche Politik gelesen.*)
- Seus planos para o futuro (*Ich möchte am Wochenende tanzen gehen.*)
- Pessoas próximas a você (*Meine Freundin spricht ein bisschen Italienisch.*)

Frases "pessoais"

Ich liebe ...

Ich möchte ...

Mein Freund / Meine Freundin ...

PREPARE-SE PARA SUA PRIMEIRA CONVERSA 223

PREPARE-SE PARA SUA PRIMEIRA CONVERSA

É altamente recomendável que as suas primeiras conversas sejam em chamada de vídeo. Nesse caso, a tecnologia deve ser sua melhor amiga. Em um bate-papo online, você pode consultar facilmente suas anotações, pesquisar palavras na hora e traduzir qualquer frase em um site especializado nesse serviço, tudo isso enquanto conversa.

Mas atenção: se tudo der errado, você ainda pode conversar em alemão usando apenas três frases: *Ich verstehe nicht. Schreib das bitte. Einen Moment.* Não está acreditando? Imagine esta situação como o pior cenário possível:

> A tradução automática não substitui o estudo do idioma, mas serve como suporte quando for estritamente necessário.

- Seu parceiro diz *Hallo* e você responde *Hallo* (acertou!). Em seguida, ele diz: @yego^3*8ham#3pt9ane1&? E você não entende nada.
- Você responde com **Ich verstehe nicht. Schreib das, bitte!**
- Ele digita a frase e envia pelo chat. Você seleciona o texto, copia, cola e encontra rapidamente a tradução. Ah, você pensa, entendi! Mas na hora de responder você não sabe o que dizer.
- Então, você diz: **Einen Moment, bitte!** Pacientemente, ele espera você digitar a frase em português em um tradutor online. Até que finalmente, depois de pressionar Enter, você vê a tradução e lê as palavras com o melhor sotaque alemão possível.
- Retorne ao primeiro passo e faça tudo de novo.

> Na verdade, é surpreendente o quanto você pode aprender até mesmo em uma situação ruim como essa. Se esquecer todas as frases exceto essas três, você ainda poderá conversar (razoavelmente) em alemão e aprender bastante.

Esse é o cenário ideal? Não. Mas é melhor do que não conversar? Com certeza.

Felizmente, você vem se preparando para este momento ao longo das últimas nove missões. Portanto, mesmo que ache o contrário, você está pronto. Pode confiar em mim.

Na sua preparação, observe as seguintes recomendações:

- Deixe suas anotações ao alcance da visão.
- Deixe sua ferramenta de tradução engatilhada (Confira a seção Recursos!).
- Faça as devidas configurações para a chamada.
- Um pouco antes da conversa, ouça e repita um áudio em alemão (há uma ótima gravação nesta unidade).

10 SUA PRIMEIRA CONVERSA

O QUE ESPERAR

Não se preocupe em acertar todas as pronúncias: sua prioridade é se fazer entender. Ser compreendido — estabelecer comunicação com outro ser humano — é o principal objetivo aqui. Não é preciso decorar a gramática inteira, empregar sempre a palavra certa no lugar correto ou ter o sotaque perfeito.

Sua meta deve ser aprender, praticar e ganhar confiança. Basta se lembrar desses objetivos e tudo vai dar certo! Você terá muito tempo para melhorar e aperfeiçoar suas habilidades em futuras conversas.

> **TÁTICA DE CONVERSA:** *Controle seu nervosismo*
> Geralmente, os iniciantes ficam intimidados diante da opinião de outra pessoa na conversa. Então, quando estiver diante da tela, nervoso demais para pressionar o botão Ligar (algo que todos nós já vivenciamos), chame um amigo para encorajá-lo (e talvez lhe dar uma força para começar!). Não se preocupe! Provavelmente a outra pessoa esteja tão nervosa quanto você! Se estiver ajudando seu parceiro de intercâmbio linguístico com o português, ele pode estar mais preocupado com a língua portuguesa do que com o seu alemão! Por outro lado, nas aulas iniciais, um novo professor pode querer causar uma boa primeira impressão!

Vamos revisar algumas das habilidades que você desenvolveu no decorrer deste livro.

Lembre-se de que o perfeccionismo é seu inimigo. Se você acertar, a conversa vai avançar, e, se errar, vai ter a oportunidade de aprender algo novo. E, afinal, é isso que importa!

- **Reformulação:** lembre-se de que você vai precisar reformular muitas frases para facilitar sua compreensão (mantendo sempre o sentido original). Reformular ideias e simplificar sua apresentação é uma habilidade essencial dos hackers da linguagem.
- **"Alemão Tarzan":** fique à vontade para falar utilizando o "alemão Tarzan"! Se você souber dizer algo certo, diga certo. Mas se souber dizer algo um pouco errado, diga errado! A outra pessoa pode ajudá-lo a determinar a expressão correta.
- **Aprenda com suas lacunas.** Apesar da reformulação, você vai perceber que ainda não sabe se expressar totalmente no idioma. E ao conversar, vai constatar falhas na sua pronúncia e seu parceiro poderá corrigi-lo. Bom! Lembre-se dessa recomendação importante: tome nota das frases que achar relevantes para utilizá-las da próxima vez.
- **Em caso de dúvidas, arrisque um palpite!** Finalmente, se não tiver certeza do que seu parceiro de conversa acabou de dizer, arrisque um palpite! Use o contexto (expressões faciais no vídeo e palavras conhecidas) para deduzir o significado da frase inteira.

Não leve as correções para o lado pessoal. Seu parceiro de estudo sabe que o objetivo aqui é ajudá-lo a melhorar seu alemão. As críticas dele são construtivas.

Conversar diretamente com alguém é a melhor forma de praticar o idioma. Esse é o maior segredo do #languagehacking. Aproveite sua primeira conversa e as muitas outras que virão depois!

FINALIZANDO A UNIDADE 10

Confira o que aprendeu

TÁTICA DE CONVERSA: *Faça um aquecimento antes da sua primeira conversa!* Utilizar o áudio para praticar é uma das melhores formas de se preparar para uma conversa. Uma ou duas horas antes de iniciar a sessão, ouça os exercícios e repita as frases para entrar no ritmo de conversação do alemão.

Chegamos à última missão! Reveja as frases e as táticas de conversa indicadas na unidade. Quando se sentir confiante, ouça o áudio de treino para praticar sua compreensão auditiva, pronúncia e expressão verbal.

1   Para praticar, responda as perguntas mais frequentes.

🔊 **10.02** Ouça o áudio com perguntas em alemão.

⋯⟩ Responda as perguntas em alemão e formule respostas de acordo com o seu contexto.

⋯⟩ Pause ou repita o áudio sempre que precisar.

2   Pratique ouvir alguém descrever a própria vida.

🔊 **10.03** Neste áudio de treino, uma alemã descreve casualmente sua vida. Ouça o áudio e, depois de cada clipe, responda as perguntas a seguir de acordo com o que entendeu (ou deduziu) da gravação.

É exatamente isso que você deve fazer na sua primeira conversa: ouça as frases do seu parceiro e combine suas habilidades, os conhecimentos que adquiriu no #languagehacking e o contexto para compreender as partes mais complexas.

⋯⟩ Qual é o nome dela? _____

⋯⟩ De onde ela vem? _____

⋯⟩ Onde ela mora agora? _____

⋯⟩ Há quanto tempo ela ensina alemão? _____

⋯⟩ Ela fala outros idiomas? Se sim, quais? _____

⋯⟩ Em que coisas ela está interessada? _____

Notas:

226 ⋯⟩ 10 SUA PRIMEIRA CONVERSA

Mostre o que sabe...

Tudo pronto para a missão final? Antes de continuar:

- ☐ Anote as expressões essenciais de que vai precisar.
- ☐ Anote frases essenciais e inclua-as nas suas anotações.
- ☐ Prepare de duas a cinco frases "pessoais" que deseja praticar e inclua nas suas anotações.
- ☐ Prepare, pelo menos, três perguntas para fazer durante a conversa e inclua-as nas suas anotações.

Quais são seus objetivos?

Só mais uma coisa. Antes de iniciar sua primeira conversa, é recomendável definir a meta que você deseja atingir e as frases que pretende praticar. Seja realista, mas ambicioso e flexível; nunca se sabe para onde a conversa irá se encaminhar, o que é excelente para os iniciantes. Faça algumas anotações e liste o que deseja praticar na sua primeira conversa. Em seguida, encontre um parceiro para treinar o idioma.

Echt? Wirklich?		Als ich 20 Jahre alt war, ...	
ich ... gern	Mir scheint ...		um ehrlich zu sein – wie du vielleicht weißt – soweit ich weiß
gestern – heute – morgen	Habe ich dir schon erzählt, dass ...?	Was? Wer? Wo? Wie viele?	
ein bisschen	ab und zu		mit dem Auto – mit dem Bus

> Lembre-se de que você sempre pode pedir ajuda. Para aprender novas frases ou melhorar sua pronúncia, é sempre bom pedir ajuda diretamente!

> Lauren, minha parceira, costuma preparar um **"bingo de conversação"** para praticar idiomas na internet. Ela escreve uma lista de expressões que deseja praticar durante a chamada (seja falando ou escutando) e tenta riscar a maior quantidade possível delas.

COMPLETE SUA MISSÃO

É hora de completar a missão: converse diretamente com um falante nativo... online. Prepare-se para:

- ⇢ Dizer olá e usar os principais cumprimentos.
- ⇢ Fazer, pelo menos, três perguntas.
- ⇢ Responder as perguntas mais frequentes.
- ⇢ Usar frases essenciais quando não entender algo ou precisar de ajuda.
- ⇢ Dizer adeus ou marcar uma nova conversa.

FINALIZANDO A UNIDADE 10 227

PASSO 1: Encontre um parceiro e marque sua primeira conversa

Confira nosso guia de Recursos para saber como encontrar um parceiro para conversar pela internet e marcar seu primeiro bate-papo.

Ao se preparar para sua primeira conversa, envie mensagens para os parceiros ou professores disponíveis com quem você tenha mais afinidade. Quebre o gelo enviando uma mensagem (em alemão, claro!) para definir os detalhes da ocasião. Uma boa forma de se aproximar de alguém é dizer:

- Seu nome e nível no idioma.
- O ponto que pretende praticar ou abordar durante a conversa.

Exemplo:

> Hallo! Ich heiße Ellen. Ich möchte mit Ihnen Deutsch sprechen. Können wir uns duzen? Ich möchte einfache Sätze üben. Ich möchte zum Beispiel meinen Namen und mein Land sagen. Ich bin Anfängerin. Können wir auch morgen sprechen? — Danke für die Geduld mit mir!

Seja educado, faça uma rápida apresentação e indique o ponto que deseja praticar, mas não fale demais. Guarde algumas frases para a conversa! Escreva seu próprio método para quebrar o gelo.

> **HACKEANDO: A urgência é sua amiga**
> Agende para amanhã ou o quanto antes. Não dedique muito tempo à preparação, pois pensar demais nessa etapa pode causar adiamentos no futuro. Marque para a próxima oportunidade e não olhe para trás!

PASSO 2: Vá até o fim... *online*

A primeira vez pode ser assustadora, mas tudo fica mais fácil com o tempo! Portanto, acesse a comunidade online e aproveite uma primeira conversa autêntica e divertida em alemão!

Observe as orientações a seguir durante a conversa:

- Reformule suas ideias e crie frases mais simples.
- Se precisar, fale o "alemão Tarzan", que é melhor do que nada!
- Anote qualquer "lacuna" que identificar no seu vocabulário.
- Anote qualquer frase ou palavra que deseja dizer, mas não sabe ainda.
- Escreva novas palavras ou frases para rever depois.

> Lembre-se de que a sua primeira conversa é apenas isso: uma **primeira** conversa. A única forma de chegar à 50ª conversa é começar pela primeira e avançar a partir daí.

PASSO 3: Aprenda com outros estudantes e compartilhe sua experiência!

Conte para a comunidade como foi sua conversa! (Se estiver nervoso, confira primeiro como foram as primeiras conversas dos outros membros.) **Sua tarefa é perguntar ou responder, pelo menos, três perguntas dos outros estudantes:**

- Você ficou nervoso? Como lidou com o nervosismo?
- Como seu professor ou parceiro se portou durante a conversa?
- O que deu certo? E errado? O que você faria diferente da próxima vez?

PASSO 4: Avalie o que aprendeu

Depois da primeira conversa, fica mais fácil identificar palavras desconhecidas e expressões que você não sabe dizer. Porém, é muito mais produtivo priorizar seus pontos fortes. Você "só" conseguiu falar seu nome, trabalho e que mora com seu gato? Essa é uma grande vitória. Não ignore suas conquistas.

Identificar lacunas no seu aprendizado é um dos maiores benefícios de conversas reais como essas! Você pode verificar rapidamente o que está faltando no script e resolver essa situação.

- Quais foram as suas vitórias? Quais frases você conseguiu dizer ou entender?
- Revise as anotações que você fez durante a conversa. Você precisou de alguma palavra que não sabia? Quais? Aprendeu palavras novas? Quais?

EI, HACKER DA LINGUAGEM, VOCÊ ACABOU DE CONVERSAR EM ALEMÃO!

... pelo menos era essa a ideia!

Você acabou de quebrar uma das maiores barreiras do estudo de idiomas! Depois de ultrapassado esse limite, está aberto o caminho para a fluência em alemão, um sonho para a maioria das pessoas.

Aproveite essa conquista e saiba que sua segunda conversa será ainda melhor que a primeira, e sua terceira será melhor que a segunda. Marque a próxima aula de conversação agora mesmo. Não adie, pois a urgência é um dos principais fatores de motivação dos hackers da linguagem.

Esta é sua próxima missão: *Weiter so!* Continue assim!

FINALIZANDO A UNIDADE 10 · **229**

RESPOSTAS

UNIDADE 1

CONVERSA 1

Desvende 1 Eu sou   2 Você   3 **a.** Designer **b.** Inglaterra **c.** Berlim   4 **a.** Ich komme aus...
b. Ich komme aus Amerika/Kanada.   5 Und du? (E você?)

Observe   1 a   2 **a.** Ich bin. **b.** Ich wohne in (Berlin). **c.** Ich komme aus Berlin.
d. Ich komme aus Deutschland.

Explicação gramatical: -in terminação do feminino   1 Exemplos: Frankreich, Österreich,
Brasilien (países); Designer(in), Lehrerin, Ingenieur (profissões); das Kino, das Fernsehen, die
Reise (interesses)   2 Exemplos: Ich bin Jack. Ich bin Engländer. Ich bin Student.   3 **a.** Ich bin
Lehrer. Und du? **b.** Ich komme aus Kanada. Und du? **c.** Ich wohne in Berlin. Und du?

Junte tudo   Exemplos: Ich bin Marta. Ich komme aus England. Ich wohne in Hamburg. Ich bin
Architektin.

CONVERSA 2

Desvende   1 **a.** Was sind deine Hobbys? **b.** Pop, klassische Musik **c.** Gitarre/guitarra ou
violão, Gymnastik/ginástica, Basketball/basquete   2 Gitarre, Basketball, Hobbys, aktiv, Musik,
Gymnastik, singe, Pizza, Fan, super, Pop, ist, und, okay   3 **a.** mas **b.** favorito   4 **a.** Ich höre gern
b. Ich höre nicht gern **c.** Ich spiele **d.** Ich singe gern   5 nicht

Observe   1 **a.** Lieblingsbuch **b.** Lieblingssong   2 **a.** ist **b.** sehr   3 **a.** Eu ouço não feliz pop.
b. Eu jogo feliz basquete.   4 **a.** 2 **b.** 1 **c.** 6 **d.** 4 **e.** 3 **f.** 5 **g.** 8 **h.** 9 **i.** 7   5 **a.** Ich trinke gern Kaffee.
b. Ich esse gern Bratwurst. **c.** Ich fotografiere nicht gern. **d.** Ich spiele gern Tennis.
e. Ich esse nicht gern Bananen. **f.** Ich spreche gern Deutsch.   6 **a.** Ich bin Tolkien-Fan.
b. Ich bin ein Jazz-Fan. **c.** Ich bin ein Volleyball-Fan.

Sua vez: Use o hack   2 **a.** e-mail **b.** blusa **c.** computador

Pratique   2 Exemplos: **a.** Ich spiele (nicht) gern Tennis. **b.** Ich höre (nicht) gern Radio.
c. Ich esse (nicht) gern Pizza. **d.** Ich esse (nicht) gern Spaghetti. **e.** Ich trinke (nicht) gern Kaffee.
f. Ich trinke (nicht) gern Bier. **g.** tanze (nicht) gern Tango. **h.** Ich esse (nicht) gern
Brokkoli.   3 Was sind deine Interessen? Was sind deine Lieblingsalben? Was sind deine
Lieblingsautoren? Was sind deine Lieblingsfilme? Was sind deine Lieblingssongs?

230 ···✈ RESPOSTAS

4 Exemplos: **a.** Ich esse nicht gern Brokkoli, aber Salat ist okay. **b.** Ich bin ein Madonna-Fan. Ich bin ein Fußball-Fan.

Junte tudo **1** Exemplos: Ich komme aus den USA. Ich wohne gern in Köln. Ich lerne gern Deutsch. Ich bin ein Radler-Fan. Ich trinke nicht gern Kaffee. Ich reise gern.

2 Exemplos: **a.** Ich spiele gern Fußball. **b.** Ich esse gern Pizza. **c.** Ich trinke gern Bier. **d.** Ich esse nicht gern Brokkoli. Ich lerne nicht gern Mathematik.

CONVERSA 3

Desvende **1** **a.** Ich möchte Land und Leute kennenlernen und vielleicht einen Job finden. **b.** Dein Plan ist toll! **c.** Dein Deutsch ist sehr gut. Bravo! **2** **a.** Eu tenho família aqui. **b.** Seu plano é ótimo! **c.** Talvez encontrar um emprego. **d.** Eu acho o idioma fascinante **3** warum; weil **4** Exemplos: Familie, faszinierend, Plan

Observe **1** **a.** Warum lernst du Deutsch? (Por que aprende você alemão?) **b.** Ich möchte Land und Leute kennenlernen. (Eu gostaria de país e pessoas conhecer.) **c.** Ich möchte hier wohnen. (Eu gostaria aqui morar.) **2** Danke schön! **3** **a.** wohnen **b.** kennenlernen **c.** finden **4** **a.** 2 **b.** 1 **c.** 4 **d.** 3

Tática de conversa: Incremente suas frases com conectivos **1** **a.** und **b.** weil ... na ja **c.** oder **d.** aber **2** **a.** Ich spiele gern Basketball und Tennis. **b.** Ich schwimme gern, aber ich jogge nicht gern. **c.** Ich möchte Salat oder (ich möchte) Bratwurst essen. **d.** Ich lerne Englisch, weil ... na ja ... ich möchte in Kanada wohnen.

Explicação gramatical: Combinando dois verbos 1 **a.** Ich möchte Pizza essen. **b.** Ich möchte Deutsch sprechen. **c.** Ich möchte Ellen helfen. **d.** Ich möchte Berlin sehen. **2** **a.** Ich möchte in Deutschland wohnen. **b.** Ich lerne gern Sprachen. **c.** Ich spreche gern Deutsch. **d.** Ich möchte Kaffee trinken. **e.** Ich möchte singen. **f.** Ich möchte klassische Musik hören. **g.** Ich reise gern. **3** **a.** Ich finde **b.** Ich möchte, wohnen **c.** Ich lerne gern **d.** Ich reise **e.** Ich möchte, kennenlernen. **f.** Ich esse gern **g.** Ich möchte, studieren **h.** Ich möchte, verstehen

Junte tudo Exemplos: Ich möchte Australien besuchen. Ich möchte Portugiesisch lernen. Ich möchte einen Job finden. Ich möchte Kartoffelsalat essen.

COMPLETE SUA MISSÃO

Crie seu script   Exemplos: Ich bin Tom und ich bin Architekt. Ich komme aus Australien, aber ich wohne in Frankfurt. Ich spiele gern Tennis und ich höre gerne Techno. Ich lerne Deutsch, weil … na ja, ich möchte gern in Deutschland arbeiten.

UNIDADE 2

CONVERSA 1

Desvende   **1** **a.** dois **b.** ja **c.** três   **2** **a.** falsch **b.** richtig **c.** falsch **d.** falsch   **3** Echt?

Observe **1** **a.** Ich spreche ein bisschen Russisch. Ich spreche ziemlich gut Italienisch. **b.** Ich lerne nur Deutsch.   **2** **a.** Echt? **b.** Noch nicht. **c.** Vielleicht.   **3** **a.** Ich spreche gut Englisch. **b.** Ich möchte gut Deutsch sprechen.   **4** **a.** ich spreche, du sprichst **b.** ich lerne, du lernst **c.** ich finde, du findest   **5** **a.** 7 **b.** 3 **c.** 4 **d.** 1 **e.** 5 **f.** 6 **g.** 2

Explicação gramatical: Fazendo perguntas   **1** **a.** Sprichst du Deutsch? **b.** Lernst du viel Deutsch? **c.** Sprichst du auch andere Sprachen?   **2** **a.** Lernst du **b.** Wie findest du **3** **a.** Wohnst du in New York? **b.** Lernst du gern Englisch? **c.** Bist du Designer(in)?

Pratique   **1** **a.** nur **b.** Ich lerne ein bisschen **c.** Echt, ein bisschen Italienisch **d.** Sprichst du gut **e.** viel, sprechen   **2** **a.** A **b.** A **c.** F **d.** F **e.** F **f.** A   **3** **a.** Wohnt Alex in Berlin? **b.** Sprichst du Italienisch? **c.** Lernt Mark Deutsch?

Junte tudo   **1** **a.** Japanisch **b.** Französisch **c.** Chinesisch Exemplos: **d.** Portugiesisch **e.** Arabisch   **2** **a.** Exemplos: Ja, ich spreche Italienisch und Französisch./Nein, ich spreche nur Englisch. **b.** Ja, ich möchte Portugiesisch lernen./Nein, ich möchte nur Deutsch lernen.

CONVERSA 2

Desvende   **1** **a.** seit zwei Wochen (há duas semanas) **b.** Besonders Japanisch! Ich finde die Sprache exotisch und die Kultur ist so faszinierend.   **2** **a.** nur **b.** sehr gut **c.** Sprachen **d.** Du sprichst schon sehr gut Deutsch! **e.** aber **f.** (…) möchtest du (…) lernen?   **3** **a.** Bitte! **b.** wie viele **c.** seit wann   **4** Exemplos: Japanisch, Arabisch, Englisch, exotisch, Kultur, faszinierend

232 ···⁖ RESPOSTAS

Observe 2 Seit wann, quando 3 a. Sag mal! b. schon c. besonders 4 a. schon b. Besonders c. Sag mal 5 a. Wie viele b. seit zwei Wochen c. Ich lerne, Sprachen d. Seit wann, Ich spreche, seit 6 a. Ainda não. b. Ainda/mais

Explicação da pronúncia: Os sons de "ch" duro e suave em alemão 1 *Ch suave*: ich, nicht, sprechen, sprichst, vielleicht, leicht; *ch duro*: auch, noch, Sprache, Wochen 2 a. Seit fünf Tagen. b. Seit drei Jahren. c. Seit acht Monaten. d. Seit vier Wochen.

Pratique 1 a. Ich wohne seit September in Deutschland. b. Ich lerne seit neun Wochen Deutsch. c. Seit Oktober lerne ich zwei Sprachen, Deutsch und Italienisch. 3 Exemplo: 223 5587 943 – zwei zwei drei fünf fünf acht sieben neun vier drei 4 Exemplo: 35 fünfunddreißig

Junte tudo 1 Exemplo: Ich lerne seit Oktober Deutsch. 2 Exemplos: Ich habe zwei Hunde. Ich spreche vier Sprachen. 3 Exemplo: a. Seit wann wohnst du in Deutschland? b. Seit wann unterrichtest du Deutsch? 4 Exemplo: Ich lerne seit vier Monaten Deutsch.

CONVERSA 3

Desvende 1 a. jeden Montag / (jede Woche) b. jeden Tag 2 a. richtig b. falsch c. richtig d. falsch 3 du lernst 4 a. Isso também é muito eficaz. b. Como você estuda alemão? 5 Vokabeln, Kurs, effektiv, online, Internet, Idee, praktisch

Observe 1 a. Ich finde ... b. Ich gehe lieber ... c. Das ist ganz leicht. d. Gute Idee! e. Das stimmt. f. Du hast Recht. 2 a. Ich lerne nicht. b. Ich spiele nicht

3

ich		du	
lerne	denke	lernst	denkst
gehe	weiß	gehst	weißt
finde	wohne	findest	wohnst
habe		hast	
sollte		solltest	

Tática de conversa: Expletivos 2 a. weil … na ja … b. Also, weil … na ja … c. nun d. weil … na ja …, ähm

Pratique

1

Forma ich	Forma du
ich schreibe	du schreibst
ich verstehe	du verstehst
ich denke	du denkst
ich gehe	du gehst
ich versuche	du versuchst
ich studiere	du studierst
ich beginne	du beginnst

2   a. Du wohnst b. Ich lerne c. Ich möchte d. Liest du   3 a. denkst b. Ich schreibe c. Wohnst du lieber, oder d. Gehst du e. Versuchst du   4 a. Ich spreche gern Italienisch, aber ich spreche lieber Deutsch. b. Ich denke, du solltest jeden Tag Vokabeln lernen. c. Das stimmt. Russisch ist nicht leicht. d. Ich finde Deutsch leicht.

Junte tudo   Exemplos: Ich möchte gut Deutsch sprechen. Ich spreche (gern) Spanisch. Ich sollte mehr Vokabeln lernen. Ich denke, Deutsch ist schön, aber schwierig.

COMPLETE SUA MISSÃO

Crie seu script   Seit wann lernst du Russisch? Wie viele Sprachen sprichst du? Sprichst du Italienisch? Wohnst du auch in Köln? Ich lerne Deutsch seit zwei Monaten. Ich habe jeden Tag Unterricht online. Ich spreche drei Sprachen. Ich spreche Englisch und ganz gut Französisch und ein bisschen Deutsch. Ich möchte noch Russisch lernen.

UNIDADE 3

CONVERSA 1

Desvende   1 b. 2 vielen Dank, kein Problem, bitte   3 Wie heißt du? Ich heiße ...
4 Prazer em conhecê-lo.

Observe 1 Langsamer, bitte.   2 Wo? (onde?), Wie? (como?)   3 a. Nett (Schön) b. Mir geht c. jetzt/gerade   4 a. Eu sou b. Você é c. Eu ajudo d. Você ajuda

Pratique   1 a. Wo b. Wie c. Wo/Wie d. Wie/Wo e. Wie f. Wo/Wie   2 a. 3 b. 5 c. 1 d. 2 e. 6 f. 4   3 a. Dein, sehr b. langsamer c. Wo, jetzt/gerade d. mir hilfst

234 ···❖ RESPOSTAS

Explicação gramatical: *Mir* (para mim) e *dir* (para você)   **2 a.** dir **b.** mir   **3 a.** sage dir **b.** Gibst, mir **c.** dir sagen   **4 a.** Möchtest du mir schreiben? **b.** Kannst du mir sagen? **c.** Ich möchte dir danken.

Junte tudo   **1** Exemplos: Ich heiße Alex. Mir geht's heute sehr gut. Ich bin jetzt in Köln. Ich lerne deutsche Vokabeln. Ich habe Unterricht online. Ich arbeite.   **2** Exemplos: Du hilfst mir und ich helfe dir jeden Tag. Ich gebe dir das Buch. Ich sage dir die Wahrheit. Kannst du mir eine SMS schreiben?

CONVERSA 2

Desvende   **1 a.** richtig **b.** falsch **c.** falsch   **2 a.** Ich bin hier [in Berlin], um Deutsch zu lernen! **b.** Ich bin auch in Deutschland.   **3** Wirklich? Echt?   **4** Exemplo: moment = momento **5 a.** Você mora em outra cidade? **b.** Você pode repetir, por favor? **c.** Um momento, por favor... não estou ouvindo.

Observe 1 a. Warum, um Deutsch zu lernen. **b.** Warum lernst du Deutsch? **c.** Ich lerne Deutsch, um in Berlin zu studieren. **d.** Ich lerne Deutsch, um in Deutschland zu arbeiten.   **2 a.** wohne, wohnst **b.** bin, bist **c.** kannst, sagst **d.** arbeite, verstehe **e.** hören

Pratique

1

Quadro de pronomes interrogativos

Significado	Alemão	Significado	Alemão
Por quê?	Warum?	Quem?	Wer?
O quê?	Was?	Quanto tempo?	Wie lange?
Como?	Wie?	Desde quando?	Seit wann?
Onde?	Wo?	Quanto?	Wie viel?
Qual?	Welche?	Quantos?	Wie viele?
Quando?	Wann?		
Você pode?	Kannst du?	Você quer?	Möchtest du?

2 a. Wann? **b.** Wie viele? **c.** Wer? **d.** Wo? **e.** Seit wann?   **3 a.** Wie viele **b.** Was **c.** Seit wann **d.** Wann **e.** Warum **f.** Wer **g.** Welche   **4 a.** Wo wohnst du? **b.** Was sagst du? **c.** Warum möchtest du in Berlin arbeiten? **d.** Was meinst du mit 'Ich bin Designerin'? **e.** Seit wann arbeitest du in Stuttgart?

Explicação gramatical: "Diga-me!" — o imperativo. a. Lern mal die Sprache! **b.** Sprich Deutsch, bitte! **c.** Wiederhol mal bitte! **d.** Denk mal nach!

Junte tudo Exemplos: Ich komme aus England, aber ich bin jetzt in Deutschland. Ich wohne seit September hier. Ich arbeite seit Oktober in Köln.

CONVERSA 3

Desvende 1 Webcam, Problem, muss, Computer, WLAN, Idee, RAM, deaktivieren, neu starten, Dings, alt **2** desativar, reiniciar, Wi-Fi, coisa, velho **3 a.** O problema é com a webcam de Ellen. **4 a.** Schlecht **b.** mir leid **c.** Bis dann! Bis zum nächsten Mal! **d.** ich weiß nicht, ich weiß **5** meu, seu

Tática de conversa: "Alemão Tarzan" a. Langsamer, bitte. **b.** Wie viel? **c.** Supermarkt… wo?

Tática de conversa: Use as palavras polivalentes: *Mann/Frau, Ort, Dings* **1** Ich weiß das Wort nicht mehr! Also, mein Internet-Dings! **2 a.** Buch-Ort **b.** Restaurant-Frau **c.** Film-Mann

Observe 1 a. du hörst **b.** ich brauche, du brauchst **c.** ich denke, du denkst **d.** ich muss **2 a.** Ich brauche ein Smartphone. **b.** Ich denke, du kannst kaum etwas hören. **c.** Ich muss Peter wieder anrufen. **d.** Können wir auf Deutsch sprechen? **3 a.** Ist nicht schlimm! **b.** Das passt! **4** Wie sagt man auf Deutsch? Ich weiß das Wort nicht mehr!

Sua vez: Use o hack 1 Porque terminam em -keit (terminação feminina) e -ismus (terminação masculina), respectivamente. **2 a.** der Journalismus **b.** der Computer **c.** die Wohnung **d.** die Schwierigkeit **e.** die Freundschaft **f.** die Energie **g.** die Meinung **h.** der Winter

Explicação gramatical: Gênero dos substantivos 1 a. Ich denke, deine Webcam ist neu. **b.** Ich denke, meine Verbindung ist nicht gut. **c.** Denkst du, mein WLAN ist schnell? **d.** Denkst du, dein Computer ist langsam?

Pratique 1 a. Ich habe kein WLAN-Passwort, weißt du? **b.** Ich brauche kein WLAN; Ich habe kein Smartphone. **c.** Ich habe keine Webcam, aber ich habe ein Mikrofon. **d.** Ich habe ein Smartphone und ich brauche keinen Computer. **e.** Hast du einen Computer oder ein Smartphone? **2 a.** Kannst, Computer **b.** musst mir **c.** möchte, Samstag, anrufen **d.** Brauchst du

Junte tudo Exemplos: Ich denke, das Handy ist echt toll! Ich habe jetzt ein iPhone 6. Ich brauche einen Computer.

COMPLETE SUA MISSÃO

Crie seu script   Exemplo: Ich lerne heute Deutsch. Ich bin gerade in Berlin. Aber ich wohne und arbeite in Glasgow. Ich lerne Deutsch seit einem Monat. Ich gehe jeden Tag in den Deutschkurs und ich lerne online. Ich habe ein Smartphone. Aber ich lerne lieber am Computer. Ich brauche einen neuen Laptop.

Exemplos: Ein Mann ... Marco ... total nett ... Architekt ... Arbeit in Madrid ... sprechen kein Deutsch aber sprechen Englisch ... lieben Berlin ... lesen viele Bücher ... spielen gern Tennis und Basketball.

UNIDADE 4

CONVERSA 1

Desvende   1 a. Judith vem da Áustria. b. praticar alemão   2 a. Ich komme aus Österreich.
b. Stört es, wenn ich mit Ihnen ein bisschen Deutsch übe? c. Ich muss noch viel üben.
d. Lass uns also anfangen!   3 Desculpe.   4 a. üben b. Geduld c. Anfänger(in)   5 a. Gerne.
b. Warum nicht? c. Kein Problem! d. Super!

Observe   1 a. Entschuldigung, sprechen Sie Deutsch? Stört es, wenn ich mit Ihnen ein bisschen Deutsch übe? b. Entschuldigung, sprichst du Deutsch? Stört es, wenn ich mit dir ein bisschen Deutsch übe?   2 a. 3 b. 1 c. 2 d. 4   3 Können wir uns duzen?   4   wir können

Explicação gramatical: Wir (nós) e Sie (você formal)   1 a. Möchtest b. denken c. Verstehst
d. wohnen e. sprichst   2 a. Können Sie das wiederholen, bitte? b. Was essen Sie gern?
c. Was machen Sie in Berlin? d. Können Sie mich jetzt besser hören? e. Können Sie mir bitte helfen? f. Möchten Sie anfangen zu üben?

Pratique   1 Exemplos: Wir sind im Supermarkt. Wir sind auf einer Reise. Wir sind zusammen. Wir arbeiten zusammen. Wir arbeiten die ganze Zeit. Wir arbeiten im Supermarkt. Wir gehen die ganze Zeit spazieren. Wir gehen zum Strand. Wir essen die ganze Zeit. Wir essen zusammen.   2 a. Ich wohne noch in Europa. b. Arbeitest du noch in der Bank? c. Ich gehe noch zum Unterricht. d. Können wir noch üben? e. Ich bin noch ziemlich müde.   3 a. kaufen schon, sieben b. Sie können, wenn Sie möchten c. Wissen Sie/Weißt du, was, auf Deutsch d. super, hier e. Ich muss, noch, üben f. Stört es, wenn

RESPOSTAS **237**

Junte tudo **1** Exemplos: Stört es, wenn ich mit Ihnen spreche? Stört es, wenn ich hier sitze? Stört es Sie, wenn ich rauche? Stört es, wenn ich die Toilette benutze? **2** Exemplos:

Situação 1: Ah, du sprichst Deutsch! Hallo, nett, dich kennenzulernen. Ich bin noch Anfänger. Ich lerne seit September Deutsch. Und du?

Situação 2: Ich lerne Deutsch, weil ich die Sprache wunderschön finde! Ich hoffe Deutschland bald besuchen zu können. Ich möchte auch das Essen probieren und Deutsche kennenlernen.

Situação 3: Entschuldigung, stört es, wenn ich eine Frage stelle? Wie viel Uhr ist es? Wissen Sie, wann der Bus kommt?

CONVERSA 2

Desvende **1** Du meinst, du möchtest nach Italien fahren? **2 a.** Itália (Italien) **b.** Áustria (Österreich) **3** Eu gostaria de visitar outras cidades na Alemanha. **4 a.** Seit wann bist du in Berlin? **b.** eigentlich nicht **c.** ein paar Monate **5** Du solltest ... besuchen.

Observe **1** Ich meine ... **2** Meinst du ...? **3 a.** Ich esse gern Obst wie Bananen und Äpfel. **b.** Wie machst du das? **c.** Wie viele Hunde hast du? **d.** Du bist wie mein Bruder. **4 a.** 3 **b.** 4 **c.** 1 **d.** 5 **e.** 6 **f.** 2 **5 a.** desde quando **b.** nunca **c.** depois **d.** talvez **e.** muito **f.** mais **g.** outro

Explicação gramatical: Mudanças nas vogais **1 a.** schläfst **b.** siehst **c.** hilfst **d.** sprichst

Pratique **1 a.** Ich möchte ... nehmen. **b.** Ich nehme **c.** Du nimmst **d.** Ich möchte fahren **e.** Ich fahre **f.** du fährst **2 a.** Ich nehme den Zug **b.** Du nimmst den Bus. **c.** Ich fahre mit dem Auto. **d.** Du fährst mit dem Zug. **3 a.** solltest, nehmen **b.** siehst, viel **c.** andere, besuchen, wie **d.** Du meinst, Auto **e.** nie, Sommer

Junte tudo Exemplos: **a.** Ich reise viel. **b.** Ich fahre nach Hamburg. **c.** Ich fahre für ein paar Tage. **d.** Ich fahre nächsten Monat. **e.** Ich nehme den Zug.

CONVERSA 3

Desvende **1 a.** falsch (SMS schicken) **b.** falsch (die ganze Zeit Deutsch üben) **c.** falsch (Kann ich mitkommen?) **d.** richtig **2 a.** 1 **b.** 3 **c.** 2 **3 a.** Weil ... na ja ... sie möchte ein Stück Torte im Café Lebensart essen. **b.** Von dort hat man einen Blick über ganz Berlin. **4 a.** Was machst du am Wochenende? **b.** Kann ich mitkommen? **c.** Das ist ja toll! **5** Wir werden zusammen die Stadt entdecken. **6** 0151/4693287

Observe 1 a. 3 b. 5 c. 2 d. 6 e. 1 f. 4   2 a. zuerst b. dann c. danach   3 a. Wir werden Deutsch sprechen. b. Ich werde dir schreiben. c. Du wirst in München wohnen.

Explicação gramatical: Ordem das palavras em alemão 1 vielleicht, heute, eines Tages, im Sommer   2 a. Zuerst werde ich ... b. Dann werde ich ... c. Danach möchte ich ... 3 a. Normalerweise nehme ich den Bus. b. Am Wochenende werde ich das Schloss Neuschwanstein sehen. c. Nächste Woche möchte ich ein Buch lesen.

"Palavras trampolim": Dass, weil, wenn 1 ich morgen Zeit habe. 2 a. Ich lerne Deutsch, weil ich Familie in Deutschland habe. b. Ich werde Englisch mit dir üben, wenn du Deutsch mit mir übst.

Sua vez: Use o hack: 1 a. Kannst du schwimmen? b. Kannst du, verlassen c. Ich muss, teilnehmen d. Du solltest, probieren e. werde ich, umziehen   2 a. Ich werde beschäftigt sein. b. Ich werde ein Taxi nehmen. c. Wirst du im Sommer nach Spanien reisen? d. Wirst du zum/ins Restaurant gehen? e. Ich werde nicht nach Frankfurt reisen.

Pratique 1 a. ich werde, Telefonnummer b. Morgen, Zeit, kann ich, kommen c. werde ich da/ dort d. Gern, freue, dass ich, habe   2 a. Dieses Wochenende tanze ich mit dir. b. Zuerst möchte ich eine SMS schicken. c. Diese Woche werde ich ein Stück Torte essen. d. Dann werde ich die Stadt entdecken. e. Nächste Woche muss ich München besuchen. f. Dann kann ich mitkommen. g. Morgen sollte ich Zeit finden. h. Danach werde ich nach Italien fahren.

Junte tudo 1 Exemplo: Ich werde im Januar Australien besuchen. Zuerst werde ich Sydney sehen und dort ein paar Wochen bleiben. Danach werde ich nach Melbourne oder Canberra fahren. Ich werde vielleicht in einem Restaurant essen oder etwas billig kaufen. Ich möchte unbedingt auch die Wüste sehen.   2 Exemplo: Kann ich dir meine E-Mail-Adresse oder meine Telefonnummer geben? Super! Meine E-Mail-Adresse ist alexsmith@beispiel.com und meine Nummer ist 0049 347946239. Kannst du morgen anrufen oder mir eine E-Mail schreiben, bitte?

COMPLETE SUA MISSÃO

Crie seu script Exemplos: Am Wochenende reise ich nach Österreich. Zuerst fahre ich nach Wien. Die Stadt ist wundervoll. Dort besuche ich die Hofburg, den Stephansdom und den Prater. Dann esse ich Sacher Torte im Café Central. Danach möchte ich nach Innsbruck reisen. Ich liebe die Berge. Ich fahre mit dem Zug nach Österreich.

UNIDADE 5

CONVERSA 1

Desvende   1 **a.** Wer ist sie? **b.** Wie heißt sie? **c.** Sie heißt **d.** Sie kommt aus **e.** Sie ist
f. Sie möchte   2 **a.** advogada — falsch: Ingenieurin **b.** um mês — falsch: eine Woche
c. a um restaurante — falsch: auf den Fernsehturm **d.** neste fim de semana — falsch: nächstes
Wochenende   3 **a.** diese Woche **b.** nächstes Wochenende **c.** morgen **d.** danach
e. jeden Sommer   4 **a.** aluna favorita (f) **b.** meu marido é **c.** amanhã planejamos

Observe   1 **a.** ich unternehme etwas mit **b.** wir verbringen die Woche **c.** Was habt ihr vor?
d. Wir planen ... zu ...   2 **a.** Hotel zu finden **b.** Deutsch zu sprechen **c.** Irland besuchen
3 **a.** er **b.** sie **c.** wir **d.** du **e.** Sie **f.** ihr   4 **a.** Sie ist Ingenieurin. **b.** Sie kommt aus Deutschland.
c. Sie möchte die Stadt besuchen. **d.** Sie heißt ... **e.** Er wohnt mit einem Freund. **f.** Er fährt jeden
Sommer nach Italien. **g.** Was möchte er unternehmen?   5 **a.** Diese Woche nehme ich den Zug
nach Hamburg. **b.** Nächstes Wochenende besuchen wir Fiona in Irland. **c.** Morgen plane ich, eine
Party zu machen.

Explicação gramatical: "Ele", "ela", "vocês"

1

Infinitivo	Forma ich	Forma du	Forma er/sie	Forma ihr
lernen	ich lerne	du lernst	er lernt	ihr lernt
können	ich kann	du kannst	er kann	ihr könnt
helfen	ich helfe	du hilfst	er hilft	ihr helft
schlafen	ich schlafe	du schläfst	er schläft	ihr schlaft
planen	ich plane	du planst	er plant	ihr plant

2 **a.** besucht **b.** lernt **c.** liest **d.** tanzt

Pratique   2 Exemplos: **a.** Schwiegermutter (sogra), **b.** Schwiegereltern (sogros) **c.** Enkel(kinder)
(netos)   3 **a.** Geschwister **b.** Er, Lieblingsneffe **c.** Freund, werden zusammen **d.** Mutter arbeitet
e. mehr, Eltern **f.** Bruder **g.** arbeitet, Papa/Vater **h.** Meine Freundin, jeden Tag, Sie   4 Exemplos:
a. Ich kenne meine beste Freundin von der Universität. **b.** Sie heißt Kristin. **c.** Sie arbeitet als
Architektin in einem Büro.   5 Exemplos: **a.** verbringe, Zeit mit meinem Bruder **b.** planen, zu
Hause zu bleiben und zusammen zu essen.

240 ⋯ RESPOSTAS

Junte tudo   1 Exemplos: Ich wohne mit meinem Freund im Ausland. Mein Bruder wohnt noch mit meiner Familie. Er ist Mathematiker und spielt Basketball.   2 Exemplo: Mein Lieblingsmensch ist mein Vater. Er wohnt mit meiner Mutter und meinem Bruder in den USA. Er arbeitet für eine Bank und er schwimmt gerne, wenn er Zeit hat.

CONVERSA 2

Desvende   1 a. Ja. b. Er heißt Jan. c. Sie kennt ihn und seine Familie seit zwanzig Jahren. d. Nein, sie wohnt nicht allein. (Sie wohnt mit Anna). e. Sie heißt Anna f. Weil sie alles kaputt machen.   2 die

Observe   1 a. verheiratet b. single c. zwanzig d. ihn e. schon lange f. außerdem   2 a. Besuche mich doch b. Du meinst c. schau selbst d. Jans Hund   3 a. ihn b. Ellens Schwester wohnt c. macht, alles kaputt d. besucht, jeden Sommer e. Außerdem

Explicação gramatical: Me/mim, você/o/a/lhe, ele/o, ela/a, lhe   1 a. dich b. mich c. sie d. ihn   2 a. ihn b. mir c. sie d. ihr e. dich f. ihm   3 a. mich b. dich c. dir d. sie e. sie f. mir g. ihn   4 a. Seit wann kennst du sie? b. Gehst du ohne mich? c. Ich sehe ihn jeden Montag.

Pratique   1 a. kenne b. Weißt c. kennen d. Wissen   2 Exemplos: a. Ja, ich habe einen Bruder und eine Schwester. b. Ich habe eine Freundin. c. Nein, ich habe keine Kinder. d. Ich wohne mit meiner Freundin.

Junte tudo   Exemplos: Ich kenne meinen Freund seit der Universität. Wir sind seit sechs Jahren zusammen und wohnen seit 2014 zusammen. Wir möchten bald heiraten und die Hochzeitsreise nach Australien machen. Er sagt mir immer, dass ich ein bisschen verrückt bin, aber er liebt mich trotzdem.

CONVERSA 3

Desvende   1 a. Ela tem dois filhos. (Ja, wir haben zwei wunderbare Kinder.) b. Ela não tem certeza. (Ich bin nicht so sicher. Vielleicht eines Tages.)   2 a. um alemão charmoso b. Eu não tenho certeza. c. frequentemente d. Nunca se sabe.   3 Ela usa outras palavras para expressar o mesmo conceito geral (nicht für mich?) e ela pede ajuda/em uma tradução (Wie sagt man auf Deutsch?)   4 a. Sie heißen b. Ihre Namen sind sehr schön c. Oh, das ist toll!

Observe   1 a. Hast du Kinder? b. Sie heißen   2 a. Ich bin sicher. b. Alles ist möglich. 3 a. Man weiß nie! b. Wie sagt man "tchau" auf Deutsch? c. Man kann es machen. d. In Deutschland sagt man das nicht.   4 a. 4 b. 5 c. 6 d. 1 e. 3 f. 8 g. 7 h. 2

RESPOSTAS   **241**

Explicação gramatical: Possessivos 1 a. ihr Bruder b. ihre Kinder c. unser Hund d. Ihre Frau e. sein Neffe 2 a. Alexanders b. seine c. Ihr d. Eure

Pratique 1 a. er ist b. Sie heißt c. wir verstehen sie d. wir treffen sie 2 a. Mein, seinen b. Meine Freundin, wir reisen, oft c. meine Mutter d. mit seinem Freund e. kenne meinen, Freund, lange 3 a. Möchtet ihr irgendwann ins Kino gehen? b. Sind sie hier? c. Er hat zwei Hunde. d. Ihre Eltern kennen mich nicht. 4 Exemplos a. Ich treffe bald Markus. b. Sie sind meine Schwestern und meine Eltern. c. Ihre Namen sind sehr originell.

Sua vez: Use o hack 1 a. Algo relativo à tecnologia/TI/dispositivos de atualização etc. b. Algo relativo a relacionamentos/família etc. c. Algo relativo a viagens/conseguir um voo etc. d. Algo relativo ao aprendizado de idiomas. 2 a. Deutsch zu lernen. b. das Wetter nicht gut ist. c. heute möchte ich zu Hause bleiben.

Junte tudo Exemplos: Meine Eltern heißen Jack und Mary. Mein Vater ist 60 Jahre alt und meine Mutter ist 58. Sie wohnen in Washington, in den USA.

Meine Kinder heißen Emily und Mark. Sie sind noch sehr klein, sind erst ein Jahr alt. Sie sind Zwillinge.

Ich habe auch zwei Hunde. Sie sind sehr gut (lieb) und sie machen nichts kaputt.

FINALIZANDO A UNIDADE 5

Confira o que aprendeu. 1 Wir wohnen erst seit einem Monat zusammen. 2 Meine Tochter heißt Anna. 3 Ja, mein Hund heißt Kai. 4 Anna ist meine Schwester. 5 Nein, ich besuche meine Eltern nächstes Wochenende nicht. 6 Ja, wir reisen jeden Sommer nach Polen. 7 Mein Cousin hat vier Kinder. 8 Lea kennt meine Familie seit fünf Jahren.

COMPLETE SUA MISSÃO

Crie seu script Exemplos: Die wichtigste Person in meinem Leben ist meine Freundin. Sie ist sehr wichtig, weil sie mir jeden Tag hilft. Wir kennen uns seit 10 Jahren. Wir sind seit 9 Jahren zusammen und wir wohnen seit 7 Jahren zusammen. Meine Freundin ist Malerin und arbeitet jeden Tag im Atelier. Sie ist sehr kreativ und sehr intelligent. Sie hat viele Freunde. Meine Freundin ist eine ganz besondere Person.

UNIDADE 6

CONVERSA 1

Desvende   1 a. für mich ein Schnitzel bitte, b. ich nehme Salat mit Hähnchenbrust c. wir nehmen zuerst Mineralwasser d. für mich einen Weißwein bitte   2 vinho branco 3 a. Ein Tisch für zwei b. Und zu trinken? c. Ein Tisch für drei. d. Und zu essen?   4 a. dia — Boa noite b. comer — Vocês querem beber alguma coisa? c. vinho tinto — branco d. sua (formal) — Aqui está sua mesa (formal)

Observe   1 em alemão se diz "eu tenho fome".   2 Wir nehmen zuerst Mineralwasser. Ich möchte gern ein Pils. Für mich einen Weißwein bitte.   3 Möchten Sie bestellen? Was möchten Sie essen? Hier ist Ihr Tisch.   4 a. Eu já sei... b. Eu vou querer... c. Nós já sabemos... d. Nós vamos querer... e. Você sabe...? f. Você vai querer...? g. Vocês gostariam de pedir? h. Você vai querer beber algo?

Pratique   1 a. Möchten, bestellen b. Für mich, Rotwein c. nehme, Mineralwasser/Wasser d. Ich finde, Speisekarte/Karte e. glaube/denke, ich nehme f. schon Hunger g. Wir wissen, wir nehmen h. Hier ist, Lieblings-   2 Exemplos: die Spätzle (o spätzle), das Pizzabrot (a pizza), der Kartoffelsalat (a salada de batatas), der Strudel (o strudel) / Exemplos: Können Sie bitte kommen? Ich nehme noch einen Rotwein, bitte.

Explicação gramatical: Substantivos compostos   1 a. suco de tomate b. escola de idiomas c. ambulância   2 a. 4 b. 1 c. 6 d. 3 e. 2 f. 5

Junte tudo   1 Exemplos: a. Ja, bitte. Ich nehme zuerst einen Salat. b. Ich möchte die Spätzle mit Pilzen bitte. c. Stimmt, ich habe sehr viel Hunger! Zu trinken nehme ich Wasser mit Kohlensäure. Vielen Dank. d. Können Sie bitte kommen? e. Ja, bitte. Ich nehme noch eine Flasche Wasser. f. Ja, heute habe ich viel Hunger und viel Durst!   2 Exemplos: Normalerweise esse ich zu Hause. Zum Frühstück trinke ich gern Milchkaffee und esse Brot mit Marmelade. Zum Mittagessen koche ich oft Nudeln oder esse auch gerne Salat. Zum Abendessen koche ich Fleisch oder Eier mit Gemüse. Den ganzen Tag lang trinke ich gerne Kaffee oder Tee und esse auch sehr gerne Obst wie Äpfel, Orangen oder Bananen.

CONVERSA 2

Desvende   1 a. das Pergamon Museum, das Haus am Checkpoint Charlie b. das Haus am Checkpoint Charlie c. es ist nicht so interessant d. Na ja ..., wir können einen Kompromiss schließen.   2 É absolutamente imperdível!   3 a. am Montag b. wir müssen natürlich ... besuchen c. wenn du das interessanter findest d. dort sind viele Touristen e. Das stimmt nicht.   4 a. há b. absolutamente c. eu acho (a exposição — die Ausstellung) d. menos turistas e. eu sei que...

RESPOSTAS ❖ 243

Observe   1 a. die meisten b. weniger c. besser 2 interessanter als   3 a. aktiver als b. schöner als c. netter als   4 a. ich finde b. ich finde die Ausstellung c. ich finde das Museum besser d. du findest e. wenn du findest f. ich weiß, dass g. ich weiß, dass dort viele Touristen sind 5 a. 6 b. 4 c. 5 d. 1 e. 10 f. 8 g. 9 h. 2 i. 3 j. 7

Pratique   1 a. Gibt es hier nur drei Hotels? b. Es gibt keinen Wein bei mir. c. Es gibt viele Schulen in Deutschland.   2 Exemplos: a. Das klingt gut! b. Das stimmt! c. Ich bin nicht einverstanden. d. Ich bin einverstanden! e. Das stimmt nicht!   3 Exemplos: a. Ich finde, dass es zu viele Menschen in der Stadt gibt. b. Ich denke, dass wir weniger Kaffee und mehr Wasser trinken sollten. c. Meiner Meinung nach sind Hunde freundlicher als Katzen. d. Ich weiß natürlich, dass die beste Eissorte Schokolade ist.

Explicação gramatical: Comparações   1 a. kleiner, der/die/das kleinste b. charmanter, der/die/das charmanteste c. fauler, der/die/das faulste d. interessanter, der/die/das interessanteste e. schwieriger, der/die/das schwierigste f. leichter, der/die/das leichteste   2 a. mehr Bücher als b. die schönste Stadt c. weniger Leute als d. das beste Restaurant e. der schlechteste Film f. Es ist besser als ...   3 a. kleiner als b. die kleinste c. Ich finde, schöner als d. Aber, die schönste e. größer f. der interessanteste g. schlechter als h. das schlechteste

Junte tudo   Exemplos: Es gibt so viele Highlights in Köln und ich möchte die Stadt bald besuchen. Ein Highlight ist unbedingt der Dom. Das beste Getränk dort ist das Kölsch. Köln ist kleiner als Berlin und die Leute sind freundlicher als in München. Meiner Meinung nach ist Köln die beste Stadt in Deutschland.

CONVERSA 3

Desvende   1 música, livros   2 a. die beste deutsche klassische Musik von Beethoven, Bach und Mozart b. Sie hört nicht gern moderne Musik. c. Ellen wird Judith ein Buch geben. 3 mir empfehlen (x2), gebe dir (x2), danke dir   4 a. Wo ist der Kellner? b. Die Rechnung bitte! 5 a. Meiner Meinung nach b. Ich höre… lieber als c. Was kannst du mir empfehlen?

Observe   1 a. Spaß haben b. dafür   2 a. 3 b. 4 c. 1 d. 5 e. 2   3   a. Sag mal b. Was kannst du mir empfehlen? c. Kannst du mir ... empfehlen?

Pratique   1 a. Ich bestelle Wasser ohne Kohlensäure. Ich bestelle ein Taxi. Ich bestelle die Rechnung. Ich bestelle noch ein Getränk. b. Exemplos: Ich möchte Deutschlands Geschichte besser kennenlernen. Ich möchte dich besser kennenlernen. Ich möchte diese Frau besser kennenlernen.   2 a. Klassik lieber als b. ist, Meinung nach c. ich werde dir, geben

244 ⋯⟩ RESPOSTAS

Sua vez: Use o hack Exemplos: **a.** Um ehrlich zu sein, ist es unbeschreiblich lecker. **b.** Leider nicht in Berlin wie du! Ich wohne in einem kleinen Dorf in der Nähe von Köln. **c.** Soweit ich weiß, habe ich schon alles. Vielen Dank! **d.** Leider kann ich zurzeit keinen Kaffee trinken, nur Tee.

Junte tudo Exemplos: Mein Lieblingsbuch auf Deutsch ist Freuds "Traumdeutung". Ich finde dieses Buch sehr interessant, weil es heute noch wichtig für die Psychologie ist. Ich möchte Freuds Leben und Studien besser kennenlernen. Ich denke, dass er wichtiger und besser als Jung ist.

FINALIZANDO A UNIDADE 6

Confira o que aprendeu **a.** falsch **b.** falsch **c.** richtig **d.** falsch **e.** richtig

COMPLETE SUA MISSÃO

Crie seu script Exemplos: Morgen gehe ich in mein Lieblingsrestaurant in München-Schwabing. Es ist sehr typisch und hat deutsche und regionale Spezialitäten. Dort sind nicht viele Touristen. Meiner Meinung nach ist es das beste Restaurant in München. Das Essen ist viel besser und viel billiger als im Stadtzentrum. Du solltest es unbedingt kennenlernen! Ich bestelle immer Leberkäse mit Brezeln und Senf, aber die Spezialität ist Schweinshaxe mit Sauerkraut und Kartoffelpüree. Zu trinken gibt es bayerisches Bier. Unter uns gesagt ist alkoholfreies Hefeweizen das beste Bier.

UNIDADE 7

CONVERSA 1

Desvende **1** **a.** am letzten Wochenende **b.** wir haben zusammen zu Abend gegessen **c.** Gestern haben wir ... gesehen **d.** Wie war es? **e.** einmal vor vier Jahren **f.** Es war okay. **g.** Dort habe ich eine leckere Torte gegessen. **h.** wir haben über unsere Pläne für das Wochenende gesprochen **2** b **3** **a.** falsch (wir haben auch viele andere Sehenswürdigkeiten fotografiert) **b.** richtig **c.** falsch (morgen) **d.** richtig **4** muito bem **5** **a.** gestern **b.** heute **c.** morgen

Observe **1** **a.** Was hast du am letzten Wochenende gemacht? **b.** Judith und ich haben zusammen zu Abend gegessen. **c.** Wir haben über unsere Pläne für das Wochenende gesprochen. **2** **a.** am letzten Wochenende **b.** zusammen **c.** über unserer Pläne für das Wochenende

RESPOSTAS **245**

3

Infinitivo	Alemão— frase no passado	Significado
machen (fazer)	Was hast du gemacht?	O que você fez?
	Wir haben (Pläne) gemacht.	Nós fizemos... (planos).
	Es hat mir Spaß gemacht.	Eu me (diverti)!
zu Abend essen (para jantar)	Wir haben zu Abend gegessen.	Nós jantamos.
essen (comer)	Ich habe gegessen.	Eu comi.
sprechen (falar)	Wir haben (über) … gesprochen.	Nós falamos (sobre)
sehen (ver)	Wir haben … gesehen.	Nós vimos...
treffen (encontrar)	Du hast (sie) getroffen.	Você encontrou (ela).
fotografieren (fotografar)	Wir haben … fotografiert.	Nós fotografamos...
besuchen (visitar)	Ich habe … besucht.	Eu visitei...
gefallen (gostar)	Hat es dir gefallen?	Você gostou (dele/a)?
	Es hat mir gefallen!	Eu gostei (dele/a)!

4 Eles usam uma forma do verbo haben mais uma forma do verbo principal. A maioria das formas verbais tem "ge-" no início. A forma do verbo termina em -t ou -en. **5 a.** vor drei Tagen **b.** vor vier Tagen **c.** vor zehn Minuten **d.** vor sechs Monaten **e.** vor zwei Jahren

Explicação gramatical: Formando o passado com *haben*

1 a. hat, gelernt **b.** Habt, gemacht **c.** Hast, geübt **d.** Haben, gelesen **e.** haben, gesehen **f.** hat, gegeben **g.** haben, fotografiert **h.** habe, besucht **2 a.** haben, gegessen **b.** hat, getrunken **c.** hat, geholfen **d.** hat, gefunden **e.** hat, geschrieben **f.** Hat, getroffen **g.** habe, genommen, gesprochen **h.** hat, gewusst **i.** habe, gedacht

Pratique 1 a. Das Restaurant ist toll. Dort habe ich vor zwei Tagen zu Mittag gegessen. **b.** Ich habe mit Martin über Deutschland gesprochen. **c.** Sie hat ihren Bruder in Dublin besucht. **2 a.** Hat es ihm gefallen? **b.** Hat es ihr gefallen? **c.** Es hat mir gefallen. **d.** Es hat uns nicht gefallen.

Junte tudo Exemplo: Bei mir alles gut, danke. Gestern habe ich am Morgen gearbeitet und um 13 Uhr habe ich Mittagspause gemacht und Kartoffelsalat gegessen. Um 17 Uhr haben meine Kollegen und ich Feierabend gemacht. Wir haben Zeit im Biergarten verbracht. Wir haben Bier getrunken und über ein Projekt gesprochen. Wir haben viel Spaß gehabt.

CONVERSA 2

Desvende   1 **a.** muito (ein bisschen) **b.** há algumas semanas (vor ein paar Monaten)
c. Berlim (Düsseldorf)   2 **a.** Ela praticou algumas frases. **b.** Eu esqueci! Você já me disse isso!
c. Habe ich … richtig gesagt?   3 **a.** diferença **b.** Eu decidi **c.** dever de casa **d.** entre
4 hast gelernt, habe gelernt (2x), habe geübt, hast gemacht, habe gesagt, hast gesagt, hast
begonnen, habe begonnen, habe entschieden, habe gekauft, bin geflogen, bin gereist, habe
vergessen, hast erzählt

Observe   1 **a.** Habe ich … richtig gesagt? **b.** Ich muss sagen, dass … **c.** Du hast mir das
erzählt.   2 Hast du dazu Fragen? Você tem alguma pergunta a respeito?   3 entschieden,
vergessen   4 **a.** ich habe gelernt **b.** ich bin geflogen **c.** ich habe geübt **d.** ich habe gekauft
e. ich bin gereist **f.** ich habe vergessen **g.** ich habe entschieden **h.** du hast gemacht **i.** du hast mir
erzählt **j.** du hast gesagt **k.** du hast begonnen

Explicação gramatical: Use o verbo *sein* **para expressar movimento**   1 **a.** ich bin
gefahren   2 **a.** bin **b.** hat **c.** bist **d.** sind **e.** seid   3 **a.** bin ich, gereist **b.** Ich habe, gefunden
c. bin ich, gefahren

4

1. Verbos regulares	Passado	2. Verbos irregulares	Passado
eu falei	ich habe gesprochen	eu fui	ich bin gegangen
eu disse	ich habe gesagt	eu pensei	ich habe gedacht
eu fiz	ich habe gemacht	eu voei	ich bin geflogen
eu comprei	ich habe gekauft	eu esqueci	ich habe vergessen
eu pratiquei	ich habe geübt	eu comecei	ich habe begonnen
eu aprendi/estudei	ich habe gelernt	eu soube	ich habe gewusst
		eu comi	ich habe gegessen

Junte tudo   1 Exemplo: Ich bin vor drei Jahren nach Wien gefahren. Ich habe entschieden,
nach Wien zu fahren, weil ein Freund dort wohnt. Wien hat mir sehr gut gefallen. Die Stadt war
sehr schön und ich habe dort sehr viel Spaß gehabt.   2 Exemplo: Ich habe Deutsch in einer
Schule in Berlin gelernt. Einmal bin ich in die Bibliothek der Schule gegangen, aber es war
Samstag. Um 16 Uhr bin ich zum Ausgang gegangen, und leider habe ich den Alarm ausgelöst!
Sie haben mich dort vergessen und in der Schule eingeschlossen!

CONVERSA 3

Desvende 1 a. richtig b. falsch c. falsch 2 a. nervös b. Grammatik 3 a. Habe ich dir schon erzählt, dass ...? b. Ich habe alles vergessen. c. Warum hast du ... ? d. Ich wollte keine Fehler machen. e. Man muss so viel wie möglich sprechen. f. Ich war zu nervös, um zu sprechen. g. Als ich 13 Jahre alt war. 4 pronúncia

Observe 1 a. Habe ich dir schon erzählt b. Ich habe geglaubt, dass c. Ich habe vergessen d. Ich hatte e. als ich 13 Jahre alt war. 2 a. nichts b. alles c. nur d. nie e. schon f. wirklich g. so viel h. zu (viel) i. in j. von 3 a. Ich habe geglaubt/gedacht b. Ich habe vergessen, was c. Ich habe geglaubt/gedacht, dass d. Habe ich dir erzählt, was 4 a. alles b. nichts c. Alles

Pratique 2 a. Er musste b. Ich hatte 3 a. Er war 31 Jahre alt, als er seine Frau kennengelernt hat. b. Ich wollte mit dir über Deutschland sprechen. c. Ich wollte Deutsch in Hamburg lernen. 4 Exemplos: a. Als ich noch in Brasilien wohnte, hatte ich kein Interesse an der Sonne. Aber jetzt möchte ich nur an den Strand gehen. b. Als ich auf dem Weg zum Theater war, habe ich Julian getroffen. c. Als ich 18 Jahre alt war, habe ich in England gewohnt und immer Tee getrunken. d. Als ich Manager bei der Firma Zamenhof war, habe ich meine Frau kennengelernt. 5 Exemplos: Habe ich dir schon erzählt, dass ich für zwei Jahre in Deutschland gewohnt habe? Habe ich dir schon erzählt, wie ich angefangen habe, neue Sprachen zu lernen? Habe ich dir schon erzählt, dass ich meinen Mann vor fünf Jahren kennengelernt habe? 6 a. Unterschied zwischen, Wörter b. Wir haben, Grammatik, Schule gelernt c. Wie, Aussprache, Habe ich, starken Akzent 7 a. Hast, verstanden, habe gesagt, dass b. so viel gegessen, als, letzte Woche c. Sie hat, gesprochen. Es war d. Ich habe, vergessen. Nächstes Mal e. Du hast mir, geholfen, Ich habe, benannt

Sua vez: Use o hack 1 a. Ich sehe jetzt/gerade den Film. b. Ich werde morgen den Film sehen. c. Ich habe letzte Woche den Film gesehen. 2 Also, vor drei Tagen bin ich da - nehme ich den Zug und sofrt sehe ich einen Wolf! 3 Exemplos: a. Ich bin vor einer Woche nach Deutschland gereist. b. Ich bin am letzten Samstag mit meinem Freund ins Kino gegangen. c. Vor zwei Jahren habe ich begonnen, Deutsch zu lernen. d. Gestern habe ich den ganzen Tag gearbeitet. e. Nächsten Mittwoch werde ich mit einer Freundin in einem Restaurant zu Mittag essen. f. In einem Jahr werde ich nach Australien reisen.

Junte tudo Exemplo: Letztes Jahr war mein Deutsch viel schlechter und ich war sehr nervös. Ich habe nur mit meiner Lehrerin gesprochen. Und ich habe gedacht, dass Deutsch zu schwer ist. Aber ich habe entschieden, langsam zu sprechen und habe vergessen nervös zu sein. Seit damals habe ich viel mehr Deutsch gelernt.

FINALIZANDO A UNIDADE 7

Confira o que aprendeu **2 a.** Er hat Berlin vor einem Monat besucht. **b.** Sie haben viel gesprochen und auch Schokolade gegessen. **c.** Er ist mit dem Zug nach Hamburg gefahren.

COMPLETE SUA MISSÃO

Crie seu script Exemplo: Einmal bin ich für meinen Job nach Frankfurt geflogen, aber ich habe nur ein bisschen Deutsch gesprochen. Für die Arbeit war es kein Problem, weil alle Englisch gesprochen haben. Aber danach bin ich in die Stadt gegangen, um ein Geschenk für meine Frau zu kaufen. Ich habe ein schönes Kleid gefunden. Aber die Frau in dem Geschäft hat kein Englisch gesprochen. Ich war zu nervös, um Deutsch zu sprechen. Ich habe alles vergessen, was ich gelernt hatte. Ich habe gedacht, wie sagt man 'Quanto custa isto?' auf Deutsch? Dann habe ich einfach gesagt: 'Preis?' und die Frau hat mich verstanden.

UNIDADE 8

Desvende **1 a.** Ich mache einen Kochkurs! **b.** Letztes Mal haben wir gelernt, wie man einen Apfelkuchen macht. **c.** Heute lerne ich, wie man einen Bienenstich macht! **2 a.** melhor **b.** torta de maçã **c.** pizza de micro-ondas **3** Ich freue mich, dich zu sehen! **4 a.** Sie hat vor kurzem angefangen, zu kochen. **b.** Sie lernt, wie man einen Bienenstich macht! **5 a.** Was gibt's Neues? **b.** Es ist lange her! **c.** zurzeit

Observe **1** Ich freue mich, dich zu sehen! Es ist lange her! **2 a.** zurzeit **b.** Ich habe viel zu tun. **c.** vor kurzem **d.** Ich habe angefangen … zu … **e.** letztes Mal **f.** Wir haben gelernt, wie … **3 a.** bisher gelernt **b.** schnell **c.** klappt es nie **d.** Es ist nur eine Frage **4 a.** zu **b.** zu **c.** zu. **5 a.** Es gibt noch viel zu tun. **b.** Meine Eltern haben viel zu tun. **6 a.** machst du **b.** haben gelernt, wie man, tanzt **c.** Letztes Jahr habe, gelernt, wie man, schreibt

Explicação gramatical: Verbos "separáveis" (misturar e combinar) em alemão
1 a. ficar nervoso **b.** desistir **c.** devolver **d.** sair **2 a.** Ich komme normalerweise am Mittag an. **b.** Jeden Freitag gehe ich mit Peter aus. **c.** Ich wache immer um 6 Uhr auf. **d.** Kommst du heute mit? **e.** Kannst du die Tür aufmachen? **3 a.** angefangen (começou) **b.** angekommen (chegou) **c.** angerufen (telefonou) **d.** aufgeräumt (arrumou) **e.** ausgegangen (saiu) **f.** ausgesehen (parecia com) **g.** mitgearbeitet (cooperou) **h.** weggeblieben (ficou longe) **i.** weggelaufen (fugiu) **j.** zugehört (ouviu) **k.** zurückgerufen (chamou de volta) **l.** zurückgekommen (voltou)
4 a. Wir sind am Freitag mit Hans ausgegangen. **b.** Sie hat um acht Uhr den Laden aufgemacht. **c.** Er hat ihn gestern angerufen.

Pratique **1 a.** viel zu tun, angefangen **b.** Vor kurzem, gesehen, hat angefangen, zu **c.** Letztes Mal, mitgekommen **d.** komisch ausgesehen, war **e.** Bisher, mitgearbeitet **f.** zurückrufen **2** Exemplos: Ich habe gelernt, wie man Paella macht. Ich habe gelernt, wie man Tennis spielt. Ich habe gelernt, wie man auf Deutsch im Restaurant bestellt. **3 a.** vor, angekommen **b.** vor (drei), angefangen **c.** vor, getroffen **d.** hat vor, aufgemacht

Tática de conversa: Aprenda frases padrão para cada "etapa" da conversa **1 a.** haben wir gelernt, wie man einen Apfelkuchen macht. **b.** es zu Hause zu machen, klappt es nie. **c.** lerne ich, wie man einen Bienenstich macht! **2 a.** Ich freue mich, dich zu sehen! Es ist lange her! **b.** Erzähl mal, was gibt's Neues? Ich sehe … **c.** Vor kurzem habe ich angefangen, … Letztes Mal haben wir gelernt, … **d.** Und was hast du bisher gelernt? **3 a.** Ich weiß, dass (du aus England kommst). **b.** Kennst du (Sarahs neuen Freund)? **c.** Hast du schon (diesen Film gesehen)?

Junte tudo **1** Exemplos: Vor kurzem habe ich angefangen, ins Fitness-Studio zu gehen. Im Moment gehe ich zweimal pro Woche ins Fitness-Studio, aber ich sollte eigentlich mehr Sport treiben. **2** Exemplos: Vor kurzem habe ich angefangen, Deutsch zu sprechen. Das letzte Mal, als ich versucht habe, einen Film auf Deutsch zu sehen, war es zu schwierig. Aber bisher habe ich viel mit Bennys Buch gelernt und jetzt schaffe ich es. Es ist sehr schön, dass ich jetzt so viel Deutsch verstehen kann.

CONVERSA 2

Desvende

1

	dá uma caminhada antes do trabalho	anda de bicicleta	usa o carro	sempre almoça em um restaurante	às vezes experimenta um restaurante novo	prepara almoço em casa
Ellen	✓	✓		✓		
Jakob	✓	✓	✓		✓	✓

2 Mir scheint, … (para iniciar a conversa) **3 a.** morgens **b.** nachmittags **4 a.** Sie geht morgens vor der Arbeit in der Stadt spazieren. **b.** Er geht normalerweise nachmittags mit dem Hund im Park Gassi. **c.** Sie fährt überall Fahrrad! **d.** Er nimmt nur selten die U-Bahn. **e.** "Weil sie frische Luft braucht." **f.** Er fährt oft mit dem Auto zur Arbeit.

Observe 1 Läuft alles gut für dich? 2 1 morgens 2 nachmittags 3 mittags 4 vor der Arbeit 5 normalerweise 6 meistens 7 ab und zu 8 selten 9 oft 10 immer 11 manchmal 12 nie 13 mit dem Auto 14 gemütlich 15 im Park 16 in der Stadt 17 überall 18 zur Arbeit 19 im gleichen Restaurant 20 zu Hause 3 a. Morgens vor der Arbeit gehe ich in der Stadt spazieren. b. Ab und zu fahre ich Fahrrad. c. Ich fahre überall Fahrrad. d. Ich fahre oft mit dem Auto zur Arbeit. e. Mittags esse ich immer im gleichen Restaurant. f. Meistens koche ich zu Hause. 4 Exemplos: a. Ich bin mitten in der Nacht mit dem Motorrad zum Laden gefahren. b. Jedes Jahr mache ich mein Spezialfrühstuck mit Eiern bei meinen Eltern.

Pratique 1 a. mache, einen Spaziergang, meistens, zurück b. Ab und zu mache ich morgens Kaffee, normalerweise, machen c. Nachmittags esse ich oft d. Das letzte Mal, Sport gemacht habe, fünf Minuten später e. Nach, spiel, Besonders, wenn 2 Exemplos: Morgens fahre ich oft mit dem Auto zu meinem Lieblingscafé. Abends gehe ich dreimal pro Woche ins Fitness-Studio. Nachmittags treffe ich mich fast immer mit meinen Freunden. 3 Exemplos: Ich höre Musik. Ich gehe spazieren. Ich gehe ins Kino. 4 Exemplos: a. Ich spiele gern Gitarre. b. Ich spiele Gitarre gern am Wochenende mit meinen Freunden. c. Zuerst war es langweilig, weil ich nicht gut war, aber jetzt macht es Spaß. 5 Exemplos: a. Ich spaziere gern im Park. b. Ich gehe oft in den Park, um zu joggen. c. Ich war noch nie in Sydney, aber ich möchte gerne dahin fliegen.

Junte tudo Exemplo: Jeden Tag fahre ich um 8 Uhr mit dem Bus zur Arbeit. Wenn ich um 5 Uhr Feierabend mache, treffe ich mich mit einer Freundin und wir fahren zusammen ins Fitness-Studio. Da machen wir normalerweise eine Stunde Yoga.

CONVERSA 3

Desvende 1 a. falsch b. richtig c. richtig 2 a. Você gostaria de vir junto? b. O que devo levar? c. Você pode escrever o endereço? d. Eu adoraria

Observe 1 a. in den Park b. Fußball zu spielen c. Freunden 2 a. Was machst du ...? b. Ich mache eine kleine Party. c. Möchtest du mitkommen? d. Du solltest auch kommen! e. Das mache ich auf jeden Fall! f. Ich würde schon gerne. g. aber leider h. Ich habe schon vor 3 a. danach b. etwas später c. dann d. heute Abend e. um 20 Uhr f. bei mir zu Hause g. in der Nähe vom Bahnhof h. meine Wohnung i. einkaufen gehen j. mit jemandem 4 a. Was sollte ich mitbringen? b. Um wie viel Uhr? c. Könntest du die Adresse aufschreiben? d. Ich kann es dir auf der Karte zeigen.

Verbo	Exemplo	Significado
möchtest (você gostaria/quer)	Möchtest du mitkommen?	Você gostaria de vir?
wäre (seria)	Ein Dessert wäre perfekt.	Uma sobremesa seria perfeito.
würde (eu iria)	Ich würde schon gerne.	Eu adoraria.
	Ich würde kommen.	Eu iria.
	Ich würde sagen ...	Eu diria.
könntest (você poderia)	Vielleicht könntest du den mitbringen?	Talvez você possa levar isso?
	Könntest du ... aufschreiben?	Você poderia escrever...?

Explicação gramatical: Formando o condicional com *würde* (iria) a. würde, wohnen b. hätte c. wäre d. könnte

Pratique 1 a. Was sollte ich anziehen? b. Um wie viel Uhr hört es auf? c. Wann sollte ich ankommen? 2 a. Exemplos: danach b. um 5 Uhr c. Möchtest du d. Kann ich 3 Exemplos: a. toll b. leider bin ich beschäftigt 4 a. você prepararia b. seria c. eu viajaria d. você poderia 5 a. Möchtest du Deutsch mit mir lernen? b. Könntest du mich nächstes Mal fragen? c. Ich würde ausgehen, aber es ist zu spät.

Sua vez: Use o hack 1 Exemplos: a. Schön, mit dir im Restaurant zu essen. b. Möchtest du mit mir tanzen? c. Ich gehe (lieber) später in den Supermarkt. 2 a. sehr gut Deutsch, einen Job in Deutschland, Der Job ist b. nach Valencia gereist. Dort, zu lernen. 3 a. musst. b. sollte c. können.

Junte tudo 1 Exemplo: Zuerst könntest du das Zentrum besuchen. Ich glaube, das beste Museum wäre das Kunstmuseum. Ich würde danach auf jeden Fall den Dom besuchen. Am Abend können wir ein Taxi nehmen, um in einem schönem Dorf in der Nähe zusammen zu essen. 2 Exemplo: Ich würde sehr gerne nach Afrika reisen und mit dir auf den Kilimanjaro gehen. Ich könnte im Sommer reisen. Wann beginnt die Reise und wie lange würde sie dauern? Sollte ich meine Freundin mitbringen? Ich glaube, das wäre eine unglaubliche Erfahrung.

FINALIZANDO A UNIDADE 8

Confira o que aprendeu 2 a. lesen b. Scifi-Romane und Autobiographien c. Normalerweise jeden Tag d. (Manchmal abends nach der Arbeit, aber) normalerweise nachts e. die ganze Zeit lesen

COMPLETE SUA MISSÃO

Crie seu script Exemplos: Ich gehe jeden Tag morgens, vor der Arbeit, am Strand spazieren und mache Sport. Ich gehe oft mit meiner Freundin schwimmen. Abends nach dem Abendessen plaudern wir meistens ein bisschen. Und wir lesen gern jeden Abend vor dem Schlafen. Am Wochenende gehen wir zusammen ins Kino oder in ein Restaurant im Stadtzentrum. Dahin fahren wir mit dem Bus oder mit dem Auto. Manchmal kochen wir auch für Freunde bei uns zu Hause. Ich würde gern öfter für meine Freunde kochen. Vor kurzem habe ich angefangen, Spanisch zu lernen. Ich habe vor, jeden Tag ein bisschen zu üben, aber es ist schwieriger als gedacht. Ich würde auch gern einen Fotografiekurs machen, aber ich weiß nicht wann.

UNIDADE 9

CONVERSA 1

Desvende 1 **a.** falsch (dia, letzte Woche) **b.** falsch (dançar, Shopping) **c.** falsch (viajar para, wird oft an Berlin denken) **d.** falsch (antes, danach) 2 **a.** Que pena! **b.** Vou voltar para a Inglaterra em breve. **c.** O sol está brilhando hoje e está quente. **d.** Eu prefiro passar o dia ao ar livre. 3 **a.** Ellen fliegt nächste Woche/in einer Woche nach England zurück. **b.** Ellen vermisst England, das Meer und auch den Strand und die Wälder bei ihr. **c.** Sie glaubt/denkt, dass das eine sehr gute Idee ist. **d.** Geschenke **e.** Nein, Ellen möchte nicht ins Kaufhaus gehen, weil sie den Tag lieber draußen verbringen möchte. **f.** Wenn sie müde sind, setzen sie sich in ein nettes Café und essen ein Eis. 4 **a.** auf dem Land **b.** draußen **c.** der Strand und die Wälder **d.** historisches Kaufhaus **e.** das Meer

Observe 1 **a.** Ich vermisse; Ich werde die Stadt vermissen **b.** Ich fliege zurück; Bevor ich nach Hause fliege **c.** Ich werde an … denken; Wenn ich an meine Zeit hier denke **d.** Ich werde dich erinnern; Das erinnert mich an den Strand **e.** Wenn wir müde sind, können wir uns setzen; Wenn du müde bist, warum gehst du nicht schlafen? 2 **a.** Geschenke für ihre Familie zu kaufen **b.** KaDeWe **c.** KaDeWe 3 **a.** 2 **b.** 4 **c.** 3 **d.** 1 4 1. das Land 2. montanhas 3. die Sonne 4. árvores 5. die Bank 6. die Polizei 7. die Kirche 8. a prefeitura 9. farmácia 10. das Stadion 11. a rua 12. die Bibliothek

Pratique 2 Exemplos: Ich wohne in England in Bristol. Meine Stadt ist in Meeresnähe und neben meinem Haus gibt es einen sehr schönen Park. Da gibt es auch viele Tiere. 3 Exemplos: Meine Schwester wohnt mit ihrem Freund in Deutschland. Bei ihnen gibt es einen wunderschönen Garten und sie haben einen Hund. In der Nähe von ihrem Haus gibt es auch einen tollen weißen Strand.

Explicação do vocabulário: Descreva o clima 1 a. Es ist schön draußen **b.** Das Wetter ist schlecht. Wie schade! **2** Exemplos: Das Wetter ist sehr schlecht draußen. Es ist kalt und windig.

Junte tudo Exemplo: Ich wohne in Valencia. Es gibt sandige Strände dort und das Wetter ist meistens sonnig und warm. Deswegen kann man auch im Winter die Sonne genießen! Es regnet selten und es schneit absolut nie. Wenn ich im Winter nicht in Valencia bin, vermisse ich das tolle Klima.

CONVERSA 2

Desvende 1 a. falsch **b.** richtig **c.** falsch **2 a.** bunten Buddy-Bären, Schokolade **b.** abenteuerlustig **c.** superlangweilig wäre **d.** normal, klug **e.** sind oft billiger in Deutschland. **3 a.** erinnert **b.** wirklich **c.** wäre **d.** zum Schluss **e.** eher **f.** langweilig

Observe 1 a. beeindruckend **b.** abenteuerlustig **c.** typisch **d.** bunt **e.** jung **f.** langweilig **g.** alt **h.** neu **i.** traditionell **j.** schwarz **k.** klug **l.** schwierig **m.** blau **n.** billig **2 a.** leicht, schwierig **b.** einzigartig, typisch **c.** dumm, klug **d.** modern, traditionell **e.** abenteuerlustig, schüchtern **f.** alt, jung

Tática de conversa: Um atalho para usar adjetivos antes de substantivos com facilidade 1 a. Diese Gebäude sind nicht schön. **b.** Der Bahnhof ist riesig und neu. **c.** Deine Freundin ist nett. **d.** Ich möchte Buddy-Bären kaufen, die bunt sind.

Pratique 1 1. schüchtern **2.** aventureiro **3.** hässlich **4.** schön **5.** velho **6.** jung **7.** estranho **8.** typisch **9.** unerfreulich **10.** pessimista **11.** optimistisch **12.** stolz **13.** modesto **14.** lustig **15.** sério **16.** bobo **17.** inteligente **18.** arrogante **19.** klug **20.** normal **21.** freundlich **2** Exemplos: **a.** eine optimistische Person. ein wunderbares Hobby für mich. **b.** der wichtigste Mensch meines Lebens. ein sehr altes Gebäude **c.** eine sehr lustige Person

Junte tudo Exemplo: Meine jüngere Schwester und mein älterer Bruder sind sehr verschieden. Sie ist eine sehr optimistische und freundliche Person. Er ist ein sehr kluger und ruhiger Mensch. Meine Schwester ist sehr klein, aber mein Bruder ist sehr groß. Sie sehen gar nicht ähnlich aus.

CONVERSA 3

Desvende   1 **a.** correr, für Online-Games **b.** não, ein bisschen **c.** em dinheiro, (mit ihrer) Kreditkarte   2 bar zahlen, Kreditkarte   3 **a.** rote **b.** grüne   4 die Hälfte kosten, im Angebot sein

Observe   1 **a.** sieht, aus **b.** Woher **c.** Welche Art **d.** für   2 **a.** der hier **b.** der rote **c.** der grüne **d.** die beste   3 Exemplos: **a.** Nike **b.** Kleenex **c.** Pepsi **d.** Mac **e.** Audi   4 **a.** ein bisschen teurer **b.** bar zahlen **c.** mit meiner Kreditkarte zahlen **d.** Kasse

Pratique   1   **a.** Wie viel kostet die schwarze? **b.** Wie ist die Qualität? **c.** Kann ich das jetzt nehmen? **d.** Akzeptieren Sie Kreditkarten? **e.** Ich kann nur bar zahlen. **f.** Welcher Art von Kabel haben Sie? **g.** Ist das im Angebot? **h.** Wo ist die Kasse?   2 **a.** roten **b.** Marke **c.** Kasse **d.** große   3 1 comprido 2 fácil 3 difícil

Tática de conversa: Use a expressão "o/a...!"   1 1. weiße 2. große 3. alte 4. teurere 5. rechte 6. nette

Junte tudo   Exemplo: Ich suche etwas. Es ist so groß wie eine Hand. Es ist grau und weiß. Das graue Teil ist hinten und das weiße vorne. Vorne ist ein schwarzer Bildschirm. Man benutzt es, um zu kommunizieren. Es ist sehr schön und teuer. Die Marke heißt 'Apfel' auf Deutsch.

Confira o que aprendeu 2 **a.** Nein. **b.** Ein Freund von ihr **c.** wundervoll **d.** Es regnet **e.** Nein

COMPLETE SUA MISSÃO

Crie seu script   Exemplos: In meiner Lieblingsstadt scheint fast immer die Sonne. Es regnet nur manchmal. Die Stadt ist zwischen dem Meer und den Bergen. Im Meer kann man im Sommer schwimmen und in den Bergen kann man im Winter Ski fahren. Die Stadt ist groß aber sehr grün. Es gibt viele schöne Parks und viele breite Straßen mit Bäumen. Die Menschen fahren mit der U-Bahn oder mit dem Fahrrad. Sie sind optimistisch, nett und hilfsbereit. Es gibt viele alte Häuser, aber auch ein paar neue Hochhäuser aus Glas. Die sind modern und beeindruckend! Dort gibt es viele besondere Dinge zu kaufen. Ich möchte bald in meine Lieblingsstadt zurückfliegen. Ich vermisse sie sehr!

AGRADECIMENTOS

Embora o nome e o rosto na capa sejam meus, estas páginas contêm as vozes e ideias de muitas pessoas.

Tive a felicidade de conhecer muitos falantes nativos alemães que me encorajaram quando eu lutava como iniciante, desde a primeira conversa real em alemão com minha colega de apartamento **Stefanie** aos berlinenses que conheci nos eventos de idiomas em um barco no *Spree*. Minha experiência de aprendizado de alemão foi repleta de amigos que fizeram o idioma brotar e me deram a paixão para inspirar outras pessoas.

Não posso deixar de elogiar minha editora, **Sarah Cole**, que me propôs essa excelente oportunidade de colaborar com a série *Teach Yourself*. Nos dois anos em que trabalhamos juntos, sempre contei com seu apoio incondicional e entusiasmo pela minha proposta de escrever um curso de idiomas moderno. Nenhuma outra editora seria capaz de investir tanto na concretização desses projetos.

Sou grato aos demais membros da equipe **Teach Yourself** no Reino Unido e nos EUA pelo entusiasmo incrível que demonstraram pela criação de um curso de idiomas totalmente novo. **Eleni Yiannoulidou** trabalhou comigo durante vários meses na implementação de grandes e pequenas melhorias em cada capítulo, e ofereceu um feedback valioso durante todo o processo. **Melissa Baker** atuou nos bastidores, equilibrando prazos e fazendo milagres para que todas as peças do quebra-cabeças se encaixassem.

Este curso não existiria sem os esforços incansáveis de Ingo Treunowski e Judith Meyer. A vasta experiência como estudante de idiomas e o olhar atento para detalhes de Ingo, assim como a grande capacidade de Judith no ensino de alemão, ajudaram a garantir que o conteúdo do curso realmente atendesse às necessidades do estudante moderno. **Jan, Clare** e **Alessandra** também ajudaram a dar vida às minhas ideias.

Meus sinceros agradecimentos aos brilhantes integrantes da Equipe FI3M: **Bálint, David, Kittichai, Dávid, Joe, Ingo, Joseph, Adam, Holly e LC,** que administraram de forma inovadora o meu site, *Fluent in 3 Months*, enquanto eu desenvolvia os cursos. Obrigado a todos.

Finalmente, quero agradecer à **Lauren**, minha parceira, pois sem ela este curso nunca teria saído do papel. Se eu fosse o Tony Starks, ela seria a Pepper Potts. Lauren se empenhou bastante para viabilizar as minhas ideias malucas, sempre com profissionalismo e sugerindo muitos dos conceitos inteligentes que aparecem nestas páginas. Seu perfeccionismo e sua trajetória acadêmica transformaram minhas ideias iniciais neste curso excelente.

Projetos corporativos e edições personalizadas
dentro da sua estratégia de negócio. Já pensou nisso?

Coordenação de Eventos
Viviane Paiva
viviane@altabooks.com.br

Assistente Comercial
Fillipe Amorim
vendas.corporativas@altabooks.com.br

A Alta Books tem criado experiências incríveis no meio corporativo. Com a crescente implementação da educação corporativa nas empresas, o livro entra como uma importante fonte de conhecimento. Com atendimento personalizado, conseguimos identificar as principais necessidades, e criar uma seleção de livros que podem ser utilizados de diversas maneiras, como por exemplo, para fortalecer relacionamento com suas equipes/ seus clientes. Você já utilizou o livro para alguma ação estratégica na sua empresa?

Entre em contato com nosso time para entender melhor as possibilidades de personalização e incentivo ao desenvolvimento pessoal e profissional.

PUBLIQUE SEU LIVRO

Publique seu livro com a Alta Books. Para mais informações envie um e-mail para: autoria@altabooks.com.br

 /altabooks   /alta-books    /altabooks   /altabooks

CONHEÇA OUTROS LIVROS DA **ALTA BOOKS**

Todas as imagens são meramente ilustrativas.

ROTAPLAN
GRÁFICA E EDITORA LTDA
Rua Álvaro Seixas, 165
Engenho Novo - Rio de Janeiro
Tels.: (21) 2201-2089 / 8898
E-mail: rotaplanrio@gmail.com